美丽乡村
建设100例

MEILI XIANGCUN
JIANSHE 100 LI

李锦顺　主编

华龄出版社
HUALING PRESS

图书在版编目(CIP)数据

美丽乡村建设 100 例 / 李锦顺主编. -- 北京 ：华龄
出版社，2021.12

ISBN 978-7-5169-2138-8

Ⅰ．①美… Ⅱ．①李… Ⅲ．①农村-社会主义建设-
研究-中国 Ⅳ．①F320.3

中国版本图书馆 CIP 数据核字(2021)第 271790 号

策　　划	社区部　善爱社工	责任印制	李末圻
责任编辑	薛 治　彭 博	装帧设计	唐韵设计

书　　名	美丽乡村建设 100 例	作　　者	李锦顺
出　　版 发　　行	华龄出版社 HUALING PRESS		
社　　址	北京市东城区安定门外大街甲 57 号	邮　　编	100011
发　　行	(010)58122255	传　　真	(010)84049572
承　　印	三河市腾飞印务有限公司		
版　　次	2022 年 3 月第 1 版	印　　次	2022 年 3 月第 1 次印刷
规　　格	710mm×1000mm	开　　本	1/16
印　　张	18	字　　数	199 千字
书　　号	ISBN 978-7-5169-2138-8		
定　　价	64.00 元		

本书编委会

顾　问：谢青梅

主　编：李锦顺

副主编：闫莹莹　张　肖

编　委：刘惠苑　王　傅　邓莉平　黄俊添
　　　　张运红　夏　珑　邵　岺　赖新成
　　　　李　松　张永乐　周　超　李晓莹

为社会基层治理服务,打造社区所需的精品图书
——华龄出版社"社区书系"倾情奉献

"社区书系"是为适应新时代基层社会治理需要,深入贯彻党的十九届四中全会、五中全会关于"构建基层社会治理新格局""社会治理特别是基层治理水平明显提高"的重要部署,落实习近平总书记关于"建立一支素质优良的专业化社区工作者队伍"的指示要求而策划编写的,旨在为社区工作人员提供系统的社区工作理论和方法指导,提高社区工作者的理论素养和工作能力,推进社区治理体系与治理能力现代化。

"社区书系"是一个融图书、视频、服务为一体的新型复合出版工程,内容体系包括三个方面:

纸质图书　通过纸质图书阅读,为社区工作者提供系统的理论和方法指导。

线上课程　通过视频课程、网络直播课程,深化重点知识,解读难点知识。

专家服务　通过线下培训、现场诊断等,解决社区工作中存在的问题症结。

华龄出版社是中国老龄协会主管主办的中央部委出版社,为出版"社区书系"专门成立了"社区部",全面统筹谋划出版。"社区书系"计划出版图书 200 种,覆盖社区工作各个方面,现面向全国诚邀熟悉社区工作的专家、学者加盟"社区书系"出版计划,一起为中国社区的发展繁荣出一份力!

社区视频培训讲座

乡村兴则国家兴，乡村衰则国家衰。全面建成小康社会和全面建设社会主义现代化强国，最艰巨最繁重的任务在农村，最广泛最深厚的基础在农村，最大的潜力和后劲也在农村。实施乡村振兴战略，是以习近平同志为核心的党中央着眼于党和国家事业全局，深刻把握现代化建设规律和城乡关系变化特征，顺应亿万农民对美好生活的期待做出的重大决策部署，是决胜全面建设小康社会、全面建设社会主义现代化国家的重大历史任务，是做好新时代"三农"工作的总抓手，也是解决新时代我国社会主要矛盾、实现"两个一百年"奋斗目标和中华民族伟大复兴的中国梦的必然要求，具有重大现实意义和深远历史意义。

近年来，中共中央、国务院连续发布中央一号文件，提出一系列乡村振兴战略的原则，对新发展阶段优先发展农业农村、全面推进乡村振兴作出总体部署，为做好当前和今后一个时期"三农"工作指明了方向。同时，我们也应当清醒地看到，乡村振兴是一项长期而艰巨的战略任务，不可能在短期内完成。近年来，我国的"三农"工作取得了明显的成效，但是也存在着很多困难和问题，距离实现农业农村现代化尚有一定的差距，如各地"三农"发展规划设计缺乏系统性、科学性、可操作性和可持续性，导致力量分散、步调不一、行动盲目、落实难、效果差。尤其是农村基层工作人员，对于如何实施乡村振兴战略并不是十分明晰，不知道从何着手，缺乏科学的工作思路和有效的工作方法，导致某些地方的"三农"工作缺乏成效，乡村治理成效并不显著。

　　为了响应党的乡村振兴战略，推动乡村振兴战略的实施，解决当前"三农"工作存在的难题，根据党的乡村振兴战略的路线、方针、政策，参照党和国家关于乡村振兴战略的原则，我们进行了深入的市场调研和周密的选题策划，由著名社会科学专家李锦顺博士担任主编，并组织了一批长期活跃在乡村振兴工作一线的专家、学者、优秀工作人员担任编委，编写了"助力乡村振兴基层干部培训系列图书"。"助力乡村振兴基层干部培训系列图书"一共有 10 册，分别是《乡村旅游的开发与运营》《发挥本地优势发展乡村特色产业》《美丽乡村建设 100 例》《乡村治理体系的健全与发展》《农村合作社运营与发展》《休闲农业的开发与运营》《电子商务助力乡村振兴》《乡村生态宜居环境建设》《提高农民收入的新思路新途径》《农业产业化经营与农业技术推广工作创新》。

　　"助力乡村振兴基层干部培训系列图书"在全面总结提炼全国"三农"发展实践和经验的基础上，深入探究乡村振兴规律，系统提出乡村振兴路径，认真推荐乡村振兴典型，提出了新时代乡村振兴的思路、举措、方法、案例，以全局视角解读乡村振兴战略，以实地案例审视乡村未来发展。在大量的调查研究基础之上，围绕着中国乡村振兴诸问题，分别从乡村旅游、农村电子商务、乡村特色产业、美丽乡村建设、农村合作社、农业产业化经营与农业技术推广、农民增收、休闲农业、乡村治理、乡村生态宜居环境 10 个方面，对如何实施乡村振兴战略提出了一系列切实可行的工作指导方法和针对性意见，以期从事乡村治理的政务工作人员和广大基层工作者以这套书作为借鉴，从中得到工作启示和方法指导，更好地指导工作实践，为实施乡村振兴战略、实现农业农村现代化做出更大的贡献。

　　"助力乡村振兴基层干部培训系列图书"有以下几个特点：

1. 专家团队编写，内容权威专业

本书由著名社会科学专家李锦顺博士担任主编，由一批长期从事"三农"问题研究和"三农"工作的专家、学者、优秀"三农"工作者参与编写，从选题策划到内容编写，期间反复讨论、调研，并广泛听取了社科院教授、政府干部、农村基层工作人员的意见进行修改完善，因此，图书内容的专业性、权威性是毋庸置疑的。

2. 图书视角独特，观点清晰鲜明

本书始终遵循"以助力实施乡村振兴战略为抓手，提供切实可行的思路和方法，解决实际问题"的选题和编写思路，精准选择乡村旅游、农村电子商务、乡村特色产业、美丽乡村建设、农村合作社等十个方面作为破解当前"三农"工作瓶颈的突破口，一本书就是一部解决三农问题的专著，就是一种工作思路和方向，针对性强，观点鲜明。

3. 深入实证调研，极具参考价值

作者多年来一直坚持深入农村进行实地调研考察，编写时参考了诸多在乡村进行实地调研得来的案例及一手资料，从而能够从实际情况出发，针对"三农"工作中的诸多问题作出鞭辟入里的分析、论述，提出可行性很强的方法建议。可以说，本系列图书丰富了学界关于乡村振兴战略的理论成果，同时对政策制定部门来说也有着很高的参考价值。

4. 语言深入浅出，内容紧接地气

编写人员充分考虑到乡村振兴的这十个领域学科实践性强的特点，力求理论阐述准确、案例分析清楚，并充分考虑到各个行业快速发展变化的现状，将学界最新的研究成果、数据、资料、案例穿插于理论之中，以提高内容的时效性；在结构编排上，注重结构的层次性和逻辑性，尽力做到脉络清晰、条理分明；在文字表述上，坚持深入浅出和通俗易懂的原

则,语言力求精练、准确,使其符合绝大多数读者的认知能力。

5. 既有理论指引,更有方法指导

本书将国家战略和地方实践、学术成果有机结合,高屋建瓴地提出了很多富有见地和独创性的理论,给广大农村基层工作者提供了思想理论指导,同时又针对相关问题,结合典型案例提出了一系列切实可行的操作方法,为实施乡村振兴战略提供了可借鉴、可参考、可推广的样本示范,值得广大读者细读、精读、深读。

总之,本系列图书视角独特,观点鲜明,切中肯綮,发人深省,不仅丰富了乡村振兴战略理论,同时对乡村振兴的政策制定和具体实施也有很高的参考价值。它是一套学习"三农"知识的优秀图书,也是一套有助于提高乡村干部工作能力的权威教材,更是一套新时代学习、贯彻、实施乡村振兴战略的优秀参考读物。

这套书在策划、编写过程中,得到了众多涉农专业的教授、专家、学者和政府干部、农村基层工作人员的宝贵指导,使本书内容更趋专业、科学、严谨,在此对他们表示衷心的感谢! 由于时间仓促,编者能力水平有限,书中难免存在不当之处,还请广大读者和行业人士不吝赐教,共同探究和提高。

编 者

目 录

第一章 美丽乡村建设概述

　　美丽乡村建设是美丽中国建设的重要组成部分,是全面建成小康社会的重大举措,是在生态文明建设全新理念指导下的一次农村综合变革,是顺应社会发展趋势的升级版的新农村建设。它既秉承和发展了"生产发展、生活宽裕、乡风文明、村容整治、管理民主"的宗旨思路,又顺应和深化了对自然规律、市场经济规律、社会发展规律的认识和遵循,使美丽乡村的建设实践更加注重关注生态环境资源的保护和有效利用,更加关注人与自然和谐相处,更加关注农业发展方式转变,更加关注农业功能多样性发展,更加关注农村可持续发展,更加关注保护和传承农业文明。因此,理解美丽乡村建设的发展历程及其含义、目标、主要内容、意义和评价标准是做好美丽乡村建设的基础。

第一节　美丽乡村建设的发展历程及含义

一、美丽乡村建设的发展历程

　　2012 年 11 月 8 日,中国共产党的十八大报告提出:"要努力建设美丽中国,实现中华民族永续发展。"第一次提出了"美丽中国"的全新概念,强调必须树立尊重自然、顺应自然、保护自然的生态文明理念,明确提出了包括生态文明建设在内的"五位一体"的中国特色社会主义建设总布局,即"经济建设、政治建设、文化建设、社会建设、生态文明建设"一体的建设总布局,其内涵体现为"五位一体"总布局是一个有机整体,其中经济建设是根本,政治建设是保证,文化建设是灵魂,社会建设是条件,生态文明建设是基础。在建设美丽中国的过程中,美丽乡村建设是不可或缺的重要部分。2013 年中共中央一号文件中,首次提出了要建设"美丽乡村"的奋斗目标,要进一步加强农村生态建设、环境保护和综合整治工作。

新中国成立后中国乡村建设一直是国家整体建设中的重要部分,每部国家重要政策中都可以看到与乡村相关的部分,尤其是改革开放后乡村地区的发展因国家体制改革而经历了一系列变化,这一时期的乡村建设的发展历程可分为四个阶段:

(一)萌芽阶段(1978—1992 年)

1978 年改革开放后,中国的土地政策发生巨变,家庭联产承包责任制替代合作社与人民公社。农户自主经营土地,农村劳动力从土地上被解放出来。同时农民进入流通领域,农村市场开始启动,乡镇企业获得发展,农村开始打破单纯经营农业的格局。中央放松对户籍的管制,农村劳动力开始流向城市。乡村建设随着经济发展得到关注,部分村庄开始尝试在规划的引导下进行建设,农村地区掀起了大规模农房建设的风潮。

"建房热"的出现引起了占用耕地、大拆大建等物质环境问题。中央为规范农户自发的农村建设行为,设立了乡村建设管理局,负责指导和协调全国农房建设工作。1981 年第二次全国农村房屋建设工作会议提出对将乡村及其周边环境视为一体进行综合规划的概念。1982 年成立"城乡建设环境保护部",根据中央文件进行村镇规划的编制工作,截至1986 年底,全国有 3.3 万个小城镇和 280 万个村庄编制了初步规划。乡村建设逐步走上有规划可循并按规划建设的轨道,乡村规划的理论基础、方法、技术标准初见雏形。

（二）探索阶段（1992—2004 年）

1992 年党的十四大明确提出建立社会主义市场经济体制的目标。市场经济的大力发展带动了城市化的快速进程。随着城市的扩张和发展，农村的大量资金、土地、劳动力等资源向城市流动，城乡发展不均衡。为了改变中国城乡二元结构现象，中央对"三农"问题日渐重视，2003 年 10 月，党的十六届三中全会把"统筹城乡发展"放在了国家全面发展的战略构想"五个统筹"的首要位置。

同时乡村建设与规划步入有法可依的阶段：1993 年国务院发布了第一个关于村镇规划的国家标准《村庄和集镇规划建设管理条例》，并配套颁布了相关法规和标准。建设部发布《1997 年村镇建设工作要点》加强村镇规划设计。小城镇规划与建设成为国家村镇建设的重点，建设部自 1994 年开始进行全国小城镇试点建设。同年发布了《村镇规划编制办法》对乡村规划内容作出明确规定。2002 年国家环境保护总局与建设部联合印发《小城镇环境规划编制导则》指导和规范小城镇环境规划编制工作。民政部、建设部、财政部、国土资源部、农业部五部联合进行了乡镇行政区划调整工作。

以宏村为代表的 4 个皖南古村落申报世界遗产成功后，古村落的保护与开发问题引起了学界与政府的重视。2003 年国家建设部和文物局共同颁布了《中国历史文化名村或中国历史文化名镇评选办法》，并于当年公布了中国第一批历史文化名村名录。在这一时期部分省市对村庄环境整治，完善乡村基础设施展开各自的探索，如浙江省于 2003 年开展"千村示范、万村整治"工程，对全省万个行政村进行全面整治，并把其中千个行政村建设成全面小康示范村。

（三）高速发展阶段（2005—2011 年）

党的十六届五中全会中提出"工业反哺农业、城市支持农村"并且明确提出乡村建设的具体要求，乡村建设第一次被放在国家发展焦点的高度。同年农业税被全面免除，农业税的免除减轻了农民负担，增加了农民收入,为乡村建设提供了经济支撑。建设部颁布《关于村庄整治工作的指导意见》提出改善农村最基本的生产生活条件和人居环境。2005年召开的中央农村工作会议中正式提出"新农村建设"的概念。中共十七届三中全会中进一步提出农村建设"三大部署"为乡村产业调整带来新的契机,各村镇积极发展旅游业,保护和利用村镇特色景观资源,推进乡村建设。

2008年原《城市规划法》被新颁布的《中华人民共和国城乡规划法》取代,乡村建设被纳入法制体系,《城乡规划法》的出现,有力地遏制了广大农村地区无序建设、违法建设的混乱现状。同年中央改"建设部"为"住房和城乡建设部"(简称住建部),住建部颁布了村庄整治工作技术法规方面的国家标准,推动村庄整治工作进一步深入。在这一时期中国乡村建设发展迅速,全国范围内促进当地旅游经济发展及人居环境改善的乡村建设典型案例层出不穷。例如浙江省安吉县正式提出"中国美丽乡村"计划,对安吉县的乡村产业、村容村貌、生态环境等进行一系列的建设,安吉进行的中国美丽乡村建设成为中国新农村建设的鲜活样本。

(四)成熟阶段(2012—2021年)

随着城市化的持续推进,乡村建设进入稳定发展的新阶段,2013年中央提出注重保护农民利益,强调实现城乡统筹和可持续发展的"新型城镇化"。乡村建设更加注重"质"而不是数量,乡村建设工作呈现出乡村经济产业、生态环境、文化并重的特征,主要体现在美丽乡村建设、乡村人居环境建设以及传统村落三个方面。

二、美丽乡村的含义

国家在2018年发布了《美丽乡村建设评价》(GBT37072—2018),明确将美丽乡村定义为:"美丽乡村(beautiful village),是指经济、政治、文化、生态文明建设协调发展,规划科学、产业兴旺、生态宜居、乡风文明、治理有效、生活富裕的可持续发展乡村(包括建制村和自然村)。"由此看出，随着我国主要矛盾的转变，美丽乡村也被赋予了新的内涵，美丽乡村既要求强大富裕也强调山清水秀、环境优美。"美丽乡村应是新农村的升级应用版，是美丽中国的农村版"，蕴含了此前新农村建设的"生产发展、生活宽裕、乡风文明、村容整洁、管理民主"的宗旨原则，继承和完善相关方针政策，又强调"把生态文明建设放在突出地位，融入经济建设、政治建设、文化建设、社会建设各方面和全过程，努力建设美丽中国精神"。它既与新农村建设的宗旨思路一脉相承，也响应时代的要求，致力于解决人民的现实需求，反映了我党始终以人民为中心，坚决改善人民尤其是广大农民生活质量的决心和使命感。

2013年中央一号文件指出："加强农村生态建设、环境保护和综合整治，努力建设美丽乡村。"随后"美丽乡村建设"成为高频词汇，党的十九大报告强调："我们要建设的现代化是人与自然和谐共生的现代化，既要创造出更多物质财富和精神财富以满足人民日益增长的美好生活需要，也要提供更多优质生态产品以满足人民日益增长的优美生态环境需要。"由此可见，美丽乡村建设以文化为根、以产业为基、以农民为本，重点关注乡村生态环境的保护以及推动乡村走可持续发展道路，最终实现人与自然的和谐共生。

美丽乡村建设就是要发展乡村特色农业、注重农村生态环境、改善农民生活水平、建设良好家风乡风、加强政府综合整治，即美丽乡村建设就是要建设村容整洁的美丽环境、农民创业增收的美好生活、农民素质提升的乡风文明、管理民主治理有效的乡村社会，是以树立人与自然和谐的生态文明理念为核心，利用因地制宜的方法，强化农村基础设施建设，促进农民增收致富，传承乡土中国的文化血脉。美丽乡村建设是新时期实现农业现代化的重要环节，同样是建设美丽中国的重要组成部分。

1.美丽乡村建设

2012年十八大报告提出了"美丽中国"。2013年中央一号文件中，首次提出了建设"美丽乡村"的奋斗目标。2015 年中央一号文件也提出"中国要美,农村必须美",让农村成为农民安居乐业的美丽家园。同年中央发布《美丽乡村建设指南》为美丽乡村的建设提供了标准和依据。2017 年党的十九大报告明确提出要走中国特色社会主义乡村振兴道路,美丽乡村建设再次成为国家发展战略中的重要一步。在中央文件的引导下,相关部门开始进行美丽乡村建设的实践,2013 年住建部开展了建设美丽宜居小镇、美丽宜居村庄示范工作,并陆续公布了共 190 个美丽宜居小镇、565 个美丽宜居村庄。

2. 乡村人居环境建设

2013 年住建部为提升村庄乡村人居环境质量,对村庄整治规划的内容、要求、成果等做出了明确要求。2014 年国务院建立农村人居环境统计和评价机制,此后,自 2014 年起住建部启动了每年一次覆盖全国所有行政村的农村人居环境调查,还开展创建改善农村人居环境示范村活动,并于 2017 年公布了村庄规划示范名单。同时,为了加强农村建设规划管理,住建部于当年印发《村庄规划用地分类指南》对村庄用地类型进行详细规定。

3. 传统村落

2012 年中央一号文件中提出"加大力度保护有历史文化价值和民族、地域元素的传统村落和民居"。同年住建部、文化部、财政部与国家文物局联合开展传统村落调查,确立了"传统村落"的明确定义,将其与"古村落"的模糊概念相区分。2012 年 12 月住建部、文化部、财政部为传统村落提出认定体系。住建部于当年公布了第一批"传统村落"名单,并在此后的几年内陆续发布了第二、三、四批传统村落名录,共 4153 个传统村落。截至 2017 年第五批传统村落名录仍在评选中。

三、社会主义新农村建设、乡村振兴与美丽乡村建设之间的关系

首先,美丽乡村建设是社会主义新农村建设的升级。中国共产党第

十六届五中全会明确了社会主义新农村建设的"二十字要求",即"生产发展、生活宽裕、乡风文明、村容整洁、管理民主",在"二十字要求"的指导下,我国新农村建设成效丰厚。但由于新时代的来临,国家现实情况发生了转变,导致了我国社会的主要矛盾发生了相应的变化。因此,以习近平同志为核心的党中央提出了乡村振兴战略,乡村振兴战略是美丽乡村建设的重要途径,是建成美丽乡村的重要抓手。2017年中央农村工作会议将乡村振兴的总要求概括为"产业兴旺、生态宜居、乡风文明、治理有效、生活富裕"。乡村振兴的二十字总要求是对社会主义新农村建设要求的升级。产业兴旺强调产业的融合发展。生态宜居强调了"绿水青山就是金山银山"的人与自然和谐发展的辩证关系。乡风文明强调在乡村建设生态友好的文化风气。治理有效强调提高治理效率,增强村民参与治理的积极性。生活富裕则是强调要保证村民的生活水平得到显著提高。这些升级是对社会主义新农村建设中不符合新时期发展的部分做出的调整,不仅吻合新时代乡村发展的要求,也指明了美丽乡村建设的方向。

其次,乡村振兴战略是美丽乡村建设的重要抓手。党的十九次全国人民代表大会上提出乡村振兴战略,强调必须始终把解决好"三农"问题作为全党工作的重中之重。自此乡村振兴战略在经济社会发展全局中统筹规划并科学推进。随后,2018年中央一号文件指出:"到2020年,乡村振兴取得重要进展,制度框架和政策体系基本形成;到2035年,乡村振兴取得决定性进展,农业农村现代化基本实现;到2050年,乡村全面振兴,农业强、农村美、农民富全面实现。"这里的"农业强、农村美、农民富"则是描绘出以乡村振兴战略为抓手的建成的美丽乡村的美好蓝图,因此乡村振兴战略是实现美丽乡村建设的重要途径。

美丽乡村是经济、政治、文化、社会和生态文明协调发展,规划科学、生产发展、生活宽裕、乡风文明、村容整洁、管理民主、宜居宜业的可持续发展乡村(包括建制村和自然村)。美丽乡村是一个美学表述,其实质是一种人与自然和谐、经济社会发展与生态环境保护双赢的文明发展新境界、新形态。它既秉承和发展新农村建设"生产发展、生活宽裕、村容整洁、乡风文明、管理民主"的宗旨思路，又丰富和充实其内涵，集中体现尊重和把握其内在发展规律。它既是美丽中国建设的基础和前提，也是推进生态文明建设和提升社会主义新农村建设的新工程、新载体。

第二节　美丽乡村建设的目标体系

一、美丽乡村建设的总体目标

按照生产、生活、生态和谐发展的要求，坚持"科学规划、目标引导、试点先行、注重实效"的原则，以政策、人才、科技、组织为支撑，以发展农业生产、改善人居环境、传承生态文化、培育文明新风为途径，构建与资源环境相协调的农村生产生活方式，打造"生态宜居、生产高效、生活美好、人文和谐"的示范典型，形成各具特色的"美丽乡村"发展模式，进一步丰富和提升新农村建设内涵，全面推进现代农业发展、生态文明建设和农村社会管理。

二、美丽乡村建设的分项目标

美丽乡村创建目标体系可以分为产业发展、生活舒适、民生和谐、文化传承、支撑保障等五大类 20 个子目标。其中产业发展包括产业形态、生产方式、资源利用、经营服务等 4 个子目标；生活舒适包括经济宽裕、生活环境、居住条件、综合服务等 4 个子目标；民生和谐包括权益维护、安全保障、基础教育、医疗养老等 4 个子目标；文化传承包括乡风民俗、农耕文化、文体活动、乡村休闲等 4 个子目标；支撑保障包括规划编制、组织建设、科技支撑、职业培训等 4 个子目标。

（一）产业发展

产业形态：主导产业明晰，产业集中度高，每个乡村有一两个主导产业；当地农民（不含外出务工人员）从主导产业中获得的收入占总收入的 80％以上；形成从生产、贮运、加工到流通的产业链条并逐步拓展延伸；产业发展和农民收入增速在本县域处于领先水平；注重培育和推广"三品一标"，无农产品质量安全事故。

生产方式：按照"增产增效并重、良种良法配套、农机农艺结合、生产生态协调"的要求，稳步推进农业技术集成化、劳动过程机械化、生产经营信息化，实现农业基础设施配套完善，标准化生产技术普及率达到 90％；土地等自然资源适度规模经营稳步推进，适宜机械化操作的地区（或产业）机械化综合作业率达到 90％以上。

资源利用：资源利用集约高效，农业废弃物循环利用，土地产出率、农业水资源利用率、农药化肥利用率和农膜回收率高于本县域平均水平；秸秆综合利用率达到 95％以上；农业投入品包装回收率达到 95％以上；人畜粪便处理利用率达到 95％以上；病死畜禽无害化处理率达到 100％。

经营服务：新型农业经营主体逐步成为生产经营活动的骨干力量；新型农业社会化服务体系比较健全，农民合作社、专业服务公司、专业技术协会、涉农企业等经营性服务组织作用明显；农业生产经营活动所需的政策、农资、科技、金融、市场信息等服务到位。

（二）生活舒适

经济宽裕：集体经济良好，"一村一品"或"一镇一业"发展良好，农民收入水平在本县域内高于平均水平，改善生产、生活的愿望强烈且具备一定的投入能力。

生活环境：农村公共基础设施完善、布局合理、功能配套，乡村景观设计科学,村容村貌整洁有序,河塘沟渠得到综合治理;生产生活实现分区、主要道路硬化;人畜饮水设施完善、安全达标;生活垃圾、污水处理利用设施完善,处理率达到 95％以上。

居住条件:住宅美观舒适,大力推广应用农村节能建筑;清洁能源普及,农村沼气、太阳能、小风电、微水电等可再生能源在适宜地区得到普遍推广应用;省柴节煤炉灶等生活节能产品广泛应用;环境卫生设施配套,改厨、改厕全面完成。

综合服务:交通出行便利快捷,商业服务能满足日常生活需要,用水、用电、用气和通讯生活服务设施齐全,维护到位,村民满意度高。

(三)民生和谐

权益维护:创新集体经济有效发展形式,增强集体经济组织的实力和服务能力,保障农民土地承包经营权、宅基地使用权和集体经济收益分配权等财产性权益。

安全保障:遵纪守法蔚然成风,社会治安良好有序;无刑事犯罪和群体性事件,无生产和火灾安全隐患,防灾减灾措施到位,居民安全感强。

基础教育:教育设施齐全,义务教育普及,适龄儿童入学率100％,学前教育能满足需求。

医疗养老:新型农村合作医疗普及,农村卫生医疗设施健全,基本卫生服务到位;养老保险全覆盖,老弱病残贫等得到妥善救济和安置,农民无后顾之忧。

(四)文化传承

乡风民俗:民风朴实、文明和谐,崇尚科学、反对迷信;明礼诚信、尊老爱幼,勤劳节俭、奉献社会。

农耕文化:传统建筑、民族服饰、农民艺术、民间传说、农谚民谣、生产生活方式、农业文化遗产得到有效保护和传承。

文体活动:文化体育活动经常性开展,有计划、有投入、有组织、有设施,群众参与度高、幸福感强。

乡村休闲：自然景观和人文景点等旅游资源得到保护性挖掘，民间传统手工艺得到发扬光大，特色饮食得到传承和发展，农家乐等乡村旅游和休闲娱乐得到健康发展。

（五）支撑保障

规划编制：试点乡村要按照"美丽乡村"创建工作的总体要求，在当地政府指导下，根据自身特点和实际需要，编制详细、明确、可行的建设规划，在产业发展、村庄整治、农民素质、文化建设等方面明确相应的目标和措施。

组织建设：基层组织健全、班子团结、领导有力，基层党组织的战斗堡垒作用和党员先锋模范作用充分发挥；土地承包管理、集体资产管理、农民负担管理、公益事业建设和村务公开、民主选举等制度得到有效落实。

科技支撑：农业生产、农村生活的新技术、新成果得到广泛应用，公益性农技推广服务到位，村有农民技术员和科技示范户，农民学科技、用科技的热情度高。

职业培训：新型农民培训全覆盖，培育一批种养大户、家庭农场、农民专业合作社、农业产业化龙头企业等新型农业生产经营主体，农民科学文化素养得到提升。

第三节　美丽乡村建设的主要内容

国家质检总局和国家标准委于 2015 年 5 月 27 日发布《美丽乡村建设指南（GB/T32000—2015）》，该标准于 2015 年 6 月 1 日起实施。该标准由 12 个章节组成，基本框架分为总则、村庄规划、村庄建设、生态环境、经济发展、公共服务、乡风文明、基层组织、长效管理等 9 个部分的内容,具体规定如下。

一、总则

(一)坚持政府引导、村民主体、以人为本、因地制宜的原则,持续改善农村人居环境。

(二)规划先行,统筹兼顾,生产、生活、生态和谐发展。

(三)村务管理民主规范,村民参与积极性高。

(四)集体经济发展,公共服务改善,村民生活品质提升。

二、村庄规划

(一)规划原则

1.因地制宜:根据乡村资源禀赋,因地制宜强制村庄规划,注重传统文化的保护和传承,维护乡村风貌,突出地域特色;村庄规模较大、情况较复杂时,宜编制经济可行的村庄整治等专项规划。历史文化名村和传统村落应编制历史文化名村保护规划和传统村落保护发展规划。

2.村民参与:村庄规划编制应深入农户实地调查,充分征求意见,并宜讲规划意图和规划内容;村庄规划应经村民会议或村民代表会议讨论通过,规划总平面图及相关内容应在村庄显著位置公示,经批准后公布、实施。

3.合理布局:村庄规划应符合土地利用总体规划,做好与镇域规划、经济社会发展规划和各项专业规划的协调衔接,科学区分生产生活区域,功能布局合理、安全、宜居、美观、和谐,配套完善;结合地形地貌、山体、水系等自然环境条件,科学布局,处理好山形、水体、道路、建筑的关系。

4.节约用地:村庄规划应科学、合理、统筹配置土地,依法使用土地,不得占用基本农田,慎用山坡地;公共活动场所的规划与布局应充分利用闲置土地、现有建筑及设施等。

（二）规划编制要素

1. 编制规划应以需求和问题为导向,综合评价村庄的发展条件,提出村庄建设与治理、产业发展和村庄管理的总体要求。

2. 统筹村民建房、村庄整治改造,并进行规划设计,包含建筑的平面改造和立面整饰。

3. 确定村民活动、文体教育、医疗卫生、社会福利等公共服务和管理设施的用地布局和建设要求。

4. 确定村域道路、供水、排水、供电、通信等各项基础设施配置和建设要求,包括布局、管线走向、敷设方式等。

5. 确定农业及其他生产经营设施用地。

6. 确定生态环境保护目标、要求和措施,确定垃圾、污水收集处理设施和公厕等环境卫生设施的配置和建设要求。

7. 确定村庄防灾减灾的要求,做好村级避灾场所建设规划:对处于山体滑坡、崩塌、地陷、地裂、泥石流、山洪冲沟等地质隐患地段的农村居民点,应经相关程序确定搬迁方案。

8. 确定村庄传统民居、历史建筑物与构筑物、古树名木等人文景观的保护与利用措施。

9. 规划图文表达应简明扼要、平实直观。

三、村庄建设

（一）基本要求

1. 村庄建设应按规划执行。

2. 新建、改建、扩建住房与建筑整治应符合建筑卫生、安全要求,注重与环境协调;宜选择具有乡村特色和地域风格的建筑图样;倡导建设绿色农房。

3. 保持和延续传统格局和历史风貌,维护历史文化遗产的完整性、真实性、延续性和原始性。

4. 整治影响景观的棚舍、残破或倒塌的墙体,清除临时搭盖,美化影响村庄空间外观视觉的外墙、屋顶、窗户、栏杆等,规范太阳能热水器、屋顶空调等设施的安装。

5. 逐步实施危旧房的改造、整治。

(二)生活设施

1. 道路:村主干道建设应进出畅通、路面硬化率达 100%;村内道路应以现有道路为基础,顺应现有村庄格局,保留原始形态走向,就地取材;村主干道应按照 GB5768.1 和 GB568.2 的要求设置道路交通标志,村口应设村名标识;历史文化名村、传统村落、特色景观旅游景点应设置指示牌;利用道路周边、空余场地,适当规划公共停车场(泊位)。

2. 桥梁:安全美观,与周围环境相协调,体现地域风格,提倡使用本地天然材料,保护古桥;维护、改造可采用加固基础、新铺桥面、增加护栏等措施,并设置安全设施和警示标志。

3. 饮水:应根据村庄分布特点、生活水平和区域水资源等条件,合理确定用水量指标、供水水源和水压要求;应加强水源地保护,保障农村饮水安全,生活饮用水的水质应符合 GB5749 的要求。

4. 供电:农村电力网建设与改造的规划设计应符合 DL/T5118 的要求,电压等级应符合 GB/T156 的要求,供电应能满足村民基本生产生活需要;电线杆应排列整齐,安全美观,无私拉乱接电线、电缆现象;合理配置照明路灯,宜使用节能灯具。

5. 通信:广播、电视、电话、网络、邮政等公共通信设施齐全、信号通畅,线路架设规划、安全有序;有条件的村庄可采用管道地下敷设。

(三)农业生产设施

1. 结合实际开展土地整治和保护;适合高标准农田建设的重点区域,按 GB/T30600 的要求进行规范建设。

2. 开展农田水利设施治理;防洪、排涝和灌溉保证率等达到

CB50201 和 GB50288 的要求;注重抗旱、防风等防灾基础设施的建设和配备。

3.结合产业发展,配备先进、适用的现代化农业生产设施。

四、生态环境

(一)环境质量

1.大气、声、土壤环境质量应分别达到 GB3095、GB3096、GB5618 中与当地环境功能区相对应的要求。

2.村域内主要河流、湖泊、水库等地表水体水质,沿海村庄的近岸海域海水水质应分别达到 CB3838、GB3097 中与当地环境功能区相对应的要求。

(二)污染防治

1.农业污染防治:推广植物病虫害统防统治,采用农业、物理、生物、化学等综合防治措施,不得使用明令禁止的高毒高残留农药,按照 CB4285、CB/T8321 的要求合理用药;推广测土配方施肥技术,施用有机肥、缓释肥;肥料施用符合 NY/T496 的要求;农业固体废物污染控制和资源综合利用可按 HJ588 的要求进行;农药瓶、废弃塑料薄膜、育秧盘等农业生产废弃物及时处理;农膜回收率≥80%;农作物秸秆综合利用率≥70%;畜禽养殖场(小区)污染物排放应符合 GB18596 的要求,畜禽粪便综合利用率≥80%;病死畜禽无害化处理率达 100%;水产养殖废水应达标排放。

2.工业污染防治:村域内工业企业生产过程中产生的废水、废气、噪声、固体废物等污染物达标排放,工业污染源达标排放率达 100%。

3.生活污染防治:包括生活垃圾处理、生活污水处理和清洁能源使用。

4.生活垃圾处理:应建立生活垃圾收运处置体系,生活垃圾无害化处理率≥80%;应合理配置垃圾收集点、建筑垃圾堆放点、垃圾箱、垃圾清运工具等,并保持干净整洁、不破损、不外溢;推行生活垃圾分类处理和资源化利用;垃圾应及时清运,防止二次污染。

5. 生活污水处理:应以粪污分流、雨污分流为原则,综合人口分布、污水水量、经济发展水平、环境特点、气候条件、地理状况,以及现有的排水体制、排水管网等确定生活污水收集模式;应根据村落和农户的分布,可采用集中处理或分散处理或集中与分散处理相结合的方式,建设污水处理系统并定期维护,生活污水处理农户覆盖率≥70%。

6. 清洁能源使用:应科学使用并逐步减少木、草、秸秆、竹等传统燃料的直接使用,推广使用电能、太阳能、风能、沼气、天然气等清洁能源,使用清洁能源的农户数比例≥70%。

(三)生态保护与治理

1. 对村庄山体、森林、湿地、水体、植被等自然资源进行生态保育,保持原生态自然环境。

2. 开展水土流失综合治理,综合治理技术按 GB/T16453 的要求执行;防止人为破坏造成新的水土流失。

3. 开展荒漠化治理,实施退耕还林还草,规范采砂、取水、取土、取石行为。

4. 按 GB50445 的要求对村庄内坑塘河道进行整治,保持水质清洁和水流通畅,保护原生植被。岸边宜种植适生植物,绿化配置合理、养护到位。

5. 改善土壤环境,提高农田质量,对污染土壤按 HJ25.4 的要求进行修复。

6. 实施增殖放流和水产养殖生态环境修复。

7. 外来物种引种应符合相关规定,防止外来生物入侵。

(四)村容整治

1. 村容维护:村域内不应有露天焚烧垃圾和秸秆的现象,水体清洁、无异味;道路路面平整,不应有坑洼、积水等现象;道路及路边、河道岸坡、绿化带、花坛、公共活动场地等可视范围内无明显垃圾;房前屋后整洁,无污水溢流,无散落垃圾;建材、柴火等生产生活用品集中有序存放;按规划在公共通道两侧划定一定范围的公用空间红线,不得违章占道和占用红线；宣传栏、广告牌等设置规范，整洁有序；村庄内无乱贴乱画乱刻现象；划定畜禽养殖区域，人畜分离；农家庭院畜禽圈养，保持圈舍卫生，不影响周边生活环境；规范殡葬管理，尊重少数民族的丧葬习俗，倡导生态安葬。

2.环境绿化：村庄绿化宜采用本地果树林木花草品种，兼顾生态、经济和景观效果，与当地的地形地貌相协调；林草覆盖率达到以下标准：山区≥80％，丘陵≥50％，平原≥20％；庭院、屋顶和围墙提倡立体绿化和美化，适度发展庭院经济；古树名木采取设置围护栏或砌石等方法进行保护，并设标志牌。

3.厕所改造：实施农村户用厕所改造，户用卫生厕所普及率≥80％，卫生应符合 CB19379 的要求；合理配置村庄内卫生公厕，不应低于1 座/600 户，按 GB7959 的要求进行粪便无害化处理；卫生公厕有专人管理，定期进行卫生消毒，保持干净整洁；村内无露天粪坑和简易茅厕。

4.病媒生物综合防治：按照 CB/T27774 的要求组织进行鼠、蝇、蚊、蟑螂等病媒生物综合防治。

五、经济发展

（一）基本要求

1.制定产业发展规划，三产结构合理、融合发展，注重培育惠及面广、效益高、有特色的主导产业。

2.创新产业发展模式，培育特色村、专业村，带动经济发展，促进农民增收致富。

3.村级集体经济有稳定的收入来源，能够满足开展村务活动和自身发展的需要。

（二）产业发展

1.农业：发展种养大户、家庭农场、农民专业合作社等新型经营主体；发展现代农业，积极推广适合当地农业生产的新品种、新技术、新机具及新种养模式,促进农业科技成果转化;鼓励精细化、集约化、标准化生产,培育农业特色品牌;发展现代林业,提倡种植高效生态的特色经济林果和花卉苗木,推广先进适用的林下经济模式,促进集约化、生态化生产;发展现代畜牧业,推广畜禽生态化、规模化养殖;沿海或水资源丰富的村庄,发展现代渔业,推广生态养殖、水产良种和渔业科技,落实休渔制度,促进捕捞业可持续发展。

2.工业:结合产业发展规划,发展农副产品加工、林产品加工、手工制作等产业,提高农产品的附加值;引导工业企业进入工业园区,防止化工、印染、电镀等高污染、高能耗、高排放企业向农村转移。

3.服务业:依托乡村自然资源、人文禀赋、乡土风情及产业特色,发展形式多样、特色鲜明的乡村传统文化、餐饮、旅游休闲产业,配备适当的基础设施;发展家政、商贸、美容美发、养老托幼等生活性服务业;鼓励发展农技推广、动植物疫病防控、农资供应、农业信息化、农业机械化、农产品流通、农业金融、保险服务等农业社会化服务业。

六、公共服务

(一)医疗卫生

1.建立健全基本公共卫生服务体系。建有符合国家相关规定、建筑面积≥60平方米的村卫生室,人口较少的村可合并设立,社区卫生服务中心或乡镇卫生院所在地的村可不设。

2.建立统一、规范的村民健康档案,提供计划免疫、传染病防治及儿童、孕产妇、老年人保健等基本公共卫生服务。

(二)公共教育

1.村庄幼儿园和中小学建设应符合教育部门布点规划要求。村庄幼儿园、中小学学校建设应分别符合 GB/T29315、建标 109 的要求,并符合国家卫生标准与安全标准。

2.普及学前教育和九年义务教育。学前一年毛入园率≥85%;九年义务教育目标人群覆盖率达 100％,巩固率≥93％。

3.通过宣传栏、广播等渠道加强村民普法、科普宣传教育。

（三）文化体育

1.基础设施:建设具有娱乐、广播、阅读、科普等功能的文化活动场所;建设篮球场、乒乓球台等体育活动设施;少数民族村能为村民提供本民族语言文字出版的书刊、电子音像制品。

2.文体活动:定期组织开展民俗文化活动、文艺演出、演讲展览、电影放映、体育比赛等群众性文化活动。

3.文化保护与传承:发掘古村落、古建筑、古文物等乡村物质文化,进行整修和保护;搜集民间民族表演艺术、传统戏剧和曲艺、传统手工技艺、传统医药、民族服饰、民俗活动、农业文化、口头语言等乡村非物质文化,进行传承和保护;历史文化遗存村庄应挖掘并宣传古民俗风情、历史沿革、典故传说、名人文化、祖训家规等乡村特色文化;建立乡村传统文化管护制度,编制历史文化遗存资源名单,落实管护责任单位和责任人,形成传统文化保护与传承体系。

（四）社会保障

1.村民普遍享有城乡居民基本养老保险,基本实现全覆盖。鼓励建设农村养老机构、老人日托中心、居家养老照料中心等,实现农村基本养老服务。

2.家庭经济困难且生活难以自理的失能半失能 65 岁及以上村民基本养老服务补贴覆盖率≥50％。农村五保供养目标人群覆盖率达100％,集中供养能力≥50％。

3.村民享有城乡居民基本医疗保险参保率≥90％。

4.被征地村民按相关规定享有相应的社会保障。

（五）劳动就业

1.加强村民的素质教育和技能培训,培养新型职业公民。

2.协助开展劳动关系协调、劳动人事争议调解、维权等权益保护活动。

3.收集并发布就业信息,提供就业政策咨询、职业指导和职业介绍等服务;为就业困难人员、零就业家庭和残疾人提供就业援助。

（六）公共安全

1.根据不同自然灾害类型建立相应防灾和避灾场所,并按有关要求管理。

2.应制定和完善自然灾害救助应急预案,组织应急演练。

3.农村消防安全应符合 CB50039 的要求。

4.农村用电安全应符合 DL493 的要求。

5.健全治安管理制度,配齐村级综治管理人员,应急响应迅速有效,有条件的可在人口集中居住区和重要地段安装社会治安动态视频监控系统。

（七）便民服务

1.建有综合服务功能的村便民服务机构,提供代办、计划生育、信访接待等服务,每一事项应编制服务指南,推行标准化服务。

2.村庄有客运站点,村民出行方便。

3.按照生产生活需求,建设商贸服务网点,鼓励有条件的地区推行电子商务。

七、乡风文明

（一）组织开展爱国主义、精神文明、社会主义核心价值观、道德、法治、刑事政策等宣传教育。

（二）制定并实施村规民约,倡导崇善向上、勤劳致富、邻里和睦、尊老爱幼、诚信友善等文明乡风。

（三）开展移风易俗活动,引导村民摒弃陋习,培养健康、文明、生态的生活方式和行为习惯。

八、基层组织

（一）组织建设。应依法设立村级基层组织,包括村党组织、村民委员会、村务监督机构、村集体经济组织、村民兵连及其他民间组织。

（二）工作要求。遵循民主决策、民主管理、民主选举、民主监督;制定村民自治章程、村民议事规则、村务公开、重大事项决策、财务管理等制度,并有效实施;具备协调解决纠纷和应急的能力;建立并规范各项工作的档案记录。

九、长效管理

（一）公众参与

1.通过健全村民自治机制等方式,保障村民参与建设和日常监督管理,充分发挥村民主体作用。

2.村民可通过村务公开栏、网络、广播、电视、手机信息等形式,了解美丽乡村建设动态、农事、村务、旅游、商务、防控、民生等信息,参与并监督美丽乡村建设。

3.鼓励开展第三方村民满意度调查,及时公开调查结果。

（二）保障与监督

1.建立健全村庄建设、运行管理、服务等制度,落实资金保障措施,明确责任主体、实施主体,鼓励有条件的村庄采用市场化运作模式。

2.建立并实施公共卫生保洁、园林绿化养护、基础设施维护等管护机制,配备与村级人口相适应的管护人员,比例不低于常住人口的2%。

3.综合运用检查、考核、奖惩等方式,对美丽乡村的建设与运行实施动态监督和管理。

第四节 美丽乡村建设的战略意义

一、美丽乡村建设是"美丽中国"建设的重要组成部分

党的十八大,首次提出建设"美丽中国",提出"五位一体"的中国特色社会主义建设总布局。着重强调生态建设,要尊重自然、顺应自然、保护自然。在2013年中央一号文件中,美丽乡村作为美丽中国的基础元素被首次提出,要求对农村生态建设、环境保护和综合整治工作进一步加强。党的十九大提出乡村振兴战略,并把美丽乡村建设作为重要抓手。在空间区域上看来,美丽城市和美丽乡村构成了"美丽中国";在战略上看来,乡村振兴战略是建设"美丽中国"七大战略之一,美丽乡村建设是围绕乡村振兴战略的总要求"产业兴旺、生态宜居、乡风文明、治理有效、生活富裕"展开的,开创了农业农村发展新局面,谱写着美丽中国的新篇章。党的十八大明确提出"把生态文明建设放在突出位置,融入经济建设、政治建设、文化建设、社会建设各方面和全过程,努力建设美丽中国,实现中华民族永续发展",确定了建设生态文明的战略任务。农业农村生态文明建设是生态文明建设的重要内容,开展美丽乡村创建活动,重点推进生态农业建设,推广节能减排技术,节约和保护农业资源,改善农村人居环境,是落实生态文明建设的重要举措,是在农村地区建设美丽中国的具体行动。

中国是农业大国,农村地域和农村人口占了中国的绝大部分,农村、农民、农业,始终是中国发展中的焦点。习近平总书记也提到,在将来城镇化达到70%的时候,农村人口仍有四五亿。所以美丽乡村的建设是中国其他建设稳定发展的根本和前提。乡村建设是国家发展的重要一环,乡村建设在中国的发展中历来有着举足轻重的地位。在"美丽中国"社

会主义建设总布局的背景下提出的美丽乡村建设,是面对新时代社会矛盾转化,迎接新的历史任务所做出的具体行动。"美丽中国"的建设是全方位、多领域的,但建设的基础和前提在乡村,建设的重点和难点在乡村,建设"美丽中国",短板必须补齐。因此,美丽乡村的建设是建设美丽中国必不可少的组成部分。

二、美丽乡村建设是解决"三农问题"的重要抓手

新时代下,农业、农村、农民面临着新的问题和挑战,"三农"问题不仅仅是农村经济发展、城乡差距扩大、农村产业单一等表层问题,更进一步深化到农村的"留守""空心"等社会文化层面,还涉及影响城市发展的环境问题。习近平总书记清晰地看到乡村建设对于解决"三农"问题的重大意义,提出"乡村衰退、城市贫民窟是全球共同面临的挑战……在现代化进程中,乡村必然要经历一场痛苦的蜕变和重生"。在他看来,我国的乡村建设既存在生态环境恶化、传统文化保护不到位、产业结构单一等传统问题,同时出现农村空心化、农业边缘化、农民老龄化等新"三农"问题。因此,"三农"问题已是涉及乡村建设方方面面的问题。

"中国要强,农业必须强;中国要美,农村必须美;中国要富,农民必须富。""三农"问题涉及国家大局的发展。从"把农业放在国民经济发展的首位"到"加强农业基础地位",再到"全党工作的重中之重","三农"问题在中国革命、建设、改革中始终处于重要地位。回溯历史,从二十世纪二三十年代,晏阳初、梁漱溟等在内的知识分子以及实业家进行的乡村建设运动,到建国以后的土地改革,家庭联产承包责任制实行,再到新世纪建设"社会主义新农村",新时代提出的乡村振兴战略任务,党和国家在乡村建设方面,致力于解决"三农"问题不断探索。

美丽乡村建设是一项打造生态美、生活美、生产美等方方面面的系统工程。美丽乡村建设,促进农业产业升级,经济发展;提高农民生活水平,使其获得幸福感、满足感;稳定农村社会和谐,总体繁荣,是对促进

"三农"发展最有力的回应,解决"三农"问题最重要的抓手。

三、美丽乡村建设是全面建成小康社会的重大举措

全面建成小康社会是中国共产党第一个百年奋斗目标,是实现中华民族伟大复兴的关键环节,核心在"全面",任务在"建成",而短板在"乡村"。全面建成小康社会,一个也不能少,让全国人民共同步入小康,才是小康社会的全面建成。习近平总书记讲到:"没有农村的小康,特别是没有贫困地区的小康,就没有全面建成小康社会。"新时代下的小康,是全面的小康,是全中国人民共同的小康,既强调"五位一体"的全面发展,又要全面协同城乡人民共同富裕。

目前,城乡发展水平在总体上还存在一些差距,农业还是"四化同步"的短腿,脱贫攻坚堡垒尚未突破,全面小康"三农"领域还有一些短板必须补上。因此,要如期全面建成小康社会,就必须重视乡村发展和建设,补齐乡村这块短板。乡村兴则国家兴,乡村建设的发展情况决定了全面建成小康社会的质量。美丽乡村的建设,就是致力于增加农民的收入,改善农村居住环境,提高农民生活水平,使之达到小康,致力于激发农村生产活力,让广大农民共同参与到现代化建设当中,缩小城乡差距,统筹城乡发展,使经济社会发展成果全民共享。推进全面建成小康社会的实现,补齐短板,需要更好地建设美丽乡村。

四、美丽乡村建设是缩小城乡差距的必然要求

城乡差距,存在于城乡居民的收入、教育、医疗、消费、就业、政府公共投入等各个方面。缩小城乡差距就是要把工农、城乡作为一个整体,协调同步发展,实现城乡政策平等、产业互补、资源互通、经济成果共享、国民待遇一致,让整个城乡经济社会全面、协调、可持续发展。我国鲜明的城乡差距,是长期积累形成的。由于二元户籍管理制度,以农支城、以农养工的国家政策等因素,城乡之间存在居民收入、公共服务、基础设

施、社会保障等各个方面的不平等和不平衡。近年来,这些差距又给乡村带来严重的"空心化""老弱化"问题,严重影响着乡村活力的迸发和经济的发展,影响着社会的和谐稳定。党和国家在缩小城乡差距方面不断努力,2018 年国务院发布一号文件,对乡村振兴战略的指导思想、总体要求、路径选择进一步明确,2019 年一号文件指出坚持农业农村优先发展,打好脱贫攻坚战,2020 年一号文件强调要五大方面保供给,八大措施补短板等,无一不是在为缩小城乡差距提供更加详细、更易于操作的规划。

建设美丽乡村是加快繁荣乡村经济、促进群众致富奔小康的重大举措。农村经济发展、群众脱贫致富是农村工作中的头等大事。从发展实际来看,目前我们的首要任务,就是加快脱贫致富,早日实现小康社会。美丽乡村建设,几乎涵盖了农村工作的方方面面,涉及各个领域,是对新农村建设的深化和提升,是城乡一体化发展的"升级版"。它的主要建设内容就是通过改善生态环境、培育致富产业、加强基础配套,持续增加群众收入,让群众的生活更幸福、更美满,使乡村面貌极大改观,农村经济得到繁荣发展,从而逐步实现全面建成小康社会的宏伟目标。

美丽乡村建设的目标,就是要打造"人们愿意来,来了不愿走,走了还想来"的宜居、宜业、宜游之地。而不是让农民外流,背井离乡。这需要让城里城外的人居环境、土地制度、户籍制度、医疗社会保障、乡风文明等各方面同步发展,缩小差距。美丽乡村建设成为城乡居民的共同需要,也是整个社会的需要。因此,美丽乡村建设夯实了城乡融合发展的基础,成为缩小城乡差距的必然要求。

创建美丽乡村是加强农业生态环境保护、推进农业农村经济科学发展的需要。近年来,农业的快速发展,从一定程度上来说是建立在对土地、水等资源超强开发利用和要素投入过度消耗基础上的,农业乃至农村经济社会发展面临着资源约束趋势、生态退化严重、环境污染加剧等严峻挑战。开展"美丽乡村"建设,推进农业发展方式转变,加强农业资源环境保护,有效提高农业资源利用率,走资源节约、环境友好型的农业发展道路,是发展现代农业的必然要求,是实现农业农村经济可持续发展的必然趋势。

第五节 美丽乡村建设的评价标准

建设美丽乡村,需要在充分理解美丽乡村内涵的基础上,构建定量化的衡量标准,以评价不同乡村的美丽指数。基于影响美丽乡村的各个因素,依据不同评价指标,选择差异化的评价方法,构建起一个科学完善的美丽乡村评价体系,能够科学地认识美丽乡村的建设水平和发展差距,对于各地建设美丽乡村具有良好的指导意义。构建美丽乡村的评价标准,也有利于引导乡村在规划建设管理过程中朝着美丽乡村的方向来发展。作为新农村建设的重要部分,美丽乡村的发展也体现了我国全面深化改革的决心,对于进一步解决"三农"问题有重大的战略意义。

一、美丽乡村建设评价的基本原则

(一)目标明确原则

美丽乡村评价体系选取的指标应充分考虑美丽乡村的建设目标,从生产发展生态化、生活宽裕现代化、乡风文明特色化、村容整洁自然化、管理民主和谐化五个方向进行指标设计。

(二)系统全面原则

构建评价指标体系要科学完整、整体把握,必须能够涵盖美丽乡村建设的方方面面,且各评价指标构成一个层次分明的整体。在每一个子系统中,有若干个二级指标,这些二级指标要能准确、完整地涵盖该系统的评价范围。所有子系统又能完整涵盖美丽乡村的评价体系。

（三）科学性与可操作性相结合原则

评价指标的内容和构建方法具有科学性，评价指标体系要能够客观、准确、全面反映美丽乡村建设的本质特征。同时，评价指标体系的设置要贴近乡村经济社会的实际情况，评价指标的选择尽量简明实用，选取数据采集方便、来源可靠的指标，便于统计和实际操作。

（四）与现有的国家宏观经济与社会政策一致的原则

评价指标的选取，应符合国家提出的社会主义新农村建设这一大的指导方针，落实到具体指标上，要结合该指导方针的具体要求，并根据当地实际情况，有选择性地调整各子系统与二级指标。

二、美丽乡村建设的评价体系

在现代美丽乡村评价体系中，评价指标已经从单项、单属性和单一学科逐步向社会、经济、环境、生态的多维多学科系统发展。评价方法也已经从传统的社会经济统计分析与环境监测向多方法、多尺度整合的综合评价转变。由于美丽乡村评价体系中每一系统都是由复杂的多变量组成，且涉及经济学、生态学、社会学、能源学等各个学科，因此，美丽乡村的评价指标构成了一个庞大而复杂的指标体系，这一指标体系在时间尺度上应能反映各个子系统的发展速度和趋势，空间尺度上反映美丽乡村的整体布局和功能类型，在数量上反映美丽乡村各系统功能的强度和规模，在层次上反映其功能结构，具有描述、评价、解释和决策等多种功能。反映美丽乡村的指标体系主要包括五大方面，即从生产发展生态化、生活宽裕现代化、乡风文明特色化、村容整洁自然化、管理民主和谐化。具体包括大气环境、水环境、垃圾无害化处理率、人均GDP、产业形态、生产方式、资源利用、生活环境、居住条件、权益维护、综合服务、安全保障、乡风民俗、农耕文化、组织建设、科技支撑等指标。不同专家学者对于不同地区美丽乡村的评选所选取的指标是不同的，需要结合所选取的评价方法，科学而全面地选择构成美丽乡村的评价体系。

第二章　美丽乡村建设的必备条件

"美丽乡村"是一个全面的、综合的概念。"美丽乡村"不仅强调乡村外部环境美，更重视农村社会的内在美。美丽乡村应包括：生活美好、生产发展、文化传承、村庄和谐、生态可持续。"生活美好"是美丽乡村构成的基本条件；"生产发展"是美丽乡村的经济支撑；"文化传承"是美丽乡村的灵魂支柱；"村庄和谐"是美丽乡村的精神文明；"生态可持续"是美丽乡村的核心本质。美丽乡村建设也可包括构建美丽乡村之生活美、生态美、生产美、文化美四个方面。

第一节　美丽乡村建设与生产发展

生产发展是推动美丽乡村精神文明进步的重要基础。只有生产发展，才能提高广大农民的物质生活和文化生活水平，才能推动农村各项事业的全面发展。建设美丽乡村，最基本最首要的是实现生产发展，要带动农村全面发展，促进农民增加收人，提高农民生活品质。我们要秉承生态与经济协调发展的理念，把生态富民理念贯穿美丽乡村建设的全过程，大力推进美丽乡村建设与生产的互联互动，通过发展现代化农业，突出生态特色与可持续发展的特点，重塑农村农业的新形象。

一、美丽乡村建设的首要前提是生产发展

我国的农业生产综合能力低下,严重制约着农村经济的发展,主要表现在以下三方面:一是农业生产方式粗放,资源利用不合理;二是农业生产效率极端低下,技术装备水平严重落后;三是农业技术创新成果较少,技术创新能力不强等。美丽乡村建设首先就是要实现农村的生产发展,发挥好农业在农村经济中的重大带动作用,也就是要对传统农业进行改造转型,不断提高机械化和信息化利用水平。

农机使用率是衡量农业生产发展是否先进的重要标志之一。目前西方发达国家的农业生产的机械化、自动化程度很高,极大地节约了人力和物力,也创造了巨大的经济效益。机械化一方面可以提高农业生产效率,推动发展绿色农业、循环农业与生态农业,实现农业的产业化经营与规模效益;另一方面,机械化程度的提高会使农村富余的劳动力转移到第二、三产业中,为我国的工业化进程提供了强有力的后备军。就现阶段而言,为提高农业机械化程度,政府要加大扶持力度,创造良好的外部环境,如农机贷款、农机补贴、燃油补贴等,不断推广农机使用;要建立健全农机科研开发创新体系,形成产学研一体化的研发体制,关注农机国际化发展方向,注重农机的自动化与智能化设计,联合进行关键技术与核心技术攻关,形成我国的自主创新性成果;要加强和引导农机社会化服务体系建设和发展。

农业信息化作为一种新型的资源要素,有助于实现农业生产效率提高,降低生产成本和提高经济效益。农业信息化会改变传统靠天吃饭的种植模式,更多依靠信息指导农业生产和农产品销售,有效降低农户生产经营的市场风险。农业信息化水平的高低取决于多方努力,首先是信息的使用者—农户,利用信息指导农业生产是一种新思维,政府部门要做好宣传工作,让农民充分认识到信息化带来的好处,通过开展特色的教育课程等形式的知识培训,培养一批新型农民。其次是信息的开发

者,农业信息资源内涵广泛,要培养一批专业型信息人才,通过对庞杂信息的筛选、分类和整理,形成农业信息利用的标准化体系。然后是信息平台建设者,通过设计简洁、明了的界面与索引,方便农户操作和使用,并做好信息数据库的更新和维护工作。最后政府要发挥在农业信息化建设上的引导作用,通过资金支持来推动信息化建设进程,同时要制定一系列相关的法规制度,维护好信息化市场秩序,并结合本地实际情况,不断完善信息服务渠道。

二、生产发展的生态化内涵

生产发展就结构而言,就是要根据农民消费结构的变化和科技进步的趋势,适时调整产业结构和产品结构;从增长方式上来看,就是要实现从高投入、高消耗、低产出到低投入、低能耗、高产出的转变;从农业生产服务角度来看,生产发展就是要实现农村生产服务社会化。

第二节 美丽乡村建设与生态文明

一、农村生态文明是生态文明的重要组成部分

美丽乡村建设是农村生态文明建设的题中应有之义,农村生态文明建设也同样是建设美丽乡村的重要途径。生态文明的核心价值理念是追求和谐,要求人与自然和谐相处,是人和社会全面进步的文明状态。党的十八大将生态文明建设置于"五位一体"总体布局的高度,讲到把生态文明建设放在更加突出的位置,把生态文明融入到经济建设、政治建设、文化建设、社会建设各方面,努力建设美丽中国,实现中华民族永续

发展。也就是说,建设生态文明就是要建设美丽中国。"美丽中国"自然不能缺少"美丽乡村"。推进农村生态文明建设,实现农村经济社会的可持续发展、循环发展、低碳发展,是当前生态文明建设亟待解决的问题。

二、农村生态文明建设和建设美丽乡村之间的关系是辩证统一的

农村生态文明建设不仅是生态文明建设的重要组成部分,而且是贯彻科学发展观、落实建设社会主义新农村政策的重大举措,是"美丽中国"在农村的具体体现。党提出的这些理论表明农村生态文明建设要贯穿和渗透于其他建设的始终,是美丽乡村建设的应有之义。农村生态文明建设和美丽乡村建设之间的关系是辩证统一的,二者相互作用和制约。美丽乡村建设必须以农村生态文明建设为着力点,只有在农村生态文明建设的总体布局下,解决好人与自然、人与人、人与社会的关系,才能真正实现社会主义新农村建设的目标,实现美丽乡村的发展目标;另一方面,美丽乡村建设也是农村生态文明建设的最终目标,是美丽中国在农村的具体实践。农村生态文明建设要渗透到新农村建设的方方面面,美丽乡村建设要着眼于提升新农村建设的整体水平。

三、农村生态文明是生态文明理念在农村地区的具体体现

人与自然和谐相处是农村生态文明的本质和核心,农村生态文明是农村一切发展的基础,没有良好的生态环境,就没有农村的全面发展。党的十八大把生态文明建设提升到"五位一体"总体布局的战略高度,号召大力推进生态文明建设,建设美丽中国,实现中华民族永续发展。在我们这样一个农业大国,"美丽中国"不能缺少"美丽乡村"。因此,2013年中央一号文件明确提出,要加强农村生态建设、环境保护和综合整治,推进农村生态文明建设,努力建设美丽乡村。随着我国城镇化进程不断推进,什么样的乡村才是美丽乡村?如何建设、保护美丽乡村?美丽乡村如何永续发展?这些问题引发了人们的关注和思考。

推进生态文明建设是具有全局性的战略指导思想,而建设美丽乡村则是为了实现全局性战略思想所进行的区域工作实践;推进生态文明建设是一个系统工程,而建设美丽乡村则是一个子工程;推进生态文明建设需要积极探索在发展中保护、在保护中发展的环境保护新路子,而建设美丽乡村就是为探索这条新路子积累经验;推进生态文明建设是一个长远而伟大的理想和引领目标,而建设美丽乡村就是为了实现这个伟大理想所做的一项立足当前、着眼长远的基础性工作和有效措施。

四、美丽乡村建设是农村生态文明建设的目标和方向

建设农村生态文明,先进的生态伦理观念是价值取向,发达的农村生态经济是物质基础,完善的农村生态文明制度是激励约束机制,可靠的农村生态安全是必保底线,改善农村生态环境质量是根本目的。建设美丽乡村与推进农村生态文明方向一致、进程基本同步。建设美丽乡村,就要通过大力推进农村生态文明建设,打造发达的生态农业、绿色的消费模式、永续的资源保障、优美的生态环境、舒适的生态人居,给自然留下更多修复空间,给子孙后代留下天蓝、地绿、水净的美好家园。

第三节　美丽乡村建设与多元文化

习近平总书记曾指出:"农村是我国传统文化的发源地,乡土文化的根不能断,农村不能成为荒芜的农村、留守的农村、记忆中的故园。"习近平总书记强调乡风文明是中华文明的重要组成部分,并且乡村文化是中国传统文化的发展源头,在农耕文明时期发挥了重要作用。如今,中国进入现代化发展的新阶段,城市文明逐渐成为主流,传统乡村文明的存

在和价值遭遇了前所未有的挑战,习近平总书记强调"乡村建设保留村庄原始风貌""不能名为搞现代化,就把老祖宗的好东西弄丢了"。

长期以来,人们把乡村文化视为落后,而把城市文明看作先进,甚至认为城市文明最终会取代乡村文化。但历史事实证明,城市和乡村文化属于两种不同的形态,没有谁替代谁的问题,而是可以和谐共生,共同发展,通过互补重建新时代乡村文化,为农民寻找新的精神家园,重拾文化自信。通过传承发展提升农村优秀传统文化,立足乡村文明,吸取城市文明以及外来文化优秀成果,在保护传承的基础上,创造性转化、创新性发展,不断赋予乡村文化时代内涵,丰富表现形式。

一、乡村文化保护与美丽乡村建设相辅相成

我国农耕文明源远流长、博大精深,是中华优秀传统文化的根。很多村庄有几百年甚至上千年的历史,很多风俗习惯、村规村约等都具有深厚的优秀传统文化基因,这些都是我国优秀传统文化的宝藏,在乡村文化建设方面发挥着重要作用。美丽乡村建设,乡风文明是保障,是凝聚乡村振兴的正能量。只有坚持物质文明和精神文明一起抓,提升农民精神风貌,培育文明乡风,不断提高乡村社会文明程度,才能实现真正意义上的美丽乡村。美丽乡村建设不是楼房高了,道路宽了,生活好了,就是乡村复兴,而是要有与乡村生活相匹配的乡村文明体系的延续,这样才能满足广大人民日益增长的对美好生活的需求。

（一）美丽乡村建设与地域文化是一脉传承的

乡村建设要与传统文化相结合,不能只追求短期的经济效益,要注重对乡村文化保护和传承。美丽乡村建设,让农民的钱包鼓起来固然重要,但更重要的是要从"物"的新农村向"人"的转变,以现居住村民的现实需求出发推进美丽乡村建设,而不是为了迎合或者为了面子去建设美丽乡村,真正的美丽乡村是把农村的特色保留下来,把农村的文化传承下来。因此,美丽乡村建设要避免"一刀切",盲目跟风按照城市模式改

造农村,建高楼,广修路,形式上是城乡一体了,结果农民生活生产不便,生活成本太高,农村就不是农村了,成了真正的不城不乡、不伦不类。美丽乡村应该是农民虽然住着楼房,但可以与传统的民居风格相结合,与当地的生态环境相适应,不砍树、少填湖、不毁山、不搞整齐划一,因地制宜,使农民住得舒心的同时保持它特有的风俗和文化。当地各级政府应遵循"生产高效、生活富裕、生态宜居"的总要求,建立健全乡村文化保护机制,因地制宜创新文化的形式和内容。与此同时加强公共文化服务建设和人才建设,使公共文化产品和服务更好地为当地经济建设服务。坚持改善乡村生态环境,村规村约等要充分考虑文化的传承,坚持从可持续发展的战略高度统筹美丽乡村建设,激发乡村文化在乡村建设中的内生驱动力。

(二)乡村文化保护与可持续发展是分不开的

文化是一个国家的软实力,是国与国之间综合国力的重要体现。乡村文化就是美丽乡村建设中的"软实力",所以对乡土文化的挖掘、传承、创新就极为重要。我们要坚持尊重、保护自然,建设生态系统稳定健康、人与自然和谐共生的生态宜居美丽乡村。各级政府应加强美丽乡村建设规划和传统乡村文化的保护,不断深入研究文化遗产资源,利用优秀乡土文化推动民间传统工艺的发展,使得非物质文化遗产得到传承,文化产业得以更好地发展,并结合当地特色开展丰富的乡土文化活动。美丽乡村建设要以突出乡土特色和生态文明为目的,通过乡村资源的全域化整合来加强竞争力,发展农村经济新业态,促进人文、科技以及农业生产相结合。同时充分利用乡村文化促进美丽乡村建设的可持续发展。乡村文化产业的发展要与乡村的其他产业融合,形成一、二、三产业的有机高效的互生模式。在那些有历史人文景观和文化资源丰富,且有着优秀民俗文化和非遗文化的村落大力开展文化展示和传承活动,发挥其凝聚民心、淳化民风,推动乡村精神文明之风形成。此外,美丽乡村建设要尽可能利用自然、经济、人力以及土地和现存环境等,通过统筹规划提升乡村产业结构,力求达到"让农业成为有奔头的产业,让农民成为有吸引力的职业,让农村成为安居乐业的美丽家园"。

二、美丽乡村建设和文化保护与传承

美丽乡村建设是乡村建设改造方式,也是促进乡村文化发展的方式,其目的在于改善生态环境和提高人民生活水平,既能让乡村居民享受到现代化物质文明,又能使底蕴深厚的乡土文化得到保护与传承。文化的保护与传承作为美丽乡村建设的重要组成部分,对促进农村政治、经济、社会、文化和生态的发展同样具有重要意义。它们之间是互为依托、相互影响、相互促进的关系。

(一)乡村文化的保护与传承是美丽乡村建设的灵魂所在

中华民族历史悠久,民族众多,由于特殊的地理环境因素,促成了农业文明的发达,农业文明又深刻地影响了中国传统文化(民俗民风)。至今,广大农村地区仍保留着相对丰富的文化遗存和历史记忆,保护与传承好乡村传统文化,对美丽乡村建设意义重大。优秀的文化是国家富强、民族振兴的灵魂。推动国家与民族的快速发展,文化传承起到了坚不可摧的作用。因此,要加强对农民精神层面的教育,提高农民的思想觉悟、文明素养、道德水平。习总书记强调:"农耕文化是我国农民的宝贵财富,是中华文化的重要组成部分,不仅不能丢,而且还要不断地发扬光大。"习总书记肯定了农耕文化在中华文化中的地位,明确了美丽乡村的建设要推动乡风文明的传承的任务,促进乡村文化传承功能的发挥。

(二)优秀的乡村文化是孕育社会文明新风尚、增强农民凝聚力的强大动力

美丽乡村建设要深度挖掘乡村优秀的人文精神、思想观念、道德规范,这些都蕴含在优秀的传统乡村文化之中。要紧跟时代发展的脚步,收集时代发展的优秀元素,将创新力融入优秀的乡村文化中,让乡村文化散发出时代的魅力和经久不衰的风采。中国的发展进入了新时代,我们急需增强自身的文化软实力,提高国际竞争力。在中国文化的发展和

传承方面对我们提出了更高的要求时，中国特色社会主义文化是我们中华民族最持久最深厚也是最稳定的精神力量，在面临着新时代内部环境和外部环境的双重考验之下，我们应该坚定不移地坚持我们优秀的传统文化，增强文化自信。传承与发展优秀的传统文化也理应渗透到新时代中国特色社会主义建设的各个方面当中，这是新时代给予我们的机遇和挑战。作为中国特色社会主义建设当中的基础一环——美丽乡村建设，更应承担起文化传承这一重要而艰巨的任务。

第四节　美丽乡村建设与和谐社会

社会主义美丽新农村是集"政治、经济、文化、社会与生态文明"五位一体的综合体系，其中，经济发展是基础，政治发展是保障。美丽新农村要不断贯彻实施好管理民主，充分发挥好民众在基层管理中的主人翁地位。只有这样，才能激发他们在生产、生活、乡风文明建设中的积极性，真正做到发展成果人民共享，发展进程人人参与，形成干群关系融洽、相互团结的和谐局面，新农村建设才会越走越远。

一、管理民主、和谐化的内涵

要实现管理民主，必须做到民主选举、民主决策、村委会事务公开、民主监督。

一是民主选举。选举权是村民享有的最基本的政治权利，目前许多地区的领导干部选拔流于形式，要真正实现好民主选举，最终选出那些百姓认可、办事能力强、作风严谨的干部，就必须规范选举程序，包括选票设计、参选人员范围、选举监督、名单确认等有严格执行的标准，不能存在界限不清和混淆问题,做到公开、公平和民主,尊重村民的选举权和被选举权。

二是民主决策。要充分落实好民主决策程序,通过规范的形式和制度对村委会领导干部的权力进行约束,做到村级事务处理不能由少数人说了算,要广泛听取和综合群众意见,特别是与群众利益息息相关的事项决策,要尊重群众意愿,建立民主决策责任追究制度,保障村民权益实现。

三是村委会事务公开。村务公开内容包括政务公开、财务公开、资产资源公开和村民自治公开四大内容。政务公开包括计划生育、宅基地审批、土地征用补偿等;财务公开包括村委会(含村办企业)的年度财务计划、收入和支出情况等;资产资源公开包括村集体拥有或以投资、贷款和劳动积累形成的建筑物、农业机械等;村民自治公开包括村民享受误工补贴的人数及补贴标准、村集体经济项目的立项承包方案等。

四是民主监督。监督的形式主要有四种:一是村干部自觉接受村民监督,定期或不定期向村民代表汇报工作;二是定期举行村民代表会议,依法对村干部成员进行民主评议,提出意见或褒扬;三是成立财务公开监督小组,负责审核财务收支情况;四是实行村务质询制度,对不符合标准的工作展开调查和问询,及时进行调整和纠正。监督的内容广泛,包括工作绩效、思想作风等,形式多样,可利用村务公开、网络、报告等进行信息发布,不断完善村务工作。

实现管理民主和谐化,首先要实现村民自治中两委关系的和谐,然后是要实现村委会与乡镇政府的关系和谐,最后是实现村民之间的和谐。要实现村民自治中两委关系的和谐就是要改变当前三种不和谐现象:(1)村党委掌握大权,掌控一切,弱化或虚置村委会权力,使村民自治组织不能发挥作用。(2)村党委被村委会架空,村党支部无法行使应有权力,由村委会代为行使相关权利。(3)党支部与村委会各不相让,无法协作使村级组织瘫痪,各项工作都没办法进行。要实现村委与乡镇政府关系的和谐就是要改善目前存在的两种不和谐现象:(1)乡镇政府的越位侵权表现在乡镇政府对村级的各项事务进行干涉,包括人事权、财产权、生产经营自主权等,村委部门形同虚设,不能发挥独立的行政职能。(2)村委会的"过度自治化"和"过度行政化"。过度自治化指村委会不能统筹全局,只考虑本村利益开展工作,对乡镇政府工作不予配合。过度行政化表现在村委成为乡镇政府的一个下设职能部门,严重影响村委会独立职能的发挥。对于村民关系和谐,主要是要落实好民主参与、民主选举、民主决策和民主监督等各项工作,保障村民的各项政治权利。

二、管理民主、和谐化的路径选择

(一)创新民主选举,搭建村民自己的连心桥

"龙头"先行,"身体"随后。所谓龙头,主要是乡镇党委要发挥好在村民自治中的领导作用,要制定总体规划,按照实际需要开展选举活动,同时联合村党委和村委成立督查小组,监督选举活动中可能出现的贿选现象,切实保证民众的选票真正代表民意。随着社会发展,农村作为连心桥的"地基",民主选举也要与时俱进,按照"一切为农,优化自治"的理念进行选举,让候选人与村民见面,陈述他们的执政理念,回答村民的疑问,做到选举真正的公开、公正、公平。

(二)创新民主决策,真正做到以人为本

一是规范民主决策程序。为了实现村级民主决策制度化、规范化,必须按照"四议一审两公开"的民主决策程序进行。"四议一审两公开"即凡涉及村里发展和村民切身利益的重大事项,都要按照"四议"(村党组织提议,村"两委"会商议,村党员大会审议,村民代表会议或村民会议决议)、"一审"(乡镇党委、政府审核)、"两公开"(实行决议公开、实施结果公开)的程序进行决策和实施。二是科学制定决策方案。科学的决策方案首先必须遵循民意,然后报乡镇党委、政府进行认真审核,政府再邀请专家、学者进行咨询论证,最终确保方案的科学性与体现民意。三是创新民主决策方式。主要利用村民代表无记名投票来对村级重大事务

表决，从而保证结果的民主性与科学性。

（三）创新民主管理，建设和谐的农村家园

一是形成民主管理的组织保障。所谓组织保障，就是要不断强化和细化财务公开、村民议事、民情答疑等的操作程序与方法，完善村规村约，健全村干部换届选举、村民公决相关制度，深入推进民主管理的规范化。二是"缺口补救"和"亡羊补牢"。村级事务内涵广泛，相对复杂，村领导干部要及时反省工作中的缺失与不足，对薄弱环节加以重视，真正做到事事不放过、事事讲实效。三是做好村民与村级领导干部的培训与教育工作，引导干部贴近群众，了解民心动向进而指导工作。四是要建立"服务型、学习型、以人为本"的新型政府，形成为群众服务的良好氛围，抓典范、立榜样，激励干部相互学习。五是保证信息的对称性。将村务各项事务及时公开和反馈，不断调整工作中的不足，对各方的利益综合考虑进行决策。

（四）创新民主监督，为建设美丽乡村保驾护航

要实施好民主监督工作，主要把握好监督的重点领域和监督方法。首先要深入开展财务监督。创新财务监督模式，积极利用市场"第三方主体"涉入村务财务监督中，利用其独立性和专业性优势进行监督，并通过结果发布实现公开与透明化，弥补传统监督渠道的缺陷。其次是进行审计监督，重点做好领导干部在职期间和离任交接时的经济责任审查和追究制度，保证从事中到事后的全过程监督。最后，坚持评议监督，充分发挥好民众代表议会的作用，可定期如半年或是一年进行领导干部工作汇报与评议。

（五）明确"两委"职能，保障村民自治

村党支部是党在农村开展各项工作的基础，要发挥好村级领导核心的地位，实施好村党支部的思想和组织领导，落实好国家发布的相关政策的贯彻实施，积极响应上级党组织会议决议，对村民自主活动进行监督和制度保障等；同时，村党支部对村委会的工作要体现"领导但不干预、支持但不越权"，两级呈现职能互补、相对独立的特性。村民委员会

是进行村级各项事务的真正主体,要在村党支部的领导下,积极组织开展村民自治活动,在乡镇政府的带领下,完成上级布置的任务,实现自我管理、自我服务与自我提升。在新农村建设实践中,要处理好本村的农业生产经营、社会公共事业、村集体所有财产收益分配、民众纠纷等问题;要定时向党支部进行工作汇报;要加强对民众的知识宣传和教育工作,吸取群众意见并指导工作。

(六)实现村委会和乡政府的良性互动,确保基层政治稳定

首先是要明确村委会与乡镇政府间的政治关系,主要表现在要从制度上对两者的权责进行区分,确定村委会实施村民自治的范围,实现乡镇政府由"管理型"到"服务型"的转变;其次是要形成"县政、乡派、村治"的管理体制,乡镇政府统筹布局,村委会具体实施;再次,积极成立能够代表民众利益的新型基层组织,如探索建立能够独立履行部分职能的村民互助组织,通过开展群众学习教育指导、维权与监督等,丰富民众政治生活,重点发挥村民服务功能,有利于基层自治,从乡政府与村民委员会关系看,对减轻工作负担同样有重要影响。

三、实现管理民主、和谐化的机制建设

(一)健全村民自治机制

在法律允许范围下扩大村民自治范围,进一步实现村民自治制度化、规范化和程序化。通过各个地区广泛开展的民主自治实践活动,总结经验和教训,结合本地区具体情况,以"扩大有序参与、推进信息公开、健全议事协商、强化权力监督"为重点,广泛开展各项民主政治活动,确保民主权利得到实施和保障,通过不断完善相关的法规、制度建设,形成科学、合理的办事程序,推动干群关系、村民关系和谐。同时,坚持与时俱进,不断进行改革创新,在落实好现有各项民主活动的基础上,以不断满足村民自治需求为目标,有序扩大基层民主活动开展范围,多渠道进行政治参与,分重点进行领域延伸,将民主活动发展到更为广阔的领域。

（二）完善乡镇治理机制

乡镇政府是党和政府在农村工作的基础，是我们党和政府开展工作面对农民群众的一级政府。为深化农村综合改革，加快形成民主管理与和谐的新局面，就必须加快转变乡镇政府职能，完善乡镇治理的新机制。新型的乡镇政府必须要进行一系列的制度改革，进行科学、合理的组织体制设计，做到功能互补与权利制衡，明确各职能部门的权利和义务，将工作的重心放在农民深切关注的外部环境营造、公共服务供给与制度保障上。同时，要不断推进乡镇政府的依法行政，确保各项工作有章可循、有法可依，严格按照程序进行办公，提高办事效率。

（三）完善干部选拔机制

完善干部选拔机制，重视农村干部培养，提高农村干部群众的民主素质和依法自治能力。一是加强对村民的民主法治教育，重点要让民众形成科学的民主与自治观念。要灵活采用多样的形式，如集体座谈、案例分析与教育、定期印发刊物进行相关知识的教育，让民众参与村民自治活动，从根本上改变他们对村务管理的淡漠态度。二是强化农村基层干部的教育培训，通过开展农业生产经营知识与技术培训、民主法制知识培训，增强他们对村级事务的管理能力，形成自我约束、自我教育的良性发展局面。三是完善农村干部的选拔机制和激励机制。美丽新农村的建设需要一批有新思维的领导班子群体，要为农村基层干部群体不断注入新的血液，通过创新人才选拔机制，如可以从回乡毕业大学生、外出务工返乡人员以及农业生产经营大户中选拔人才，打破性别、身份、地位的界限，利用政策激励公开进行招聘，及时组织基层领导、干部交流、参观与学习，为美丽新农村建设储备一批高素质的人才队伍。

第三章　美丽乡村建设的创建形式

创建美丽乡村是落实生态文明建设的重要举措,也是在农村推进美丽中国建设的具体行动。自 2013 年初,农业部在全国开展美丽乡村创建活动以来,各地积极开展美丽乡村建设的探索和实践,涌现出一大批各具特色的典型模式,积累了丰富的案例和范例。

第一节　美丽乡村建设的十大类型

2014 年 2 月 24 日上午,在"乡村梦想——美丽乡村建设与发展国际论坛"上,农业部发布了中国"美丽乡村"十大创建模式。它们是产业发展型、生态保护型、城郊集约型、社会综治型、文化传承型、渔业开发型、草原牧场型、环境整治型、休闲旅游型和高效农业型等美丽乡村十大创建模式。每种模式分别代表了某一类型乡村在各自的自然资源禀赋、社会经济发展水平、产业发展特点以及民俗文化传承等条件下开展美丽乡村建设的成功路径和有益启示。

一、产业发展型美丽乡村

(一)产业发展型美丽乡村的定义

产业发展型美丽乡村主要在东部沿海等经济相对发达地区,其特点是产业优势和特色明显,农民专业合作社、龙头企业发展基础好,产业化水平高,初步形成"一村一品""一乡一业",实现了农业生产聚集,农业规模经营,农业产业链条不断延伸,产业带动效果明显。典型:江苏省张家港市南丰镇永联村。

(二)产业发展型美丽乡村的特点

产业发展型美丽乡村的主导产业包括工业、特色农业及其他产业,村集体和乡村居民的收入主要来源于当地的主导产业。具体有以下特点:

1.产业特色明显。建立了以工业、特色农业以及其他产业为导向的产业体系,农村经济正在由农业主导型向工业型、服务型转变,主导产业带动了全村共同发展,促进了农民致富,成为推动当地美丽乡村建设的内生动力。

2.规模化程度高。以某一产业发展壮大作为支撑的产业发展型美丽乡村,产业实现组织化经营、规模化生产,在村庄内部实现了分工协作,村民逐渐成为产业发展的主要力量。

3.农民收入高。村民掌握了产业发展的专业技能,成为支撑产业发展的专业从业者,有的甚至成为产业发展的高级管理人员,工资性收入是农民的主要收入来源,收入水平较高。

4.集体经济壮大。集体经济成为引领产业发展的龙头,初步形成了规模经营的产业,集体经济条件好。集体经济的发展壮大,促进村庄基础设施、公共设施不断完善,改善农民生产生活条件。

(三)建设产业发展型美丽乡村的方法

产业发展型美丽乡村建设主要从促进产业发展壮大和增强产业发展能力入手,注重基础条件改善、新型经济组织培育和人才培养。

1.发展支柱产业。及时把握国家产业导向,结合当地资源特点和优势,重点培育一批国家产业政策扶持的企业或企业集团。积极培育一批驰名商标、地理标志商标。实施质量兴村战略和名牌产品培育工程,鼓励优势支柱产业企业积极争创名牌产品,积极引导各类生产要素向名牌企业集聚。同时,扶持支柱产业企业通过自主创新、品牌经营、专利申请等方式,创建一批拥有自主知识产权、核心技术和市场竞争力强的知名品牌。

2.完善基础设施建设。为企业进村和产业发展提供基本条件与有效保障。基础设施包括村内道路建设、自来水供给、污水处理、河道治理、垃圾收集处理、改厕、路灯亮化、公共交通、电网改造、互联网络、网络电视等。

3.培育新型经济组织。把握好农村经济合作组织的发展方向,处理好农民自我发展和政府推动的关系,培养农民的合作意识,建立完善农民专业合作社,培育新型经营主体,提高农村自我组织、自我管理、自我服务的能力。通过典型引路和政府扶持,促进农村合作经济组织的发展壮大,推动农村产业发展壮大。

4.造就新型专业人才。引导新型农民培训逐步由非农产业和城镇转移的职业技能培训向提升农业劳动者从业技能和综合素质方向转变。借助新型农民培训,造就一支生产方式标准化、生产技术现代化、生产商品市场化、生产装备设施化的专业人才队伍。加快建立以农业职业技能鉴定为主的资格证书制度和就业准入制度。完善农民职业教育培训体系和政策支持体系,营造新型职业农民产生的有利环境。

(四)产业发展型美丽乡村适宜的区域

产业发展型美丽乡村主要适宜我国东部沿海经济发达地区、大中城市能够辐射和带动地区以及产业发展基础好的地区。

二、生态保护型美丽乡村

(一)生态保护型美丽乡村的定义

生态保护型美丽乡村主要是在生态优美、环境污染少的地区,其特点是自然条件优越,水资源和森林资源丰富,具有传统的田园风光和乡村特色,生态环境优势明显,把生态环境优势变为经济优势的潜力大,适宜发展生态旅游。典型:浙江省安吉县山川乡高家堂村。

（二）生态保护型美丽乡村的特点

1. 自然生态优美。村庄周边植被覆盖率高,生物多样性丰富,动物、植物、微生物种类多、数量丰。自然风景优美,生态条件优越,地域特征明显,具有良好的自然生态优势。

2. 乡村环境良好。周边没有工业和城市"三废"污染源,水体环境质量良好,土壤环境污染少,大气环境质量优良,基本实现了河流清澈、土壤清洁、空气清新,具有传统的田园风光和乡村特色。

3. 开发潜力巨大。良好的自然生态条件和乡村环境,为发展生态农业、有机农业、循环农业提供了有利条件,有利于培育壮大绿色产业,把资源环境优势转化为经济优势,真正实现绿水青山就是"金山银山"。

（三）建设生态保护型美丽乡村的方法

建设生态保护型美丽乡村要坚持绿色发展、循环发展、低碳发展的原则,保护自然生态,发展生态产业,改善人居环境,完善公共环境设施。

1. 保护自然生态。树立尊重自然、顺应自然、保护自然的生态文明理念,坚持保护优先、自然恢复为主的原则,着力推进绿色发展、循环发展、低碳发展,加大生态保护和修复力度,严格控制环境污染,推进植树造林,加强生态保护与恢复,形成节约资源和保护环境的生产生活方式,从源头上强化自然生态环境保护,保持原始的青山绿水。

2. 发展生态产业。坚持"低碳、循环、节约"生态的理念,重点发展生态农业、有机农业、循环农业,推广节水、节肥、节药、秸秆还田等农业清洁生产技术,生产无公害农产品、绿色食品和有机食品,建设农作物秸秆、畜禽粪便等农业废弃物循环利用设施,促进废弃物梯级循环利用,树立生态品牌,打造高附加值的生态产业。

3. 改善人居环境。按照"减量化、资源化、再利用"的循环经济理念,转变农村生产生活方式,重点做好生活垃圾、生活污水等废弃物资源化循环利用,推进资源节约型、环境友好型产业发展,实现经济社会发展与自然的协调发展。具体而言,就是以户为单元,建设生活污水处理利用设施,处理后的生活污水用于农田灌溉与绿化,巩固完善农村改水、改厨、改厕、改圈等工作,改善农村家庭卫生条件;按照有机、无机垃圾分类收集的原则,为每户购置发放分类垃圾收集桶;根据农户自主原则,开展生态庭院建设,发展庭院生态种植,建设小花园、小菜园、小果园、小竹园等,实现家园清洁和村容整洁,改善乡村人居环境。

4.完善公共环境设施。以村为单元,建设完善公共环境服务设施。建设乡村物业服务站,购置垃圾运输车、秸秆粉碎机和翻堆工具等公共设备,促进生活废弃物资源化收集利用;建设无机垃圾中转设施,对村庄无机生活垃圾进行户分类、村收集、镇中转、县处理;硬化村内道路、入户路,结合农村造林,栽植花草树木,美化村庄公共环境。

(四)生态保护型美丽乡村适宜的区域

生态保护型美丽乡村适宜我国广大农村生态优美、环境良好的旅游区,生态保护区、自然保护区周边地区等。

三、城郊集约型美丽乡村

(一)城郊集约型美丽乡村的定义

城郊集约型美丽乡村主要是在大中城市郊区,其特点是经济条件较好,公共设施和基础设施较为完善,交通便捷,农业集约化、规模化经营水平高,土地产出率高,农民收入水平相对较高,是大中城市重要的"菜篮子"基地。典型:上海市松江区泖港镇。

(二)城郊集约型美丽乡村的特点

1.区位优势明显。位于大中城市郊区,乡村农业生产、流通、消费、空间布局和结构安排等以服从大中城市的需求。这种由城市需求决定乡村发展的模式,体现了大中城市对农业的依赖性,二者之间形成了相互依存、相互补充、相互促进的一体化关系。

2.农业生产集约化程度高。种植业主要发展设施农业,比较经济效益高。养殖业主要是规模化生产,高投入、高产出、高收益。通过龙头企业或专业化合作社,实现了生产、加工、销售一体化经营。

3.农民生活条件好。凭借区位优势,在城乡一体化建设过程中乡村基础设施完善,农民就业途径多,收入整体较高,经济条件良好。

(三)建设城郊集约型美丽乡村的方法

1.建设现代农业设施。依托大中城市优势资源,开展标准化保护地农业基础设施、农田水利基础设施建设和配套现代农用机械,开展特色蔬菜水果生产,突破传统农产品的季节性供应瓶颈,满足多元化、多层次消费需求;推进"三品一标"认证,保障农产品优质安全;实现农业生产由劳动密集型向技术密集型转变,提升城郊农业整体生产水平,提高农业经济效益,增加城郊农民收入。

2.建设规模化标准养殖设施。开展标准化养殖设施建设,发展规模养殖场和养殖小区,推广良种良法,提高养殖生产效率和农民收入。同时,配套建设畜禽粪便处理利用设施,引导发展种养结合生态农业技术模式,推进废弃物资源化利用,降低规模养殖环境污染风险,提高农业综合效益。

3.建设农村环境保护设施。以治理农村环境卫生、村容村貌秩序为重点,开展乡村建设规划,科学划分生产区、生活区和服务区;完善农村环境管理服务,集中治理"脏、乱、差"现象,实施农村生活垃圾户分类、村收集、镇转运、县处理,生活污水村收集、输送市政管网集中处理,着力实现农村环境的清洁化、秩序化、优美化、制度化。

4.培育新型经营主体。以农业规模化、标准化、生态化为基本方向,以保障农产品基本供给、提高农业综合效益、增加农民收益为目标,鼓励支持有文化、懂技术、会经营的农村实用人才和农村青年致富带头人从事农业,经营农业,通过政府引导、农民参与,不断完善农业经营体制,培育专业种养大户、家庭农场、专业合作社、农业龙头企业为主体的新型农业经营队伍。

（四）城郊集约型美丽乡村适宜的区域

城郊集约型美丽乡村适宜大中城市郊区，尤其是具有一定土地、富余劳动力和一定种养规模基础的乡村。

四、社会综治型美丽乡村

（一）社会综治型美丽乡村的定义

社会综治型美丽乡村主要在人数较多、规模较大、居住较集中的村镇，其特点是区位条件好，经济基础强，带动作用大，基础设施相对完善。典型：吉林省松原市扶余市弓棚子镇广发村。

（二）社会综治型美丽乡村的特点

1.基础设施齐备。环境整洁，道路畅通，供电、供水、通信、购物、电脑网络、有线电视、垃圾污水处理等各项设施基本齐全，保证农民生产和生活的需要。村内绿化水平高，居住环境优美，综合保洁机制及监管机制全面建立。

2.公共服务完善。公共服务延伸覆盖，教育、卫生、文化、体育、科技、法律、计生、就业、社保、社会治安、社会福利等政府各项服务全面覆盖。

3.产业支撑有力。初步形成具有特色的乡村产业，产业结构不断优化合理，带动区域经济快速健康发展，营造良好的村民创业就业环境，农民经济收入较高。

4.社会管理水平高。建立党总支、居委会、经济协会、文化协会、老年协会、村民理事会等组织，社会管理得到完善和加强，村委会管理、村民广泛参与的工作机制完善，社会氛围良好。

（三）建设社会综治型美丽乡村的方法

社会综治型美丽乡村建设要立足特色资源，充分发挥区位优势，建设公共基础设施，完善公共服务体系，发展主导产业，培养乡村实用人才，实现良性发展。

1.建设公共基础设施。建设交通、信通、能通、流通等公共性、公益性、基础性设施,确保能源供应、给排水、防灾减灾等基础设施安全运行;完善农田水利,建设饮水安全工程,推广清洁能源,发展农村信息化;科学设计乡村景观,使村容村貌整洁有序,生产生活区分离,人畜饮水设施完善,生活垃圾、污水处理利用设施完善;建设室外活动场所、室内文化健身场所、警务室、卫生室、便民超市以及小学、幼儿园等居住配套设施。

2.完善公共服务体系。建立农村社区基本公共服务、社区志愿服务、互助性服务和社区服务业,推动商业网点、维护服务、中小学校、医疗卫生、文化体育、福利事业、行政管理等便民服务,落实社会化服务长效管理机制。

3.培养乡村实用人才。开展乡村劳动力技能培训,依托各类培训机构培养一批引领带动型人才;定期开展人才技能培训,通过讲座培训、技术示范、村头授课和咨询服务等提高村民技能水平;开展学习交流活动,发挥本土能人的示范带动作用。

4.发展主导产业。鼓励建设特色农产品基地、农产品深加工企业、村民合作组织,挖掘优势资源形成经济产业链,打造农业品牌;开展规模化经营,完善农民参与机制,引导村民致富和乡村经济快速发展;落实惠农政策,挖掘农业潜力,拓宽转移就业和创业就业渠道。

(四)社会综治型美丽乡村适宜的区域

社会综治型美丽乡村适宜我国人口密度较大、居住相对集中、经济基础较好的广大农村地区。

五、文化传承型美丽乡村

(一)文化传承型美丽乡村的定义

文化传承型美丽乡村是在具有特殊人文景观,包括古村落、古建筑、古民居以及传统文化的地区,其特点是乡村文化资源丰富,具有优秀民俗文化以及非物质文化,文化展示和传承的潜力大。典型:河南省洛阳市孟津县平乐镇平乐村。

（二）文化传承型美丽乡村的特点

1.文化资源丰富。保存较为完整的建筑遗产、文物古迹和传统民俗文化，反映一定历史时期的地方风貌、民族风情、生活习俗，具有较高的历史、文化、艺术和科学价值。

2.文化资源得到有效保护。建立完善文化资源保护政策和管理机制，传统建筑、民族服饰、农民艺术、民间传说、农谚民谣、生产生活习俗、农业文化遗产等得到有效保护和传承。

3.开发利用效益明显。充分发掘乡村文化的产业价值，自然景观和人文景点等旅游资源可以得到保护性开发，民间传统手工艺能够发扬光大，特色饮食得到传承和发展，农家乐等乡村旅游和休闲娱乐得到健康发展，最终可以实现产业和文化的相互促进。

4.群众活动健康丰富。在文化传承型美丽乡村，民风朴实、文明和谐，崇尚科学、反对迷信，明理诚信、尊老爱幼，勤劳节俭、奉献社会；文化体育活动经常性开展，有计划、有投入、有组织、有设施，群众参与度高、幸福感强。

（三）建设文化传承型美丽乡村的方法

1.保护文化资源。在保持基础格局、布局形态、建筑风貌的前提下，对文化资源进行保护、修缮和改造。对文化资源数量大、价值高的村落划定重点保护区，对分散的零星建筑设立保护点，对于急需保护的文化遗产优先规划保护；建立和完善以村民为主体的管护组织和管护制度；注重古建筑及其周边环境、风貌的保护，使传统文化与现代特色有机结合，对确需改造的建筑物要做到建新如旧，与历史风貌和环境相协调；加强对周边古树名木和山体、溪流的保护，使村落与自然保持和谐统一。

2.改善乡村环境。严格控制污染企业准入，保护农村自然环境；改变农民生活方式，引导鼓励使用清洁能源、改灶改炕，提高农村环境质量；改善人居环境，实现路灯亮化、卫生洁化、家庭美化、环境优化；建设废弃物收集回收设施,形成卫生管理、环境维护运行机制。以打造乡村旅游目的地为标准,把乡村的环境建设与文化产业发展有机结合、合力推进。

3.发展文化产业。充分挖掘特色文化资源,对具有突出特点和文化特色的资源进行深度开发,打造龙头品牌。开展传统节庆及民间文化等民俗活动,打造文化休闲旅游品牌。开发具有传统和地域特色的剪纸、绘画、陶瓷、泥塑、雕刻、编织等民间工艺项目,戏曲、杂技、花灯、龙舟、舞狮舞龙等民间艺术和民俗表演项目,以及中药、茶饮、手工艺品等特色产品。

4.建设文化设施。对基层文化设施进行建设投入并确保功用,加强乡村文化站、文化馆、社区和村文化室等设施建设;构建乡村公共服务网络,建设传播先进文化的宣传阵地,如文化长廊、阅报栏、信息栏、文化广场等设施。推进旅游设施配套建设,加快打造重点景区为龙头、骨干景点为支撑、"农家乐"休闲旅游业为基础的文化乡村旅游格局。拥有光荣历史的革命老区和历史文化名镇名村,要发展红色旅游,突出爱国主义教育特色;拥有独特的自然生态条件和山水景观的乡村,要增强自然休闲特色发展生态旅游,将传统的农耕逐步引向农业观光、农事体验、特色农庄、农情民舍等附加值高的乡村旅游发展。重点打造乡村度假型、依托景区型、文化村落型、农业观光型等各类型乡村旅游业发展,建成一批以山水林木、民俗风情、田园风光等为主题的农家乐特色村。

(四)文化传承型美丽乡村适宜的区域

文化传承型美丽乡村适宜具有古村落、古建筑、古民居特殊人文景观以及历史人物、神话传说、民间故事、民间歌谣、民间艺术、园林艺术、民俗风情、风味餐饮、文化遗址等文化资源丰富的地区。

六、渔业开发型美丽乡村

(一)渔业开发型美丽乡村的定义

渔业开发型美丽乡村主要在沿海和水网地区的传统渔区,其特点是产业以渔业为主,通过发展渔业促进就业,增加渔民收入,繁荣农村经济,渔业在农业产业中占主导地位。**典型:**广东省广州市南沙区横沥镇冯马三村。

(二)渔业开发型美丽乡村的特点

1.**集约养殖水平高。**内陆水网地区高密度精养和沿海地区海洋渔场得到快速发展,渔业养殖集约化水平不断提高,养殖品种多样化,渔民养殖技术得到普遍提高。

2.**产业链日益完善。**在完善渔业生产设施基础上,技术服务机构、生产资料供应商、渔业养殖专业合作社和水产品加工企业的有机整合为渔业开发型美丽乡村的渔民生产提供了较为全面的服务,逐步实现了渔民生产、销售不出村。

3.**渔民生活方式发生变化。**渔民由长年以船为家,从"蹲着脱裤、躺着伸腰、挤着睡觉"向陆地定居生活转变,渔民上岸工程的实施为渔民定居和增加就业奠定了良好基础。

4.**休闲渔业发展迅速。**休闲渔业在旅游服务业、餐饮、住宿、娱乐、购物中心的配合下快速发展。观赏渔业发展带来水族设施设备发展,垂钓业带来钓具、钓船、渔港码头等的建设,反过来促进休闲渔业繁荣。

(三)建设渔业开发型美丽乡村的方法

建设渔业开发型美丽乡村要从加强渔业生产基础设施建设和改善渔民生活条件着手,转变渔民生产和生活方式,注重水生态环境和珍稀鱼种资源保护,大力开发渔业旅游和休闲渔业。

1.**建设渔业生产基础设施。**选择自然条件好、渔业生产基础强的区域,加大水产养殖良种培育基地、现代生态养殖基地、水产品精深加工基地,以及水产品交易市场和现代化渔港等基础设施建设投入和捕捞船只及其设施设备投入,提升渔业装备水平,加快建设渔业产业体系,提高水网地区池塘养殖、沿海地区海洋渔场和工厂化水产养殖技术水平,增强外海和远洋捕捞能力,稳步提高渔民收入。

2.提升渔业生产能力。通过科技创新、产业发展和装备提升，促进渔业生产方式发生转变，由传统粗放放养向高密度精养转变，由近海捕捞向远洋捕捞、滩涂和工厂化养殖转变，由单一鱼种养殖向名优特鱼种养殖转变，由传统靠天吃饭向靠科技吃饭转变，能较好规避恶劣环境对渔民的威胁，增强渔业生产的可控制性；培育壮大渔民专业合作社、渔业龙头企业和专业化服务组织，拓宽渔民转产转业和增收渠道，稳定并持续提高渔民收入。

3.建设渔村基础设施。将渔民上岸定居作为渔村建设重点工作内容，科学规划先行，加强新渔村水、电、路等基础设施和水产品交易市场、社会专业化以及公共服务站点等设施建设，逐步建成生活设施完备，生产资料供应、渔具维修等技术服务体系齐全，文化、教育、医疗、环境和保安等公共服务完善的现代新渔村，免除渔民的后顾之忧，保障渔民放心上岸、安心生产、舒心生活。

4.保护渔业资源环境。调整渔业生产结构和布局，积极采用水产清洁养殖技术，控制近海、江、河、湖、库网箱养殖密度和饵料、鱼药投入量，处理和循环利用养殖废水，减少水产养殖污染物排放，降低水体富营养化风险，维护良好渔业生产环境条件；要拓展渔业功能，开展水域生态养护；有机结合珍稀鱼种资源保护和开发，实现渔业资源永续合理利用和渔业可持续发展。

5.发展休闲渔业。加强船俗文化、婚俗文化、节俗文化、食俗文化，以及古渔村、渔具渔法、渔服渔饰、渔谚渔歌、渔事渔会等渔文化的保护和开发，以开渔节、渔火节、渔家平安节、旗鱼文化节、海鲜美食节、金秋螃蟹节、祭海民俗节等为平台，大力发展休闲渔业和渔业旅游。

（四）渔业开发型美丽乡村适宜的区域

渔业开发型美丽乡村适宜沿海、江、河、湖、库和内陆水网地区以渔业为主导产业的地区。

七、草原牧场型美丽乡村

(一)草原牧场型美丽乡村的定义

草原牧场型美丽乡村主要在我国牧区半牧区县(旗、市),占全国国土面积的40%以上。其特点是草原畜牧业是牧区经济发展的基础产业,是牧民收入的主要来源。典型:内蒙古锡林郭勒盟西乌珠穆沁旗浩勒图高勒镇脑干哈达嘎查。

(二)草原牧场型美丽乡村的特点

1.人均草地资源丰富。草原牧区人口密度小,居住相对分散,人均草场资源占有量大。

2.畜牧业生产方式逐步转变。草原围栏和棚圈建设规模不断扩大,饲草基地建设稳步推进,草原畜牧业正在由天然放牧向舍饲、半舍饲转变,逐步实现禁牧不禁养。

3.牧民居住方式发生变化。按照定得下、稳得住、能致富的要求,推动牧民由游牧向定居、由半定居向完全定居转变。

4.草原休闲观光产业发展迅速。草原独特民族文化、民俗文化、草原文化和自然风光吸引大量游客度假观光,休闲旅游业快速发展,带动当地经济发展,促进牧民增收致富。

(三)建设草原牧场型美丽乡村的方法

草原牧场型美丽乡村建设要从改善畜牧业生产和牧民生活条件入手,注重草原生态环境建设和保护,改善居住条件。

1.建设牧民定居点。把牧民定居作为改造提升传统畜牧业的关键环节,把加强牧区水、电、路、房、棚圈、草料地等基础设施建设作为突破口,把定居点建设成为生活设施齐全,文化、教育、医疗等公共服务完善,各项事业加快发展的牧民聚居区域中心。

2.保护和建设草原牧场。选择水、土、光、热资源条件具备,容易建成见效的区域,大力发展人工种草,建立优质高产人工饲草料基地,以满足牲畜冷季舍饲的需要。结合牧民定居点建设,发展舍饲畜牧业。加大草原建设投入,科学合理地利用天然草场资源,把禁牧、休牧、轮牧、退牧还草等草场建设工程与防止天然草场退化、加快恢复草原生态植被结合起来,在保护中促进发展,在发展中更好地保护。

3.建设牧区水利设施。根据自然条件和水资源承载能力,合理确定水利工程建设的规模和布局,新修和改造蓄水工程,搞好水利配套工作;合理开发地下水,为饲料地建设提供保证,同时完善牧区人畜饮水工程。

4.发展牧区社会事业。全面改善牧区教育、卫生、文化、技术服务等设施条件,建立社会事业和基础设施共同发展的运行机制,大力发展基础教育,加强乡村卫生院(所)建设。

(四)草原牧场型美丽乡村适宜的区域

草原牧场型美丽乡村主要适宜我国东北草原区、蒙宁甘草原区、新疆草原区、青藏草原区和南方草山草坡区,包括河北、山西、内蒙古、辽宁、吉林、黑龙江、四川、西藏、甘肃、青海、宁夏、新疆等 12 个省、自治区的草原牧区。

八、环境整治型美丽乡村

(一)环境整治型美丽乡村的定义

环境整治型美丽乡村主要在农村脏乱差问题突出的地区,其特点是农村环境基础设施建设滞后,环境污染问题,当地农民群众对环境整治的呼声高、反应强烈。典型:广西壮族自治区恭城瑶族自治县莲花镇红岩村。

(二)环境整治型美丽乡村的特点

1.农村生活环境明显改善。基本实现村庄布局优化、环境美化、道路硬化、路灯亮化、河塘净化,脏乱差等环境问题得到根治,村庄面貌焕然一新,人居环境明显改善。

2.农村生产方式有效转变。节水、节肥、节药等农业清洁生产技术广泛使用,畜禽粪便、作物秸秆等农业生产废弃物循环利用,现代生态农业快速发展,农业面源污染得到有效遏制。

3.农村环境整治长效机制日趋完善。通过村规民约的形式对公共卫生等进行约定俗成,环保意识深入民心。同时,建立物业服务队伍,负责村庄保洁与环境服务设施运转。集体经济实力有所增强,构建了农村环境整治长效机制。

(三)建设环境整治型美丽乡村的方法

按照生产、生活、生态一体化发展的思路,坚持"减量化、资源化、再利用"的循环经济理念,建设完善家园清洁、田园清洁设施,建立农村物业化服务机制,改善农村生产生活条件。

1.建设家园清洁设施。建设生活污水收集处理设施,对于居住相对分散的自然村落,采用分散处理模式,即单户或数户建设一个小型污水处理设施;对于居住相对集中的自然村落,适合采用集中收集处理模式,生活污水通过集中处理后排放。建设生活垃圾收集处理设施。按照有机、无机垃圾分类收集的原则,分户、联户建设垃圾收集池或配备垃圾收集桶,对生活垃圾进行定时定点收集。有机生活垃圾通过堆肥后还田,无机垃圾通过转运,实现"户分类、村集中、镇中转、县处理"。结合目前实施的饮水安全、农村沼气等项目,建设厨房上下水设施,提高改水、改厨标准,重点建设卫生厕所,改善农村家庭卫生条件。

2.建设田园清洁设施。推广节水、节肥、节药等农业清洁生产技术,推进畜禽粪便、作物秸秆等农业生产废弃物循环利用,大力发展现代高效生态农业。在田间建设农田有害废弃物收集池,就地收集化肥、农药、除草剂等农业投入品包装袋(瓶)和残膜,使这些废弃物得到定期收集、清运,集中处理。建设农业生产废弃物发酵处理池。采用常规堆肥发酵方法将农作物秸秆、蔬菜残体以及畜禽粪便经发酵处理后作为有机肥还田,实现农作物秸秆、蔬菜残体和畜禽粪便的无害化处理与资源化利用。建设农田生态沟渠,充分发挥农田沟渠系统的湿地功能,对农田损失的养分进行有效拦截,有效防治农业面源污染。

3.建设农村物业服务机制。农村物业服务站负责农村生活污水处理设施、生活垃圾收集处理设施、农田有害废弃物收集池、农田生产废弃物发酵处理池、生态拦截沟等农村环境服务设施的维护与管理,并与农户签订管理与服务协议。农村物业服务站招聘专人组成物业化管理服务队。物业服务站设在位置适中、交通便利之处,便于垃圾清运车进出以及临时堆放器具,配置垃圾清运车辆、秸秆粉碎机、翻堆机械以及维修工具等。

4.村容整治与绿化美化。村容整治与绿化美化应覆盖村庄建设用地范围内除家庭宅院外的全部公共用地及空间,包括道路、河道水塘、水系、晾晒场地等设施整治,景观环境整治,公共活动场所整治及公共服务设施整治等内容。通过实施村容整治和绿化美化,逐步实现农村土地的集约化利用,改善人居环境。在村容整治与绿化美化时,应保护村庄历史文化风貌,并应结合地域气候、民族传统、风俗习惯营造村庄个性和特色。

(四)环境整治型美丽乡村适宜的区域

环境整治型美丽乡村适宜我国农村环境脏乱差等问题突出的地区,以及淮河、海河、辽河和太湖、巢湖、滇池等"三河三湖"重点流域。

九、休闲旅游型美丽乡村

(一)休闲旅游型美丽乡村的定义

休闲旅游型美丽乡村模式主要是在适宜发展乡村旅游的地区,其特点是旅游资源丰富,住宿、餐饮、休闲娱乐设施完善齐备,交通便捷,距离城市较近,适合休闲度假,发展乡村旅游潜力大。典型:江西省婺源县江湾镇。

(二)休闲旅游型美丽乡村的特点

结合农业发展的自身条件和特点,围绕休闲旅游的基本要求,因地制宜发展休闲农业,拓展农业的功能和内涵。

1.旅游资源丰富。生态资源条件好,环境优美、风光迷人、空气清新,拥有完善的住宿、餐饮、休闲旅游设施,富有地方特色的民族文化、民俗文化、民间文化等,乡村休闲旅游资源丰富,类型多样。

2.区位优势明显。毗邻大中城市,在城市有效辐射范围内,适宜城市居民休闲度假;村庄坐落于名胜古迹周边,成熟的旅游路线分布或经过;水陆交通方便,区位综合优势明显。

3.休闲农业发达。拥有发达的现代生态农业、设施农业等,包括特色种植业、动物养殖业、水产养殖业等,农业以科技示范、新品种展示、新技术试验等为主,具有观赏性、参与性与体验性等特点。

4.基础设施完善。休闲农业与乡村旅游点通路、通水、通电,交通便捷,距离城市较近,通信网络畅通,有路标、指示牌、停车场,住宿、餐饮、娱乐、卫生等基础设施齐备,并达到相应的建设规范和公共安全卫生标准,具有农耕文化展示、农业科学知识普及教育功能的园区等,游客可以进行实地体验和参与。

(三)建设休闲旅游美丽乡村的方法

建设休闲旅游型美丽乡村主要从促进休闲旅游发展壮大和提高旅游品质入手,注重基础条件改善和旅游资源挖掘。

1.培育休闲农业产业。积极培育不同形式、不同种类的休闲农业,包括观光采摘农业、大棚生态餐厅、农家乐、农家大院、民俗村、垂钓鲜食等,带动观赏经济作物种植、蔬菜瓜果消费、家禽家畜消费、餐饮住宿接待、民俗文化消费等全面发展。同时,把第三产业引入农村,以农业为核心,形成观光产品、度假产品、特种产品等配套的多元旅游产品体系,不断优化旅游产品结构。

2.完善旅游基础设施。针对旅游吃、住、行、游、娱、购六大要素,因地制宜,妥善配置,不断完善旅游基础设施建设,重点建设旅游道路、景区停车场、游客服务中心、旅游安全以及资源环境保护等;逐步改善提升餐饮、住宿等基础条件，突出特色；完善景区内交通、购物、休闲基础设施建设；结合所在区域道路规划，加强主要景区连接交通干线的旅游道路建设等。

3. 挖掘休闲旅游资源。结合当地资源特色，找准角度，创新理念，积极发展民俗文化游、自然景观游、观赏农业游、参与体验游。突出自身特色，超前谋划，统筹兼顾，以民族文化为载体，以特色资源为依托，不断挖掘旅游资源，创新旅游形式，丰富旅游路线，形成旅游产品，延伸旅游链条，把休闲旅游发展与美丽乡村建设融为一体，互相促进，协调发展。

4. 发展壮大旅游品牌。依托乡村古代和现代的文化底蕴，深挖民俗文化、饮食文化等富有吸引力的特色文化，在鲜明的旅游文化基础上，准确定位，整体规划，开发出特色旅游产品。提升旅游品位，打造特色旅游品牌，形成区域内独有的休闲旅游名片。

（四）休闲旅游型美丽乡村适宜的区域

休闲旅游型美丽乡村适宜旅游资源丰富、休闲农业发达的城市郊区及其他地区。

十、高效农业型美丽乡村

（一）高效农业型美丽乡村的定义

高效农业型美丽乡村主要在我国的农业主产区，其特点是以发展农业作物生产为主，农田水利等农业基础设施相对完善，农产品商品化率和农业机械化水平高，人均耕地资源丰富，农作物秸秆产量大。典型：福建省漳州市平和县三坪村。

（二）高效农业型美丽乡村的特点

高效农业型美丽乡村主要位于优势农产品区，农业生产自然条件优越，农业生产规模化、产业化程度高。

1. 农业生产条件优越。有适宜耕作的土地，地势平坦，土壤深厚、肥沃，水源丰富，灌溉便利。同时，温度和光热资源丰富，满足农作物生长需求。

2.种植业为主导产业。根据当地资源禀赋和特点,围绕主要农产品有效供给的目标,主要种植水稻、小麦、玉米等粮食作物以及蔬菜、林果、花卉园艺、茶叶、中药材等优势经济作物,形成优势主导产业。

3.集约化水平高。家庭农场、种植大户、农民专业合作社、农业产业化龙头企业等新型农业经营主体成为农业的主要经营者,利用现代物质装备、现代科学技术、现代经营理念发展高效农业,规模经营提升了农业生产效益。

(三)建设高效农业型美丽乡村的方法

建设高效农业型美丽乡村要以保障粮食安全为目标,建设完善现代农业基础设施,增强农业装备水平,提升农业综合生产能力,推动农业转型升级,实现农业可持续发展。

1.加强农田基础设施建设。以基本农田的水利建设为重点,不断健全和完善农田排灌系统,增强抗灾能力。严格保护基本农田,努力改善基本农田设施,确保达到旱涝保收基本农田标准。

2.推广农业清洁生产技术。培育和推广耐旱性强、产量高、质量好的农作物品种以及高效低耗的经济作物。优化配置肥料资源,鼓励施用农家肥、商品有机肥。扩大测土配方施肥规模,推广化肥机械化深施、精准化施肥、诊断施肥、水肥一体化等技术,提高肥料利用率。科学合理使用高效、低毒、低残留农药,大力推广物理、化学、生物防治技术,提高病虫害综合防治水平。

3.提升农业机械化水平。加快农业机械化装备发展,因地制宜地配置大型复式和高性能农机具、中小型先进适用农机具。建设农机合作社,推进农机服务产业化,进一步提升农业机械化公共服务能力。建设农机具停放场(库、棚),改善农机存放和保养条件。

4.推进秸秆综合利用。推进作物秸秆还田利用,增加土壤有机质,培肥地力。推进青黄贮饲料生产示范,建设青黄贮窖池或氨化池,配置秸秆收获粉碎机、运输压实机、打捆包膜机等,生产秸秆饲料。实施秸秆食用菌基地工程,建设菌棚,利用稻麦秸秆培育平菇、木耳、香菇、金针菇等食用菌。实施秸秆固化成型燃料工程,实现秸秆清洁能源入户。

5.组织家庭农场、种植大户、农业产业化龙头企业等新型经营主体参加技术培训,提高培训的实效性。建立技术人员直接到户、良种良法直接到田、技术要领直接到人的农技推广长效机制,积极探索农业产业化企业、农民专业合作经济组织等多种农技推广服务的有效形式。

(四)高效农业型美丽乡村适宜的区域

高效农业型美丽乡村适宜我国水稻、小麦、玉米、大豆、马铃薯、棉花、油菜、甘蔗、苹果、柑橘等农产品优势区。

第二节　美丽乡村建设的典型做法和经验

美丽乡村建设是推进生态文明建设和提升社会主义新农村建设的新工程、新载体。早在 2008 年,浙江省安吉县就立足县情提出"中国美丽乡村建设",计划用 10 年左右时间,把安吉建设成为"村村优美、家家创业、处处和谐、人人幸福"的现代化新农村样板,构建全国新农村建设的"安吉模式",被一些学者誉为"中国新农村建设的鲜活样本""社会主义新农村建设实践和创新的典范"。2010 年 6 月,浙江省全面推广安吉经验,把美丽乡村建设升级为省级战略决策。浙江省农业和农村工作办公室为此专门制订了《浙江省美丽乡村建设行动计划(2011—2015 年)》,力争到 2015 年全省 70％县(市、区)达到美丽乡村建设要求,60％以上乡镇整体实施美丽乡村建设。近年来,浙江美丽乡村建设成绩斐然,成为全国美丽乡村建设的排头兵。如今,安徽、广东、江苏、贵州等省也在积极探索本地特色的美丽乡村建设模式。2013 年 7 月,财政部采取一事一议奖补方式在全国启动美丽乡村建设试点。美丽乡村建设不仅是社会主义新农村建设的积极探索,也是"美丽中国"和生态文明在中国农村的重要实践形式,具有重要的现实意义。

一、安吉做法

美丽乡村建设是浙江省安吉县社会主义新农村建设的成功探索。安吉县是一个典型山区县,经历了工业污染之痛以后,1998年安吉县放弃工业立县之路,2001年提出生态立县发展战略。2003年,安吉县结合浙江省委"千村示范、万村整治"的"千万工程",在全县实施以"双十村示范、双百村整治"为内容的"两双工程",以多种形式推进农村环境整治,集中攻坚工业污染、违章建筑、生活垃圾、污水处理等突出问题,着重实施畜禽养殖污染治理、生活污水处理、垃圾固废处理、化肥农药污染治理、河沟池塘污染治理,提高农村生态文明创建水平,极大地改善了农村人居环境。

在此基础上,安吉县于2008年在全省率先提出"中国美丽乡村"建设,并将其作为新一轮发展的重要载体。计划用10年时间,通过"产业提升、环境提升、素质提升、服务提升",把全县建制村建成"村村优美、家家创业、处处和谐、人人幸福"的美丽乡村。

自2003年以来,安吉县通过环境整治和美丽乡村创建,大大改善了社会经济面貌。地区生产总值从2003年的66.3亿元增加到2012年的245.2亿元,年均增长12.3%;财政总收入由7亿元增加到36.3亿元,年均增长20.1%(其中,地方财政收入由3.4亿元增加到21.1亿元,年均增长22.5%,比全省高3.3个百分点);农民人均收入由5402元增加到15836元,年均增长12.69%,由低于全省平均水平转变为高出全省1000多元。

安吉县美丽乡村建设的最大特点是,以经营乡村的理念,推进美丽乡村建设。安吉立足本地生态环境资源优势,大力发展竹茶产业、生态乡村休闲旅游业和生物医药、绿色食品、新能源新材料等新兴产业。仅竹产业每年为农民创造收入 6500 元,占农民收入的 60% 左右;农民每年白茶收入 2000 多元,因休闲旅游每年人均增收 2000 多元,各占农民收入的 13.5% 左右。

二、永嘉做法

浙江省永嘉县以"环境综合整治、村落保护利用、生态旅游开发、城乡统筹改革"为主要内容开展美丽乡村建设。

（一）以"千万工程"为抓手,进行环境综合整治

全县通过推进垃圾处理、污水处理、卫生改厕、村道硬化、村庄绿化等基础设施建设,大力实施立面改造、广告牌治理、田园风光打造、高速路口景观提升等重点工程,着力改善农村人居环境。

（二）以古村落保护利用为重点,优化乡村空间布局

对境内 200 多个历史文化、自然生态、民俗风情村落进行梳理、保护和利用。对分散农村居民进行农房集聚、新社区建设,推进中心村培育建设,从而实现乡村空间的优化布局。

（三）以生态旅游开发为主线,推进农村产业发展

积极挖掘本地人文自然资源,精心打造美丽乡村生态旅游;大力发展现代农业、养生保健产业,加快农村产业发展。

（四）以城乡统筹改革为途径,促进城乡一体发展

通过"三分三改"(即政经分开、资地分开、户产分开和股改、地改、户改),积极推进农村产权制度改革,着力破除城乡二元结构,加快推进新型城镇化建设以及农村公共服务体系建设,促进城乡一体化发展,让农民过上市民一样的生活。

永嘉县美丽乡村建设的主要特点是通过人文资源开发,促进城乡要素自由流动,实现城乡资源、人口和土地的最优化配置和利用。

三、高淳做法

江苏省南京市高淳区以"村容整洁环境美、村强民富生活美、村风文明和谐美"为内容建设美丽乡村。

(一)改善农村环境面貌,达成村容整洁环境美

按照"绿色、生态、人文、宜居"的基调,高淳区自2010年以来集中开展"靓村、清水、丰田、畅路、绿林"五位一体的美丽乡村建设。对250多个自然村的污水处理设施、垃圾收运处理设施、道路、河道、桥梁、路灯、当家塘进行了提升改造,新建改造农村道路190千米,建成农村分散式生活污水处理设施112套,铺设污水管网超过540千米,新增污水处理能力3770吨/天,形成COD减排能力480吨/年、氨氮47吨/年,城镇生活污水集中处理率达到63%,农村生活污水集中处理率达到30%以上。建立健全"组保洁、村收集、镇转运、区处理"农村生活垃圾收运体系,新增垃圾中转站34座、垃圾分类收集桶6600个,农村生活垃圾无害化处理率达85%以上。同时,结合美丽乡村建设,扎实开展动迁拆违治乱整破专项行动,累计动迁村庄180万平方米、拆除以小楼房等为主的违建20万平方米,搬迁企业20家,城乡环境面貌得到优化。

(二)发展农村特色产业,达成村强民富生活美

以"一村一品、一村一业、一村一景"的思路对村庄产业和生活环境进行个性化塑造和特色化提升,因地制宜形成山水风光型、生态田园型、古村保护型、休闲旅游型等多形态、多特色的美丽乡村建设,基本实现村庄公园化。通过整合土地资源、跨区域联合开发、以股份制形式合作开发等多种方法,大力实施产供销共建、种养植一体、深加工联营等产业化项目;深入开展"情系故里,共建家园"、企村结对等活动,通过村企共建、城乡互联实施一批特色旅游业、商贸服务业、高效农业项目,让更多的农民实现就地就近创业就业。

(三)健全农村公共服务,达成村风文明和谐美

着力完善公共服务体系建设,深入推进集党员活动、就业社保、卫生计生、教育文体、综合管理、民政事务于一体的农村社区服务中心和综合用房建设,健全以公共服务设施为主体、以专项服务设施为配套、以服务站点为补充的服务设施网络,加快农村通信、宽带覆盖和信息综合服务平台建设,不断提高公共服务水平。采取切合农村实际、贴近农民群众和群众喜闻乐见的形式,深入开展形式多样的乡风文明创建活动,推动农民生活方式向科学、文明、健康方向持续提升。

高淳区从本地实际出发,围绕"打造都市美丽乡村、建设居民幸福家园"为主轴,积极探索生态与产业、环境与民生互动并进的绿色崛起、幸福赶超之路,实现环境保护与生态文明相得益彰、与转变方式相互促进、与建设幸福城市相互融合的美丽乡村建设。目前,全区以桠溪国际慢城、游子山国家森林公园等为示范的美丽乡村核心建设区达200平方千米,覆盖面达560平方千米,占全区农村面积的2/3,受益人口达30万,占全区人口的3/4。近3年来,镇村面貌焕然一新,群众幸福指数得到提升。

高淳区美丽乡村建设以生态家园建设为主题、以休闲旅游和现代农业为支撑、以国际慢城为品牌,集中连片营造欧陆风情式美丽乡村,形成独特的美丽乡村建设模式。

四、江宁做法

江宁区作为南京市的近郊区,提出了"农民生活方式城市化、农业生产方式现代化、农村生态环境田园化和山青水碧生态美、科学规划形态美、乡风文明素质美、村强民富生活美、管理民主和谐美"的"三化五美"的美丽乡村建设目标。

为了推进美丽乡村建设,江宁区着力抓好以下七大工程:一是生态环境改善巩固工程。强化自然环境的生态保护、村庄环境整治和农村生

态治理,实现永续发展。二是土地综合整治利用工程。通过土地整治和集约高效利用,实现资源高效配置,显化农村土地价值。三是基础设施优化提升工程。以路网、水利、供水供气和农村信息化为重点,全面建立城乡一体的基础设施系统。四是公共服务完善并轨工程。全面提升农村教育、文化、卫生、社会保障等公共服务领域的发展水平,推进城乡缩差并轨,增强农民幸福感和归属感。五是核心产业集聚发展工程。通过现代农业和都市生态休闲农业的培育,推动生态优势向竞争优势转化,实现农业接二连三发展,为农民增收提供有力支撑。六是农村综合改革深化工程。创新农业经营机制,深化农村产权管理机制改革,激发农村活力。七是农村社会管理创新工程。进一步优化社区管理体制机制,提升社区公共服务能力,加强治安综合治理,推进精神文明和乡土文化融合发展,夯实农村基层党组织建设。

江宁区通过点面结合、重点推进方式建设美丽乡村。面上以交建平台和街道(该区撤并乡镇全部改为街道)为主,通过市场化运作建设430平方千米的美丽乡村示范区。点上以单个村(社区)进行美丽乡村示范和达标村创建。对一些重大基础设施和单体投资较大的项目,采取国企(如交建集团)主导、街道配合的建设路径;对一些能够吸引社会资本进入的项目,鼓励街道吸引社会资本进入。如大塘金、大福村等特色村建设都有社会资本参与;对一些适合农民自主建设的项目积极引导农民参与建设,杜绝与民争利。

江宁区美丽乡村建设的主要特色是积极鼓励交建集团等国企参与美丽乡村建设,以市场化机制开发乡村生态资源,吸引社会资本打造乡村生态休闲旅游,形成都市休闲型美丽乡村建设模式。

五、美丽乡村建设的主要经验

由于各地美丽乡村建设的理念不一致、资源禀赋和经营方式的不同以及城镇化和经济社会发展水平的差异,形成了特色各异的美丽乡村建设模式。通过比较发现美丽乡村建设存在着以下几点共同的经验，可供其他地方学习借鉴。

（一）政府主导，社会参与

政府主导主要体现在组织发动、部门协调、规划引领、财政引导上，形成整体联动、资源整合、社会共同参与的建设格局。政府主导不是政府包办一切，美丽乡村建设要形成多元参与机制。

在美丽乡村建设中，永嘉县坚持政府主导、建制村主办、全员参与。成立了书记和县长担任组长、两个相关部门一把手为成员的美丽乡村建设领导小组，全面负责美丽乡村建设的组织协调和指导考核工作。建立四套班子领导"九联系"制度，实行一周一督查、半月一早餐会、一月一排名、一季一追责制度，及时了解和帮助解决问题。同时，通过蹲点调研、走村入户、走出去请进来等方式，广泛开展宣传引导，充分调动广大群众的积极性和主动性，有效形成了美丽乡村建设的强大合力。近年来许多在外企业家和社会能人纷纷捐资助力家乡美丽乡村建设，一些市民和企业家主动当起了"河长""路长"，有力助推了美丽乡村建设。

美丽乡村建设是一项系统工程，需要各部门整体联动，各负其责，形成合力。为此，安吉县建立齐抓共管、各负其责的责任机制。县一级政府负责美丽乡村总体规划、指标体系和相关制度办法的建设、对美丽乡村建设的指导考核等工作；乡级政府负责整乡的统筹协调，指导建制村开展美丽乡村建设，并在资金、技术上给予支持，对村与村之间的衔接区域统一规划设计并开展建设；建制村是美丽乡村建设的主体，由其负责美丽乡村的规划、建设等相关工作。同时，理顺部门之间的横向关系，对各部门的责任和任务进行量化细分。

在资金投入上，发挥财政投入引导作用，积极吸引企业和社会资金共建美丽乡村。譬如，南京市市级财政安排10亿元土地整治专项资金，支持每个试点镇街1亿元开展土地综合整治工作；对试点镇街、美丽乡村示范区内土地出让收益市、区留成部分全额返还优先用于农民安置和社会保障。高淳区整合各类资金,如财政部门的一事一议奖补资金、农业开发资金,环保部门的农村环境连片整治资金,住建部门的村庄环境整治资金和省级康居乡村建设资金,水利部门的村庄河塘清淤及其他专项资金等各项专项资金,集中用于美丽乡村建设,发挥资金合力。南京市江宁区引入国有企业江宁区交建集团参与美丽乡村建设,企业累计投资达到 1.2 亿元。

（二）规划引领,项目推进

从实践来看,注重规划引领,并通过项目形式进行推进,是美丽乡村建设的一条重要经验。

首先,美丽乡村建设规划做到统筹兼顾、城乡一体。编制美丽乡村规划要坚持"绿色、人文、智慧、集约"的规划理念,综合考虑农村山水肌理、发展现状、人文历史和旅游开发等因素,结合城乡总体规划、产业发展规划、土地利用规划、基础设施规划和环境保护规划,做到"城乡一套图、整体一盘棋"。

其次,做到规划因地制宜。安吉县在编制《中国美丽乡村建设总体规划》和《乡村风貌营造技术导则》时,按照"四美"标准(尊重自然美、侧重现代美、注重个性美、构建整体美),要求各乡镇、村根据各自特点,编制镇域规划,开展村庄风貌设计,着力体现一村一业、一村一品、一村一景,按照宜工则工、宜农则农、宜游则游、宜居则居、宜文则文的原则将建制村分类规划,将全县的建制村划分为工业特色村、高效农业村、休闲产业村、综合发展村和城市化建设村五类。

再次,尊重群众意愿。安吉县美丽乡村建设规划设计,按照"专家设计、公开征询、群众讨论"的办法,经过"五议两公开"程序(即村党支部提议、村两委商议、党员大会审议、村民代表会议决议、群众公开评议,书面决议公开、执行结果公开),确保村庄规划设计科学合理,群众满意。

最后,注重规划的可操作性。为了把规划蓝图落地变成美好现实,就必须把规划内容分解成定性定量的具体内容,转化成年度行动计划,细化为具体的实施项目。根据总体规划,安吉县研究制订了《建设"中国美丽乡村"行动纲要》,计划用 10 年时间完成。前两年抓点成线打出品牌,中间 3 年延伸扩面产生影响,后 5 年完善提升全国领先。分年度落实建设计划,根据"先易后难、分类指导"的原则,以指令创建和自主申报相结合的方式,分步实施,有序推进。同时,构建相应的指标体系。该指标体系围绕"村村优美、家家创业、处处和谐、人人幸福"四大目标,细化为 36 项具体指标,既是工作目标,又是考核指标,实行百分制考核。

（三）产业支撑,乡村经营

美丽乡村建设必须有产业支撑。无论是浙江的永嘉县、安吉县还是江苏南京市的高淳区、江宁区,在美丽乡村建设的产业发展中都体现了乡村经营的理念,通过空间改造、资源整合、人文开发,达到美丽乡村的永续发展。

譬如,永嘉县发挥本地生态、旅游、"中国长寿之乡"品牌等资源优势,大力推进农业"两区"建设,重点发展现代农业、休闲旅游业和养生保健产业,促进农村产业发展。

特色产业发展是美丽乡村建设的题中之义。安吉县按照"一乡一张图、全县一幅画"的总体格局,加快现代农业园区、粮食生产功能区建设,大力发展生态循环农业、休闲农业,推进"产品变礼品、园区变景区、农民变股民"。同时抓产业转型提升和富民增收。

第四章　美丽乡村建设典型案例

为推进乡村振兴战略的实施和我国美丽乡村的发展建设,国家农业部发布中国美丽乡村建设十大模式,分别为:产业发展型、生态保护型、城郊集约型、社会综治型、文化传承型、渔业开发型、草原牧场型、环境整治型、休闲旅游型、高效农业型。十大模式为我国不同区域、不同环境背景下的乡村发展提供了示范。国外典型发达地区的乡村发展路径及其阶段特征,形成了不同的模式,最后均实现了乡村建设水平国际领先的目标。通过国内外成功案例的分析,为中国美丽乡村的建设提供借鉴之处。

第一节　产业发展型美丽乡村建设案例

一、江苏省张家港市南丰镇永联村

永联村是江苏省乡村发展最具代表的乡村之一,全国"美丽乡村"首批创建试点村,地处江南,长江之滨,隶属于江苏省张家港市南丰镇。

永联村被称为"华夏第一钢村",曾是张家港市面积最小、人口最少、经济最落后的村。改革开放期间,村领导组织村民挖塘养鱼、开办企业,陆续办起了水泥预制品厂、家具厂、枕套厂等七八个小工厂以及村集体轧钢厂,收益颇丰。在村集体的共同努力下,永联村不仅完全脱贫,还跨入全县十大富裕村的行列。永联村是以企带村发展起来的,村集体有了经济实力,就可以为新农村建设、美丽乡村建设"加油扩能"。

近十年来,永联村投入数亿元用于新农村建设,村里的基础设施及社会公共事业建设都得到快速发展。此外,为解决数量过万的村民的就业问题,村党委还利用永钢集团的产业优势,创办了制钉厂等劳动密集型企业,有效吸纳了村里剩余劳动力。村里还开辟40亩地建设个私工业园,统一建造生产厂房,廉价租给本村私人业主。另外,还利用本村多达两万人的外来流动人口的条件,鼓励和引导村民发展餐饮、娱乐、房屋出租等服务业。

随着集体经济实力的壮大,永联村不断以工业反哺农业,强化农业产业化经营。2000年,村里投巨资于"富民福民工程",成立了"永联苗木公司",将全村4700亩可耕地全部实行流转,对土地进行集约化经营。这一举措,不仅获得巨大的经济效益,同时大面积的苗木成为永钢集团的绿色防护林和村庄的"绿肺",带来巨大的生态效益。目前,永联村正在规划建设3000亩高效农业示范区,设立农业发展基金,并提供农业项目启动资金,对发展特色养殖业予以补助,促进高效农业加快发展。

近年来,永联村先后共投入2.5亿元,积极发展以农业观光、农事体验、生态休闲、自然景观、农耕文化为主的休闲观光农业,初步形成了以苏州江南农耕文化园、鲜切花基地、苗木公司、现代粮食基地、特种水产养殖基地、垂钓中心为一体的休闲观光农业产业链,休闲观光农业年收入7573.7万元。村里建设的"苏州江南农耕文化园"为张家港唯一一家四星级乡村旅游区。

点评:

永联村可以说是一个奇迹,是改革开放三十年间中国的土地上出现的无数奇迹之一。它从开塘养鱼到取高地种粮,从集体办厂到下定决心办轧钢厂。短短几年,大家从负债累累到集体富裕,永联村的实践则证明,集体是力量,村集体有了经济实力,就可以为新农村建设"加油扩能"。

二、河南漯河南街村

南街村是大家耳熟能详的全国十大名村,它是集体经济的代名词。在坚持集体经济的原则下,南街村几近实现了共同富裕,经济平稳发展,社会和谐,人们安居乐业。南街村集团是南街村创建的集体经济实体,下属28个企业,产业涉及食品、饮料、酒类、印刷、包装、医药、工艺品雕刻、旅游等。南街村是国家4A级景区,长期生活工作在南街村做出突出贡献的非南街村籍人士,被授予"荣誉村民"称号。如今人们走进南街村,就如同走进了一座坚持集体经济的活生生的展览馆,这个展览馆分为若干展区,这里不妨一一见证。

(一)旅游景点区

南街村景区是国家旅游局首批命名的全国农业旅游示范点,国家4A级景区,河南省著名红色旅游景点之一。通过近几年的发展,南街村旅游以发展模式、教育理念、发展方针、分配办法、生活方式及创建共产主义小社区伟大实践为特色,全面展示南街村独特的红色人文景观。

近年来,南街村大力进行景区建设,充分挖掘文化内涵,着力打造特色品牌,使南街村景区形成了以文化园区、工业园区、高新农业园区、村民住宅游览区、文化教育游览区、广场文化展示区、珍奇植物园区和革命传统教育区八大观光内容的大型红色旅游景区,特别是新建的革命传统教育景区,浓缩了中国革命的重大历史事件,让人足不出园便可领略中国革命波澜壮阔的宏伟画卷,被省旅游局确定为河南省南部红色精品线路。

(二)南街村工业园区

南街村人万众一心,坚定不移地走共同富裕道路,集体经济得到迅猛发展,相继建起了方便面食品公司、食品饮料公司、调味品公司、面粉厂、啤酒厂、包装厂、麦恩鲜湿面公司、胶印公司、彩印公司、制药厂等26个企业,其中合资企业5家,拥有员工11000多名。产品主要有方便面、鲜湿面、巧克力棒(果)、调味料、饮料、啤酒、白酒等,畅销全国,并出口俄罗斯、蒙古、加拿大、美国等国家。

（三）高新农业园区

南街村投资 1500 万元兴建的无公害蔬菜园区，占地 135 亩，拥有一个 2100 平方米的组培室，WJK108 型 PC 板温棚 4 座、EM210 型双层充气膜温棚 17 座，其建筑设计和配置均采用最新科技和材料，是目前世界上最先进的日光温室、无土栽培、水培、滴灌、生物技术的综合运用。所种果蔬皆引进航空育种和法国、以色列、荷兰、北京等国家和地区的高、新、特、稀、优类品种。公司严格按照 A 级无公害蔬菜标准进行生产，荣获河南省质量技术监督局颁发的"河南无公害蔬菜标准化示范基地"认证书；被河南省无公害农产品产地认定委员会授予"河南省无公害农产品生产基地"；获河南省彩色马蹄莲、组培苗工厂化生产技术研究项目省级科技成果鉴定；被命名为"河南农业大学教学学习基地"。同时也向人们展示了今后中国农业发展的广阔前景。

（四）居民住宅游览区

南街村共建起了 22 幢现代化居民楼，可容纳 800 多户村民居住，村民每家每户的家具、电器、灶具等都是村里统一配备，村民所用的水、电、汽、面、蛋、肉、鱼等几十种生活用品都由村里统一分配。在这里，游客可以进入居民家庭，近距离与村民接触，游客可以通过自己的观察，全面了解南街村民的家庭生活，还可以通过对村民家庭的实地考察，引发对中国"三农"问题的深入思考，做出理性的判断和选择。在居民区，南街村投资 300 多万元建起的幸福长廊，形如"二龙戏珠"，分上下两层，直达文化教育区。既有实用价值，又有观赏价值。2003 年起，南街村又在邻村买下几十亩地，建设南街新村。

（五）南街村文化园区

文化园设有影视厅、档案馆陈列室、书画苑、图书馆四部分。在影视厅内，观光游客可听取南街村带头人王宏斌关于本村历史变迁、两个文明建设情况的录像介绍，增进对南街村全面的认识和了解；档案馆陈列室设有亲切关怀、神州奇葩、难忘岁月、工业雄姿、宣传教育、人心所向、未来展望等 13 个栏目,并展示有各种荣誉奖牌、实物档案等。参观者可借助档案陈列展了解南街村的昨天、今天和明天。档案馆有现代化的办公设施,先进的档案密集架 32 列,馆藏档案门类有文书、科技、会计、声像、书画及图书资料近两万多卷(件);书画苑展示有名人字画,书画爱好者可在这里挥毫泼墨、一展风采。

(六)文化教育游览区

南街村党委重视教育事业,投资数千万元建起了造型新颖别致、内部设施堪称一流的南街村幼儿园、南街村学校、南街村高中。在这里,人们可以感受南街村大力发展教育事业的坚定决心和战略眼光,可以感受南街村以德育人、强化素质教育、培养又红又专建设人才的浓厚氛围。

(七)广场文化展示区

南街村投资 100 万元,在村中心建起了东方红广场,占地近万平方米。广场上,毛泽东汉白玉雕像和马、恩、列、斯巨幅画像高高矗立,40 面红旗迎风飘扬,毛主席雕像前 24 小时有民兵站岗值勤,这里成了南街村人和外地游客进行社会主义思想和共产主义理想教育的好场所。每年"七一""五四",南街村都要在这里举行隆重的新党员入党宣誓、老党员重温誓词仪式和新团员入团宣誓仪式,接受毛泽东思想的再教育;还有不少外地的新党员在这里举行入党宣誓仪式。在朝阳门广场上,矗立着雄伟的"朝阳门"城楼,城楼上有孙中山的画像,刻有"天下为公,世界大同"的字句。夜晚,彩灯的光华使朝阳门广场显得更加雄伟壮观。

(八)热带珍奇植物游览区

荟萃珍树奇花,尽赏佳景无限。南街村热带珍奇植物园投资 770 万元,内有 500 多种树种、上万株植物。有百花迎宾园、椰子园、热带雨林园、百果园、青竹园、沙漠植物园、农家园等。每个园区各具特色,风采迥异,让您一睹珍奇植物的秀美风韵和壮观景色。同时您还可以在设施优雅的游泳池内劈波斩浪,忘却烦忧,尽情挥洒人生乐趣。

（九）革命历史传统教育园区

进入这个园区,游客可以在游览之中接受中国革命传统教育,陶冶情操、净化灵魂、振奋精神、坚定信念。这里有毛泽东故居、毛泽东求学之路、黄洋界、遵义会议会址、延安宝塔、枣园窑洞、西柏坡等仿建景观,更有规模宏大、气势磅礴的毛泽东选集"四卷楼"。在这里可以追寻伟人足迹,感受战火纷飞的战争年代,让人们的心灵得到陶冶,思想得到净化,这里是接受中国革命历史传统教育的好去处。

点评:

走过南街村,有人说像是走进了一个社会主义课堂,南街村的发展模式、教育理念、发展方针、分配办法、生活方式及创建共产主义小社区的伟大实践,全面展示出南街村独特的红色人文景观。在这里,游客可近距离与村民接触,全面了解南街村村民的生活状况,还可以通过对村民家庭的实地考察,引发对中国道路以及统筹城乡发展的深入思考。

当然,今天的农民要在美丽乡村中安居乐业,除了生活富裕之外,还必须过着宜居、生态的现代生活。时代进步的足迹也显现在南街村发展的进程中,那22幢现代化居民楼,投资兴建的无公害蔬菜园区的"河南无公害蔬菜标准化示范基地",尤其是投资建设拥有500多种树种、上万株植物的热带珍奇植物园,让人感受到南街村对生态文明的领悟:无论哪种通向幸福的路径,都不能违背人与自然和谐的生态文明原则。

三、浙江省湖州市德清县莫干山

位于浙江省湖州市德清县境内的莫干山,距离杭州市70千米,自驾1小时车程。莫干山模式以民宿为基础产业,构建多层次产业体系。通过政策扶持、外资引进、人才利用,打造莫干山特色小镇。2016年入选为全国第一批特色小镇、全国美丽宜居小镇。

（一）民宿产业

莫干山导入多元主题化的民宿产业,形成了全国民宿产业的高地,历经外来人群投资、本地居民投资、政府引导发展三大阶段。为规范引导民宿产业发展,德清县 2015 年出台的县级民宿等级划分标准《乡村民宿服务质量等级划分与评定》,将民宿划分为精品民宿、优品民宿和标准民宿三类;在民宿管理上,实施政府与民间机构共同管理。2015 年出台《德清县民宿管理办法》,通过对消防、污染、安全防护、接待设施等方面进行规定,加强对民宿的规范和引导,并成立民宿发展协调领导小组,对民宿经营等方面进行监督检查;在土地政策上,对民宿项目通过"点状供地",出让投资者房屋落地的土地,减轻企业负担,降低土地浪费。

(二)旅游产业

挖掘莫干山及周边旅游资源,按照康体健身和民国体验发展主题构建全域旅游产业。依托莫干山风景名胜区,打造户外生态运动基地,修建莫干山国家登山健身步道;打造"环莫干山"游,串联莫干山周边旅游资源,山上山下联动发展;出资对镇区街道进行民国风格改造,植入老式照相馆、布鞋、老酒、咖啡馆等怀旧风格的业态,建造了小型博物馆、VR 体验馆、复古钟楼等建筑。举办音乐节、国际自行车赛事、山地越野竞赛等节庆活动,提升莫干山品牌知名度,打造国际休闲旅游品牌。

(三)农业产业

利用良好的生态环境推进生态农业发展,构建有机循环农业生产系统,挑选高品质有机农产品:一部分向外输出进行有机蔬菜宅配服务,另一部分进行售卖和二次加工,实现在地营销;开辟部分景观农田,开发农业体验,通过承包农场种养殖,构建自给自足的生态平衡,多余的产品向外输出,形成了可持续发展的生态农业模式。

(四)文创产业

挖掘莫干山人文历史底蕴,引导文化创意产业发展,建设莫干山庾村 1932 创意产业园,改造 1936 蚕种场文化集镇,引入艺文展览馆、设计工作室、主题餐饮酒店等文创业态,打造兼具文化内涵和复古气质的设计创业项目,展售当地特色竹、蚕丝等手工作品,带动文化创意产业发展。规划建设影视文创小镇,挖掘民国风情文化资源,打造青年电影人的创客基地,举办电影节,打造国际性电影大赛颁奖基地;莫干山引入全球首个 Discovery Adventures Moganshan Park 落地运营,大力发展体育运动、极限拓展等业态,成为全国知名的户外运动目的地。

点评:

莫干山充分发挥依托长三角大城市群优势,以民宿产业为先导带动乡村旅游和乡村产业新发展。莫干山民宿作为乡村旅游的高级形态和中国民宿产业发展的领头羊,依托大城市的巨大人流和消费力,作为爆点树立莫干山乡村旅游的品牌从而取得成功。通过莫干山的示范带动,浙江桐庐等其他地市,包括全国各地都掀起一股民宿热,尤其是在乡村振兴战略的当下,民宿已经并成为带动乡村振兴发展的特色先导产业。

四、山西省大同市云州区

黄花又名萱草、忘忧草,是多年生草本植物,具有健脑安神、降脂养血、清热解毒、通气催乳等功能。山西省大同市云州区种植黄花已有600多年历史,素有"中国黄花之乡"的美誉,当地黄花角长肉厚,先后 12 次荣获农产品博览会金奖。近年来,云州区委、区政府把"一区一业一品牌"作为全区特色产业发展的主要抓手,集中力量解决一村一户解决不了、解决不好的加工销售难题,为黄花产业提供了良好的发展环境,保障了黄花产业的健康发展。目前云州区黄花种植面积已达到 26 万亩,年产值达 9 亿元,是地方经济发展、农民增收致富的支柱产业。

(一)设立种植补贴,提高组织化程度

为解决农民种黄花前三年没收成的难题,当地成立种植合作社,采取"合作社＋农户"的形式,集中当地土地资源,流转土地,发展规模种植。云州区制定政策,种植黄花可享受每亩每年 500 元的补贴,同时当地农民可到合作社参加黄花田间管理打工挣钱,这项政策解决了种黄花前三年没收入的担忧。

（二）改善水利设施，提高黄花产量

黄花种植区积极争取水利设施项目，累计投资 2.6 亿元，新增和恢复水浇地面积 22.68 万亩，铺设地下管道、修复配套机井、实施节水喷灌，解决旱天没有淋头雨，黄花减产等问题。

（三）统一种植保险，降低种植风险

统一以合作社名义参加自然灾害险和目标价格险，种植户每亩出 50 元或 200 元（财政分别补贴 250 元和 200 元），最高可获得 5000 元、7000 元的风险赔付，消除了种植户的后顾之忧。

（四）及时组织收储，提升产品效益

每到采摘季节（6 月下旬起的 40 多天），合作社每天都会联系本地加工企业，深入地头，现摘现称现结算。村民采摘下的鲜黄花，及时进入地头冷藏库。鲜黄花集中出售解决了过去采摘怕高温，蒸后怕遇雨，晾晒怕阴天的难题，提升了产品品质和收益。

（五）延长产业链条，促进产业融合发展

云州区依托黄花产业、40 天花期、近郊区位、乡土文化等资源，推进农业与生态旅游、文化康养等深度融合，建成了火山天路、忘忧大道、忘忧农场等一批黄花采摘观光、健康养生等景点，与大同火山群国家地质公园、西坪国家沙漠公园、峰峪国家湿地公园连成一线，形成山水田林湖的美丽景观，已经形成以黄花为媒的乡村旅游点 23 个，拓宽了产品类别和市场空间，带动了农民就业增收。

这些年，在龙头企业、合作社引领下，黄花产量品质稳定，销路和价格也有保障，黄花越种越多，收入也越来越好。在大同，黄花干、黄花酱、黄花饼、黄花制作的化妆品等相关系列产品琳琅满目。通过精深加工，延长产业链，提升综合效益，当地老百姓走出了一条幸福路。

点评：

云州区之所以走出一条产业振兴的道路，得益于云州区认真贯彻落实习总书记视察山西讲话精神，在特色上做文章、下功夫，立足本地特色找资源,充分发挥云州区"中国黄花之乡"的优势,把当地600多年栽种历史的黄花产业确定为"一区一业"和产业扶贫的主导产业,出台一系列扶持政策,推动黄花产业做大做强,向规模化种植、集约化加工、品牌化销售的现代农业发展。

五、辽宁省朝阳市木头城子镇十家子村

辽宁省朝阳市木头城子镇十家子村利用亲情、乡情,吸引大学生返乡创业,以电子商务为突破点,创办新发永业电子商务公司、农民合作社等经济实体,通过"互联网＋种植基地＋深加工基地＋合作社＋实体店"的模式,推动当地小米、小麦、葵花、葡萄、苹果等产业高质量发展。

(一)培育产业发展领头雁

十家子村党支部积极号召、扶持大学生返乡创业。2015年本村大学生王颖响应号召,返乡创立新发永业电子商务公司,注册"村姑进城"品牌,发展葡萄、小米等种植加工,推动当地特色水果和杂粮产业发展。在王颖的影响和村党支部支持帮助下,先后有20多名大学生积极返乡,领办合作社,创办经济实体,积极投身创业富民大潮,成为农村创业创新和助推乡村产业发展的领头雁。

(二)发展农村电商新业态

十家子村搭上互联网快车,探索"线上开网店＋线下实体店"的创新模式。先后在辽宁朝阳、上海等地开设线下实体体验店,与淘宝等大型平台企业对接,搭建农产品网上销售渠道,形成了"线下体验、网上下单、云仓发货"的电商平台运营机制,打通了农产品进城入市的销售渠道,建立了农产品从生产源头到终端销售的全新产业链模式,为乡村产业发展插上了互联网的翅膀。

(三)打造乡土特色金招牌

十家子村以"土地流转＋入股"的方式,流转土地近万亩。以农民合作社为核心,通过种苗供给、田间管理和成熟采收一体化跟踪服务,打造

高标准农产品生产基地,确保产品源头的健康。同时,建立清洗、包装分等分级标准,规范农产品初加工,与沈阳农大等大专院校和科研院所合作,开发母婴食品等,拓展农产品深加工,培育创立了"村姑进城""蛮妞""晶脂"等知名品牌。

(四)助力脱贫攻坚奔小康

十家子村探索"党支部＋合作社＋基地＋电商＋贫困户"的"5＋"模式,带动 27 户贫困户脱贫,500 余户农民致富。村党支部将集体收入的三分之一用于帮助农户脱贫发展致富产业。合作社通过土地入股等方式,让农户享受股份制比例分红。纳入高标准农产品生产基地范围的农产品由公司统一收购,再通过电商平台和线下体验店统一销售。同时,农户还可进入公司就业,让农民真正成为卖农金、收租金、挣薪金、分红金、得财金的"五金"农民。

点评:

十家子村在推动产业高质量发展的过程中,制定大学生返乡创业扶持政策,吸引优秀人才返乡创业;有了优秀创业带头人的探索与实践,十家子村搭上互联网快车,建立了农产品从生产源头到终端销售的全新产业链模式;品牌就是竞争力,优质农产品品牌是擦亮农业发展的"金名片"。为此,十家子村培育创立了"村姑进城""蛮妞""晶脂"等农产品品牌;探索"党支部＋合作社＋基地＋电商＋贫困户"的"5＋"模式,带动贫困户脱贫,农民致富。

六、河北省承德市隆化县七家镇西道村

河北省承德市隆化县七家镇西道村,位于京承出游黄金游线上,靠近茅荆坝国家森林公园、处在热河皇家温泉度假区内。几年前这个只有 1260 口人的小山村还是一个人均纯收入不足 3000 元的穷乡僻壤,如今,西道村以草莓产业为依托、草莓元素为主题文化 IP 的全域、全产业链体系规划,破落的村庄一夜成名。助力当地的产业产能与人居生活焕然一新

并不断迭代升级。村庄规划后的草莓公社,被评为国家级美丽休闲乡村。

(一)"八合一"融合发展独特理念,壮大乡村产业集群队伍

通过整合四季草莓、森林温泉、田园风光、特色餐饮、民俗展演等优势资源,实行"公司＋基地＋农户"经营方式,集中发展休闲农业、创意农业、草莓香草等特色产业,实现"美丽乡村＋扶贫攻坚＋乡村旅游＋产业发展＋农村特色文化开发＋农村电商＋沟域经济＋城乡统筹"八合一融合发展,形成河北美丽乡村建设典范。

(二)"文化 IP"草莓公社品牌打造,创意设计引领村庄未来

打造以"草莓采摘、温泉沐浴、民宿体验"为主题的全新农旅融合品牌——草莓公社。对农户住房改造,包括农户住房外立面改造、庭院营造、室内装修设计,提供草莓主题住宿体验;在建筑及景观小品营造过程中突出草莓文化主题元素。从廊桥、路灯、舞台到卡通雕塑、产品标识、餐饮用品,融入鲜明的草莓文化元素,打造独特的食住行游购娱全体验草莓之旅。

(三)"借势"打造乡村振兴观摩样板,规划设计整合分散资源

充分利用当前乡村振兴大环境下各类政策支持以及旅发大会的助力,依托项目区优良的山水田园环境与农业资源。以草莓产业为主导产业,结合皇家文化、民俗文化两大文化特色,整合南部草莓小镇、中部草莓园、北部稻田,打造集草莓主题观光采摘、皇家娱乐休闲方式体验、田间特色游乐活动体验为一体的"草莓产业＋田园旅游＋小镇"完美融合的示范样板项目。

(四)美丽休闲乡村建设政策引导,撬动社会资本引来资金活水

1.资本融入

隆化县政府在改善水、电、路、灯基础设施上便投资 700 万元,实现了美化、绿化、亮化,提高了公共服务水平,提升了群众生活品质。按照特色民宿接待的规格和标准进行规划设计,将 12 家别墅型农户客房改造成草莓主题的特色民宿,铺设完成 4000 平方米的村内道路,并修建停

车场、拦河坝、游客接待中心、景观廊桥、观景台等设施。在园区建设上，一方面精打细算用好山水林田湖项目资金和财政旅游发展基金，另一方面用市场化思维解决政府的难题，通过实施城市景观生态治理和乡村振兴建设 PPP 项目，为旅游发展引来资金活水。

2. 效益分析

项目总投资 1.3 亿元，流转土地 1300 余亩。目前占地面积 500 亩暖棚及游客中心、停车场等配套设施已建设完成，正常投入运营，二期项目正在建设中。"自 2018 年运营以来，已累计接待游客 10.3 万人次，其中2019 年上半年已接待游客 3.7 万人次，营业收入 130 万元。"如今，西道村草莓种植达到 1100 亩，全村一半以上耕地都种植草莓，彻底改变过去种大田、靠天收的传统农业结构，提高了产业层级。

点评：

从村庄、到小镇，再到整个谷区，当地靠着草莓种植摆脱了贫困，带动了产业的发展，吸引了成千上万的游客来到这里，让乡村振兴的建设真正做到了因地制宜，符合乡村振兴的精神要求，真正赋予了村民产业自主"造血"的功能。在不断实践中探索出了一条农村环境改善、产业多元发展、农民持续增收的新路径，成为环北京贫困山区以产业融合发展助推转型升级、绿色崛起的一次有益尝试。

七、安徽省合肥市巢湖市三瓜公社

三瓜公社位于安徽省合肥市巢湖市半汤街道，距离合肥 90 千米，自驾车程 1.5 小时左右。总面积 10 平方千米左右，包括半汤街道部分区域以及周边十余个村，计划开发总投资 5 亿元，其中一期重点开发冬瓜民俗村、南瓜电商村以及西瓜美食村。

项目按照把乡村建设得更像乡村理念，融入"互联网＋三农"发展理念，构建集一、二、三产业与农旅相结合的"美丽乡村"发展系统，推动三瓜村的全面振兴发展。在建设过程中保护乡村原有的田林农湖系统，对荒地、山地、林地进行修整保护,修复水系,把乡村田野打造成诗意栖居、宜游宜业的家园。2017年7月,"三瓜公社"被评为安徽省首批特色小镇第一名,2017年接待游客量超过500万人次,其中各地考察人员超过30万人次。

(一)产业规划

1.南瓜电商村:定位为电商村、农特产品大村、互联网示范村,目前已经入驻的电商企业包括自有的"三瓜公社"官方旗舰店、天猫官方旗舰店、京东、甲骨文等,还吸引了微创全国联盟、创客空间,以及大量文创基地、乡村酒吧和特产销售门店入驻。已经开发出茶叶、温泉、特色农副、乡土文创四大系列千余种特色商品和旅游纪念品,并通过线上线下融合的销售方式获得市场的极大认同,使农村产品销售渠道多元化。

2.冬瓜民俗村:主要产业为半汤六千年民俗馆、古巢国遗址、手工作坊群。力图挖掘还原巢湖地区6000年的农耕民俗文化,先后建设半汤六千年民俗馆、有巢印象、冬瓜传统手工艺坊,引入客栈、民宿、温泉养生、旅游度假等乡村旅游服务业,打造以体验半汤地方传统农耕民俗文化为特色的村庄发展模式。

3.西瓜美食村:主要产业为80户风情民居民宿、60家特色农家乐、10处心动客栈酒店。与经典温泉品牌汤山共同组建汤山旅游公司,通过村集体入股和持股,共同开发温泉康养民宿,拓展村集体经济路径。

(二)运作模式

1.建设模式

采用"企业+政府"的开发建设模式,合巢经济开发区管委会与安徽淮商集团共同成立三瓜公社投资发展有限公司。按照"冬瓜民俗村""西瓜美食村"和"南瓜电商村"三大主题定位,对民居进行重新定位设计,构建起"线下实地体验、线上平台销售,企业示范引领、农户全面参与,基地种植、景点示范"的产业发展模式,围绕民俗、文化、旅游、餐饮、休闲等多个领域,综合现代农特产品的生产、开发、线上线下交易、物流等环节,探索出一条信息化时代的"互联网＋三农"之路。

2.运营模式

特色农产品与电商产业融合。以"互联网＋三农"为实施路径,探索一、二、三产业融合,农旅、商旅、文旅"三旅结合"的休闲农业和美丽乡村建设新模式,重点打造南瓜电商村、冬瓜民俗村和西瓜美食村三个特色村。大力发展现代农业,通过电子商务打开当地农特产品大市场,吸引年轻人返乡创业,新农人入乡创业,成立农民专业合作社,进行优质特色农产品生产,带动加工,让村民足不出户把产品卖向全国,激活乡村市场,盘活乡村资源,为农业注入新的生命。以电子商务为抓手,依托南瓜电商村,建设线上线下店铺,建立创客中心,吸引年轻人入乡加入到电子商务就业创业平台,通过电子商务,驱动农产品加工、生产,通过农特产品的加工生产吸引和保障更多本地村民就业和创业。

点评:

三瓜公社强调的是全产业链的协同发展,通过统筹协调各类资源使一、二、三产业在总体规划中有序发展,良性互促。推进"合作社＋农户",唤醒农民致富情;推进"互联网＋三农",激活乡村发展情,通过网络平台及线上线下融合,大力实施订单式农业;推进"乡村旅游＋扶贫",小康路上有激情,通过传统农业转型,将传统农业与休闲旅游业有机融合。

电商和旅游协同发展是三瓜公社电商特色小镇的独特模式探索:农旅为主,引领电商小镇品牌化建设;商旅是力,夯实三瓜公社特色小镇的产业支撑;文旅是魂,传承文化,塑造特色小镇的文化灵魂。成立了花生、养殖、食用菌、瓜果等多个农民专业合作社,打造绿色生态的农产品种植养殖区。

八、陕西省咸阳市礼泉县袁家村

袁家村位于陕西省咸阳市礼泉县烟霞镇北部,位于举世闻名的唐太宗李世民昭陵九嵕山下,距离西安 60 千米,约 1 小时车程。村庄共有 62

户,286 人,土地面积 660 亩,发展到今天已经吸引外部 3000 人来到这里。

村集体和村民共同组织村集体开发经营公司作为袁家村的主体,同时成立自有的村庄管理公司和多种行业协会。袁家村的创业历程、发展思路和基本经验,概括起来主要有以下几点:以支部为核心,以村民为主体;以创新谋发展,以共享促和谐;以乡村旅游为突破口,打造农民创业平台;以组建合作社为切入点,实现三变;以三产带二产促一产,实现三产融合发展;调节收入分配,实现共同富裕;注重精神文明,加强思想教育;弘扬优良传统,淳厚乡风民俗。

2017 年袁家村接待游客量超过 500 万人次,总收入超过 3.8 亿元,村民年人均纯收入超过 10 万元。先后获得国家 4A 级旅游景区、中国十大美丽乡村、全国乡村旅游示范村、中国十佳小康村、中国最有魅力休闲乡村、国家特色景观旅游名村、全国一村一品示范村、中国乡村旅游创客示范基地等称誉,昔日的"空心村"已经成为今日的"关中民俗第一村"。

(一)产业规划

袁家村在产业方面可以总结为"一个品牌,两个产业":一个品牌是指"袁家村"品牌,"袁家村"的品牌价值估值已经超过 20 亿元,并且仍然在快速的增值中。"袁家村"的品牌,可以形象地解读为"袁汁袁味的精神原乡",是以农业、农村和农民为内涵的"农"字号品牌,其产业与三农紧密相连、息息相关。郭占武提出的"袁家村品牌+创新团队+资本+互联网"的新思路、新模式将为袁家村的发展提供更为广阔的空间和前景。

两个产业,一是指以传统民俗和创意文化为核心的个性化、高端化和系列化关中文化产品产业。二是指以特色农副和健康餐饮为核心的农副产品的种养殖、加工包装和销售产业。

经过多年发展,袁家村从乡村旅游起步,市场规模和经济效益不断提升,品牌价值更为凸显,第三产业强大并直接带动第二产业的发展;由传统手工作坊到现代加工工厂再到连锁加工企业,第二产业围绕第三产业布局;第二产业的发展不断扩大对优质农副产品的需求,拉动第一产业规模不断扩大。袁家村真正构建起由三产带二产促一产,三产融合发展的良性循环体系。

(二)运作模式

袁家村模式可以归结为"以村集体领导为核心,村集体平台为载体,构建产业共融、产权共有、村民共治、发展共享的村庄集体经济"发展模式。

1. 以村集体领导为核心,以村民为主体

组建了以村两委为核心的村集体领导队伍。袁家村所有村干部都形成了共同思想认识:干部没有任何特权,干部队伍就是服务队,就是为村民跑腿、为群众服务的,村里发展好了,自己家也会跟着好,有大家才有小家。袁家村在发展之初村集体就明确提出自主发展的路径,坚持村民的主体地位,树立村民的主人翁意识,让村民当家做主,自主发展、自我发展。不管外界的诱惑和压力有多大,袁家村都不拿村民的自主权和控制权做交易,坚持农民主体地位不动摇,确保全体村民的根本利益和长远利益。

2. 以村庄集体平台为载体,组建股份合作制集体经济组织

为了盘活集体和群众闲置资产,把散弱农户个体利益与集体利益紧密结合,实施村集体内部无物不股、无人不股、无事不股。将集体资产进行股份制改造,集体保留38%,其余62%量化到户,参与社区集体经济组织成员都可以持股。对于旅游公司、合作社、商铺、农家乐等经营性主体,可以自主选择入股的店铺,互相持有股份,入股的范围不仅是本社区居民,还包括袁家村社区的经营户。在合作社入股过程中,遵循全民参与、入股自愿、照顾小户、限制大户的原则。以产权同享为核心,所有入股农民与集体经济组织共进退、同发展,极大促进了生产要素的自由流动,实现了村集体与农户个体的均衡发展。

在管理上,由村委会牵头,组建管理公司和协会,包括农家乐协会、小吃街协会、酒吧街协会,协会成员由商户们自己推选,为协会提供义务服务,构建了自我治理的发展模式。

3. 实施产业融合,不断提档升级

不走传统"由一产向二产和三产拓展"的思路,探索出"由三产带二产促一产,并立足品牌溢价的多维度产业共融"的发展路径。从发展民俗旅游开始,袁家村的第一步确定了推动第三产业的快速发展,第三产业拉动手工作坊兴盛,形成了"前店后厂"和加工企业,企业不断转型升级拉动第二产业发展壮大,进而提升对优质农副产品的需求,推动了第一产业规模的不断扩大,"三产带二产促一产"的三产融合发展格局形成,构建了一个相容共生、互补兼顾、层次递进的村集体经济可持续发展的闭环产业链和成熟商业模式。

目前,袁家村共有农副产品加工企业 10 个,旅游服务企业 6 个,建成菜籽、玉米、大豆、红薯等优质农产品基地 14 个。还大力推动农副产品的线上线下销售,培育发展新动能和后劲。

4. 推进产权共有,推进三股改革

袁家村股权结构由基本股、交叉股、调节股三部分构成。

基本股:将集体资产进行股份制改造,集体保留 8%,剩下 62% 分配到户,每户平均 20 万元,每股年分红 4 万元,只有本村集体经济组织成员才能持有,缺资金的农户以土地每亩地折价 4 万元入股。

交叉股:集体旅游公司、村民合作社、商铺、农家乐相互持有股份,交叉持股 460 家商铺,可自主选择入股店铺。

调节股:全民参与、入股自愿,钱少先入、钱多少入,照顾小户、限制大户。实现了所有权、经营权、收益权的高度统一,全民参与、入股自愿,你中有我,我中有你,形成了利益共同体。

通过调节收入分配和再分配,避免两极分化,实现利益均衡。袁家村农民人均纯收入中入股分红、房屋出租等财产性收入占 40.1%。

点评：

袁家村以文化为脉、诚信为本、创新为魂，让游客在这里可以体验最淳朴的关中民俗文化，可以看到最古老的传统作坊，足不出村可以品尝上百种关中美食，被誉为"关中民俗体验地"，是陕西省首个荣获全国"十大美丽乡村"的新农村。浓厚的周秦汉唐文化和孕育新寓意的现代乡村，在袁家村一脉相承。40 年来，这个关中小村庄始终保持着与改革开放一致的步伐。前 30 年从贫穷走向富裕，从传统农业村转型为工业村；在产业结构调整、转型升级的节点，又用 10 年时间完成了"农村—景点—体验地—核心品牌"的蝶变。

九、河南省郑州市龙湖镇泰山村

泰山村位于郑州市南大学城龙湖镇境内，距郑州 16 千米，距新郑国际机场 20 千米。占地面积 5000 亩，辖 9 个自然村，7 个村民组，现有人口 1500 余人。项目由泰山村村委会开发主体成立、村集体开发组织，引入了千稼集项目共同打造。

项目结合黄帝文化底蕴深厚的优势，以"林业立村、生态富村、旅游活村、文化强村"思路发展乡村特色旅游。按照"一村一品、一村一景、一村一产业"方案打造泰山村特色旅游村。泰山村先后荣获"全国一村一品示范村""中国乡村旅游模范村""全国生态文化村""河南省最美乡村""河南省文明村""河南省生态村""河南省特色旅游村"等诸多荣誉称号。

（一）产业规划

1. 引进国内知名文旅品牌千稼集，通过文旅产业引爆村庄

引进河南千稼集农业旅游观光有限公司与泰山村合作，建设了千稼集景区，按照"原味乡村""民国风情""激情岁月"三大主题，布局农耕文化演艺、民俗特色小吃、民间演艺表演、休闲游乐体验、主题情景客栈、绿色有机农场六大产品业态，布局地方名小吃、农副产品、茶馆戏台、文创产品、主题客栈、民俗演出、情景演艺、历史店铺、儿童娱乐、竞技游戏和

创意农场采摘园等多元主题业态,供游客体验浓郁深厚的中原民俗历史文化和乡土乡情。

2.合作经营打造万亩高效农业产业园,夯实产业基础

千稼集与当地农民采用合作经营的方式打造万亩农场,通过集中耕作,精细化管理,生产绿色有机杂粮蔬菜。实现统一配给,从源头上保证千稼集食品的质量和安全。游客还可以品尝纯天然农土特产和土法加工食品,充分享受好看、好吃、好玩、好游、好住、好购、好心情的"七好"快乐体验之旅。

3.发展新型养老产业,打造新型乡村养老典范

2016年,泰山村与上海和佑养老集团举行合作协议签约仪式,双方计划在泰山村联手打造新型乡村养老典范,建设可安置5000名老人的乡村养老项目,打造"城市老人到乡村寄家养老"特色示范村。"乡村寄家养老"模式让城市老人到近郊寄家养老,既有家的感觉,也能呼吸新鲜空气、品尝有机食品,以及享受护工细心的照料和社区医养服务中心的健康管理。

4.发展培训产业,建立农村党员干部学习教育培训基地

泰山村每年承接各项培训20多万人次,泰山村有大中小会议室8个,其中一号会议室可以容纳550人;可接待2000人同时就餐,可容纳1000人入住。有高空培训装置2座,高空攀岩墙1座,地面培训设施如逃生墙、背摔台、电网等多处。泰山村先后被郑州市教育局指定为郑州市中小学校外活动教育基地,被郑州市人民政府明确为青少年社会实践基地,被郑州大学、河南民生学院等大专院校明确为大学生社会实践基地,被新郑市人民政府指定为新郑市党员干部学习教育培训基地。

(二)运作模式

独创千稼集与泰山村村民合作的经营模式。公司对外招商,免租金、免装修、免流动资金、免物业费、免管理费、免营销费,为商户提供统一采购的食材,收入扣除食材的成本后双方五五分成,商户承担自己的

人力、水电气成本,公司承担人力和推广费用。建立自己的配送中心,商户成立商户委员会,对中心的采购、配送进行监督,经营风险由公司承担。在这里经营的商户一店一品,不重复,避免恶性竞争。

点评:

泰山村没有完全依靠政府帮助,自力更生走出了一条中国农村振兴的道路。每个自然村的文化内涵、品位都不一样,只有深挖文化和生态,通过优良的生态和优质的服务,把文化和生态优势转化为生产力,把乡村文化以及青山和绿水变成经济和社会效益,才能探索出独具特色的可持续发展道路。

十、山东省淄博市博山区池上镇中郝峪村

中郝峪村位于山东省淄博市博山区池上镇,博山大山深处,距城区40多千米。全村共113户、364人,耕地面积80亩,山林、果林面积2800亩,是纯山区村。2013年中郝峪村完成集体产权制度改革,实现了资源变资产、现金变股金、村民变股民的转变。将全村山林、土地、房屋、农田承包权等以经营权入股的形式成立了淄博博山幽幽谷旅游开发有限公司,通过公司来完善一、二、三产业机构框架,负责对全村所有经营性项目进行规划设计、经营管理,并统一进行利益分配,同时,代表村集体和全体村民对外合作。

中郝峪村把乡村旅游作为美丽乡村建设的主导产业,农旅融合、旅商融合,从小微起步,步步规范,事事创新,不断探索山区村庄发展乡村旅游的新路子,2017年实现乡村旅游综合收入2800余万元。先后获得首批"全国休闲农业与乡村旅游示范点""中国乡村旅游模范村""山东省乡村旅游示范村""好客山东最美乡村"等称号。

(一)产业规划

1.大力发展乡村养生养老产业

中郝峪森林覆盖率96%,夏季平均气温低于26℃。依托天然生态优

势,大力发展乡村养生养老产业,改造建设各类康养住宅 32 户,配套康体休闲、无障碍老年活动中心等设施,发展医疗服务、休养康复、农耕体验等服务,形成居住——养老——休闲——康复——医疗等功能完善的新产业。截至目前,外来定居新村民 70 户,全村年接待康养人数超过 3 万人次,获得全国森林康养示范基地称号。

2.大力发展乡村民宿度假产业

村集体把村内 60 户 180 多间闲置房屋有偿收回,重新进行规划设计,外貌力图凸显山村风貌,内部更加注重现代舒适,用来大力发展乡村民宿产业。同时对全村妇女进行家政服务培训,每户院落配有一名管家服务员,持证上岗。制定《中郝峪幽幽谷民宿管理服务标准》,严格落实民宿标准化服务,让游客感受家一般的温暖。

3.大力发展高标准农业旅游产业

规范建设农家乐超过 100 户,其中 10 家被评为中国乡村旅游金牌农家乐,25 家被评为山东省五星级或四星级农家乐。统一农家乐管理标准,制定行业规范,统一配送餐饮用具,达到省级农家乐卫生安全标准。突出家庭接待特色,游客接待户户有"绝活",在不同农家可以感受不同的休闲氛围,村民全员进行旅游接待业务培训,旅游接待从户户"游击队"转变为整村"正规军"。

(二)运作模式

做活"公司主导＋村民入股"的统一运营管理模式:幽幽谷公司对村子进行统一开发、运营、管理和推广。村民以田地、农家乐、餐馆等入股运营公司,与公司利益紧密绑定,形成运营合力。一方面解决了中郝峪乡村旅游的服务标准、项目建设、品牌推广等问题,另一方面带动村民实现共同富裕。在公司里,村集体占 21％的股份,剩下根据村民自有房产、果园、劳动力等各种资产价值配相应比例股份。除经营收入以外,每年获得公司分红。在经营上,公司统一负责村子的项目开发、运营和宣传。公司统一运营分配客人,业户只负责搞好接待、服务工作,不得擅自接待客人。村庄所有项目价格全部由公司统一制定、统一收费。

点评：

中郝峪村通过产业振兴，发展出了独具特色的中郝峪村模式，即以休闲农业和乡村旅游为重点，推动农产品生产、餐饮、医疗、教育等服务有机整合。建设美丽乡村，着力于村容村貌整治、生态修复、特色挖掘以及合作社建设。同时进行集体资产股份制改革，鼓励村民以土地、山林、资金、劳动力入股，创新出"公司运作＋单体承包＋全体村民入股"的运营模式。

第二节　生态保护型美丽乡村建设案例

一、浙江省安吉县山川乡高家堂村

高家堂村位于全国首个环境优美乡——山川乡境内，全村区域面积7平方千米，其中山林面积9729亩，水田面积386亩，是一个竹林资源丰富、自然环境保护良好的浙北山区村。高家堂是安吉生态建设的一个缩影，以生态建设为载体，进一步提升了环境品位。

高家堂村将自然生态与美丽乡村完美结合，围绕"生态立村——生态经济村"这一核心，在保护生态环境的基础上，充分利用环境优势，把生态环境优势转变为经济优势。现如今，高家堂村生态经济快速发展，以生态农业、生态旅游为特色的生态经济呈现良好的发展势头。全村已形成竹产业生态、生态型观光型高效竹林基地、竹林鸡养殖规模，富有浓厚乡村气息的农家生态旅游等生态经济对财政的贡献率达到50%以上，成为经济增长支柱。

　　高家堂村把发展重点放在做好改造和提升笋竹产业，形成特色鲜明、功能突出的高效生态农业产业布局上，让农民真正得到实惠。从1998年开始，对3000余亩的山林实施封山育林，禁止砍伐。并于2003年投资130万元修建了环境水库——仙龙湖，对生态公益林水源涵养起到了很大的作用，还配套建设了休闲健身公园、观景亭、生态文化长廊等。新建林道5.2千米，极大方便了农民生产、生活。同时，着重搞好竹产品开发，如将竹材经脱氧、防腐处理后应用到住宅的建筑和装修中，开发竹围廊、竹地板、竹层面、竹灯罩、竹栏栅等产品，取得了一定的效益。并积极为农户提供信息、技术、流通方面的服务。

　　同时积极鼓励农户进行竹林培育、生态养殖、开办农家乐，并将这三块内容有机地结合起来，特别是农家乐乡村旅店，接待来自沪、杭、苏等大中城市的观光旅游者，并让游客自己上山挖笋、捕鸡，使得旅客亲身感受到看生态、住农家、品山珍、干农活的一系列乐趣，亲近自然环境，体验农家生活，又不失休闲、度假的本色。此项活动深受旅客的喜爱，得到一致好评，而农户本身也得到了实惠，增加了收入。

　　点评：

　　高家堂村利用当地的生态资源，将自然生态与美丽乡村建设结合起来，村民们用自然、环保的方式来建设美丽村庄，村庄内翠竹掩映，溪水环绕，被外界称为"画卷里的村庄"。高家堂村紧跟时代步伐，积极探索乡村旅游发展模式，基础设施不断完善，服务水平不断提高。通过引进工商资本，实现村庄持续经营，将美丽乡村建设成果成功转化为乡村旅游产业。

二、浙江奉化滕头村

　　滕头村位于浙江省宁波市奉化城北6千米，距离宁波27千米，至机场15千米，距溪口12千米，地处萧江平原，剡溪江畔。滕头村人绝大多数姓傅，村里人说，当年傅氏族人由滕州南徙，走到宁波沿海遇到大海阻隔,遂在奉化城北定居,以"滕州人到浙江走到头了"之意为村子取名为"滕头"。不同于中国绝大多数农村地广人稀,滕头村的面积很小,全村仅有2平方千米。50年前的滕头村是一个远近闻名的穷村,生产条件和生活水平相当落后,当时有民谣"田不平,路不平,亩产只有二百零,有囡不嫁滕头村,年轻后生打光棍"。彼时的滕头村田地高低不平,且分割混乱,旱涝交替,全村竟没有一人够得上地主标准。

但是,为摆脱贫穷,滕头人凭借自己的聪明才智和勤劳双手,以"艰苦创业,永不满足,两手过硬,一犁耕到头"的精神,撑起了自己的一片天。就在这个"小块头"里产生了奇迹,生产效率惊人,2012年,实现社会生产总值63.73亿元,创利税6.86亿元,村民人均纯收入45000元。

今天,滕头村不仅是一个具有水乡特色的江南小村,而且是闻名遐迩的"全球生态五百佳"名村,同时还是世界十佳和谐乡村,是国家AAAA级旅游区、全国首批文明村、中国十大名村。

(一)滕头撑起了一片天

1965年冬,滕头村原党支部书记傅嘉良带领滕头村村民大胆改造土地,这原本是追随轰轰烈烈"学大寨"运动的举措,却无意间开启了一个致富的按键。随后,滕头村先后迈出改土造田、旧村改造、兴办企业、发展三产四大步,较快地实现了由温饱到小康、由小康到富裕的跨越式发展。近十年里,滕头村又进入了农村现代化建设的新阶段,谱写了滕头发展史上新的一页。滕头村初期的发展仍然是以农业为基础。概括地讲,滕头起步农业先行,其发展经历了三大步:

第一步:改土造田。1965年,傅嘉良到周边某大队学习改土造田经验后,让村民买来橘树苗,种植在垒土堆上。这样,种橘树成为了日后滕头村多样化生态农业的源头。到20世纪80年代初,滕头人把近千亩高低不平、常年旱涝的低产田,改造成200多块大小划一、沟渠纵横、排灌方便的高产田。

第二步:规模化经营和专业化生产。解决温饱之后,滕头人开始着手改善居住环境。他们在田边溪头植上果树苗木,房前屋后栽种花草盆景。同时,他们致力于提高农业劳动生产率,探索规模化经营和专业化生产,组建了集体农场、大型畜牧场、果蔬场、花卉园艺场、特种水产养殖场和农机服务队,把90%的劳动力从土地上分离出来去从事工业与第三产业的发展,解决了生产力的解放问题。

第三步:科技兴农。20世纪90年代末,滕头人抢抓机遇,全面实施"科教兴农"战略,初步形成了以创汇、精品、高效、生态和农业观光为主体的现代农业生产格局。21世纪初期,他们与著名种苗公司日本大和种苗株式会社合作并成立了滕头种子种苗有限公司,同时又与浙江大学、省农科院联姻创建了滕头植物组织培养中心。走过令人振奋的三大步,滕头村农业已经形成了完备的农业发展格局,2012年有规模以上休闲农业园区超过1.8万家,这里的休闲农业正成为名副其实的朝阳产业。

近年来,滕头村坚持走生产发展、生活富裕、生态良好的良性发展道路,经过调整优化,传统农业得到提升,现代化农业格局基本形成;以房地产、园林绿化、生态旅游为主要内容的第三产业也正在蓬勃发展。在发展的同时,全村上下非常注重保护环境、美化家园,实现了人与自然的和谐相处。

(二)"既要金山银山,更要绿山清山"

党的十一届三中全会的召开,犹如一声春雷惊醒华夏大地,改革开放的春风扑面而来。滕头人已不满足于"米袋子",一个新的发展思路诞生了,那就是:开发多种经营,突出工业重点,走以工强村的路子。于是,滕头人在稳定发展农业的同时,以市场为导向,积极寻求发展契机。1979年,滕头第一家村办企业——滕头服装厂,在一个经改造的养鸡场里诞生了。十几台家用缝纫机,一千多元的资金,标志着滕头村开始走上了兴办工业之路。

2001年,为了激活企业,加快发展,经村党委班子集体讨论,对村属集体企业进行了产权制度的改革:凡是集体经营的,继续实行目标管理;

对规模大、效益好、实力强的重点骨干企业,实行股份制改造;对一些小型微利企业,采取兼并、租赁等办法实行转制。通过企业改制,极大地调动了企业管理者及职工的积极性,也增强了滕头工业经济的活力和后劲。

2001年初,滕头村开始兴建特色产业经济工业园区,通过一系列的政策调整和优化经济环境,已引进以纺织服装、电子信息、竹木工艺、机械五金等产业为主的42家企业落户。随着进一步的整合和建设,园区形成了多种经济体制互融互促的发展格局,成为滕头未来经济发展的重要载体。

"既要金山银山,更要秀水清山",这是滕头村的发展理念。1993年,村里成立了国内最早的村级环境资源保护委员会,对引进有污染的项目拥有一票否决权。滕头工业企业经过几十年的健康发展,现已形成以服装业为支柱,电子信息、竹木工艺、出口纸箱、不锈钢等多种行业协调发展的格局,产品远销二十多个省、市、自治区,出口日、美、英、意、韩等十多个国家。

(三)追求绿色,共建和谐

面对已经取得的成绩,滕头人没有止步,在巩固发展一、二产业的同时,又发展起了以房地产建筑、园林绿化、旅游为核心的第三产业群。通过不断自主创新,滕头第三产业的内涵不断深化,档次不断提高,已成为滕头经济发展的新亮点。

1971年,滕头创办了花卉园艺场,开始了滕头的绿化之路。经过几十年的发展,当年的小场已经发展成为一家集团化公司——宁波滕头园林绿化工程有限公司,现具有国家城市园林绿化一级资质、园林绿化养护一级资质,先后在上海、河北、福建等地组建了8家分公司,拥有苗木生产基地30000余亩,为国内最大规模苗木种植基地之一。同时,公司承接并完成了北京2008年奥运会部分体育场馆的绿化项目,还为2010年上海世博会提供优质苗木。滕头建设有限公司创建于1992年,具有房屋建筑工程施工总承包一级资质,并在上海、天津、湖州、南昌、杭州等地设立了分公司。滕头房地产开发有限公司创建于 1993 年,是一家房地产开发经营的三级资质企业,并先后在宁波北仑区和宁波经济技术开发区成立了两家分公司。

随着来滕头观光考察的国内外宾客日益增多,1998 年,滕头村抓住机遇发展起乡村旅游,成为全国最早收门票的村庄之一。滕头生态旅游景区以其秀美的田园风光,丰富的旅游内涵,投入巨资实施"蓝天、碧水、绿地"三大工程。目前全村的绿化率已达到 67%,并建成了江南情园、农家乐、农民公园、盆景园等二十多处生态景观,营造了"花香日丽四季春,碧水涟涟胜桃源"的江南田园美景。在 2001 年,被国家评为首批AAAAA 级风景旅游区,2004 年荣获全国首批农业旅游示范点称号。截至 2011 年末,滕头村实现第三产业产值 24.95 亿元,同比增长 25.6%。

在追求经济发展的同时,滕头人不忘对绿色的执着。早在 20 世纪70 年代末,滕头人就启动了旧村改造、环境整治、新村建设的浩大工程,实现了"工业区、文教商业区和村民住宅区"的功能分隔。几十年来,他们在发展经济的同时,注重建设优美生态环境、提高村民生活质量,把生态环境建设与村庄建设结合起来,努力改善人居环境。

1993 年 6 月,联合国副秘书长伊丽莎白·多德斯韦尔女士来到滕头村,她高兴地说:"我到过世界上很多国家,很少看到像滕头村这样美丽整洁的村庄"。这也更坚定了滕头人"既要金山银山,更要秀水清山"的发展理念。同年,滕头村被联合国评为"全球生态五百佳"。

点评:

滕头发展从农业先行,走出探索生态农业的发展道路,并依托于生态农业的"秀水清山",建设起年产值几十亿的"金山银山",被联合国评为"全球生态五百佳",在国内外广泛传播。显然,它将对我国正在兴起的美丽农村建设产生重大影响。难能可贵的是,滕头积累了发展生态农业的丰富经验和具体途径,建立了高科技蔬菜瓜果种子种苗基地、植物组织培育中心等,形成精品、高效、创汇生态、观光于一体的现代化农业格局,并开拓进取,致力于创新提高劳动生产率,探索规模化经营,建成了江南情园、农家乐、农民公园、盆景园等二十多处生态景观,发展乡村旅游。这将为我国农村发展致富提供示范作用。

三、江苏姜堰市河横村

河横村位于沈高镇集镇北侧,紧邻国家 AAAAA 级旅游景区——溱湖风景区。全村总面积 8250 亩,其中耕地面积 4030 亩,水面面积 2100 亩,总人口 3156 人。河横村是蜚声海内外的生态名村,1990 年获得联合国环境规划署授予的"生态环境全球 500 佳"殊荣后,该村以生态环境为立村之本,推动经济社会全面发展,得到各界人士和各级媒体的广泛赞誉。近年来,该村被授予全国文明村镇、国家级生态村、省部共建社会主义新农村建设示范点、国家 AA 级旅游景区等称号,并通过了全国农业旅游示范点验收,以着力打造生态旅游品牌著称。

如今的河横村,放眼望去,油墨染青色,冷静的红,忧郁的黄,厚重的绿,似一场空前盛世的舞会。风如一曲绵长的乐,叶随其在飘舞,落日的光辉依偎在某人怀里,一场如此美丽的奇迹。要是有多才的头脑,灵巧的双手,可以将这画面泼洒在空白光洁的纸上,从此,有了属于自己的颜色,与大自然相映衬的美丽颜色。河横村美丽的风景成为许多游人心中挥之不去的记忆。

2006 年,河横村成为江苏省唯一的一家全国新农村示范村。泰州市和姜堰市将河横村与 4A 级溱湖风景区及中国历史文化名镇溱潼一起列为发展旅游产业带,"观光农业""绿色餐饮"和"环保教育"整体规划,联动发展。景区分为 5 个功能区:特色种植观光区、特色养殖观光区、生态产业园观光区、循环经济园观光区、生态住宅区观光区,包括生态种植园、智能花卉园、大棚种植园、生态养殖园、特禽养殖园、文化广场等十多处景点。

自此,该村把发展生态农业、高效农业、现代农业作为该村发展的重要产业后,引进了泰州河横家禽育种有限公司、江苏大洋观赏鱼有限公司、河横娃娃鱼养殖项目、千亩葡萄园等企业和项目,通过"公司＋基地＋合作社＋农户"的形式,带动农户增收致富,促进村级经济发展。加快推进循环经济、高效农业示范园、农产品加工园等项目建设,同时建设500亩河横生态产业园区、生态别墅小区、"农家乐"等6项工程,以投资700多万元的华顺生态农庄为龙头的农家乐产业正在迅速发展,推动农业旅游发展。高标准建设生态长廊、花卉观赏园、高效农业示范区、特禽养殖区、外向型观赏鱼规模养殖区、瓜果自采自摘区、桃园散养草鸡区、葡萄园区、循环经济园区、生态农庄,打造生态旅游观光带。

同时,河横村把发展绿色食品加工产业作为工业主导方向,先后创办三泰酱菜厂、常香惠食品厂、泰州明珠米厂、江苏天鹅食品有限公司等企业,其中江苏天鹅食品有限公司"河横"牌系列天鹅制品被评为中国名牌产品,明珠米厂"河横"牌大米被评为泰州市著名商标。河横生态产业园区发展坚持"宁可慢一点、不吃子孙饭"的原则,着力发展带动农民增收的农产品加工项目,为河横的可持续发展增强造血功能。2012年,泰州市姜堰区农产品加工区落户该村,为该村现代工业发展注人了新活力。目前该村工业总产值已达4亿多元。2012年,该村集体经济纯收人达151万元,农民人均纯收人15478元。

多年来,该村坚持"植""管"并重,加大植树造林力度,并建成中国名村林、河横生态长廊等成片林,2012年全村绿化率达41.8%。投入两千多万元进行村庄改造,建成126幢集淮扬风格与现代风格于一身的农民别墅,该小区现已成为新农村建设典范,多次被国家及省市媒体报道。并且不断加大环境整治力度,建成污水处理中心、沼气站、畜禽粪便处理中心等,形成了完整规范的自然生态保护和工农业生产污染防治体系。

为充分发挥环境效益,河横村把环境整治与景点打造相结合,着力提升村庄和农业项目旅游接待功能,2005年该村作为旅游景区正式对外开放,每年接待游客 30 万人次以上。该村每年还举行一届"中国河横菜花节",期间举办农民运动会、民俗表演、烹饪大赛等活动,目前,"中国河横菜花节"已成为中国最有特色的菜花节之一。旅游业的发展,带动该村绿色食品销售和餐饮业迅猛发展,河横农家菜和河横绿色食品广受游客和食客们喜爱。

河横村建成了 1.2 万平方米的生态文化广场,新增篮球场、乒乓球室、棋牌室,配置室外健身器材,方便群众休闲健身,还建成了高标准的生态住宅小区,改善了村民居住条件。同时,该村认真开展全市新型农民培育工程试点工作,成立河横村民学校,每月定期组织村民学习科技、种养殖和法制、文化、卫生知识,激发村民创业热情,全面提高村民素质。组建文艺宣传队,广泛开展村民文明道德法制教育,倡导科学、文明的社会风尚,制定了《和谐河横村民手册》,出台和谐河横奖励办法,大力推进和谐建设进程,为发展生态旅游业创造良好的社会环境。

点评:

河横村注重规划,从建好生态工业园区,打造生态观光带,到发展农产品深加工的第二产业,打造绿色产品品牌,均以规划先行,形成一、二、三产业联动发展、突出第三产业龙头作用的格局。科学论证、科学规划是打造该村生态旅游品牌,推进生态文明建设的基础,并成为贯彻落实于行动之中有力的制度保障。

四、广东广州市白云区白山村

广东省广州市白云区太和镇白山村地处镇东部,位于太兴公路两侧,东与八斗村相隔,西与和龙、北与头陂相连,是一个山多耕地少的村庄。全村总面积 9.7 平方千米,其中耕地面积 650 亩,全村有 8 个经济社,村常住人口 2055 人,其中农业人口 1230 人,外来人口 360 人。白云区太和镇白山村位于广州市北部、帽峰山南麓,三面环山的小村处处散发着乡土气息,纵横有序的农田上倒映着村民们耕作的身影。据介绍,白山村的规划定位是根据自身的自然生态资源,结合帽峰山及和龙水库的"青山、秀水"大环境,着力打造以生态旅游、农业观光、休闲度假为特色,体现客家和广府村落风貌的美丽村庄。

(一)规划先行,品牌包装

广州市白云区坚持村庄规划为先、优化农村布局,注重以科学规划引领美丽乡村建设,通过加强美丽乡村规划编制,优化农村布局。一是开展12个美丽乡村的村庄规划编制工作。根据各村庄所处区域和特点,因地制宜确定村庄发展模式,突出规划的权威性和可操作性,从资金投入、空间布局、土地供应、村民意愿等方面保障村庄规划的落实。目前,已完成太和镇白山村、钟落潭镇寮采村、人和镇黄榜岭村的村庄规划编制和审批工作,其他9个村的村庄规划编制工作也已全面启动,争取年底前全部完成。二是开展12个美丽乡村的村容村貌专项规划设计工作。委托规划设计单位开展专项规划设计,其中白山村、寮采村、长腰岭村、大田村、北村、人和村等6个村已完成初稿。兵法云:"兵马未动,粮草先行。"对于美丽乡村建设来说,则是"工程未动,规划先行"。在广州,面对习惯依山逐水而居的村民,规划者既要补足此前部分村庄无序建设导致的治理短板,又要借力美丽乡村建设,充分激发村庄的发展潜能——白云区太和镇白山村正在循着这个思路摸索。

在白山村委会内,美丽乡村的规划展板被摆在了最为醒目的位置。根据规划,白山村被分为乡村旅游配套服务区、村生活区、旅游配套服务区、都市生态农业观光区、养老康复文化区和非建设控制区六大功能区,并实现"三规合一"的用地控制。

大学生村干部、白山村党支部书记助理湛廷光认为,要让规划蓝图真正变现,除了要砸下真金白银,更需要以市场化思维升级白山村的发展模式。"村里已通过土地人股的方式引入社会资本,组建了一家旅游开发企业。"湛廷光说。

作为村庄品牌化建设的重要组成部分,一套完整的视觉识别系统正成为白山村美丽乡村建设的重要指导文件。一条由毛笔勾勒出的充满写意韵味的山麓,配以"美丽白山"的文字说明,成为白山村的品牌 LO-GO。"大到村庄形象宣传广告,小到村委会办公室铭牌,都要统一印上这样的标志。"湛廷光说。

(二)规范建房,发展旅游

一方面,组织开展环境卫生集中整治行动,以村为实施主体,开展村内违章建设、泥砖房及窝棚清理工作,全面清理、拆除村内乱搭乱建,清除脏乱差现象,改善村容村貌。另一方面,加强对村民规范建房的指导工作。将《广州市农村村民住宅规划建设工作指引(试行)单行本》及《美丽乡村建设图集》等下发至村,并组织制定白云区的规范农民建房的工作指引和培训方案。白云区已于2015年4月印发《白云区农村村民住宅规划建设实施意见》,并于5月24日召开了白云区农村规划建设工作动员暨培训大会,相关职能部门专程到白山村指导开展农村村民建房报批试点工作,进行政策宣传。目前,白山村有3宗村民建房已报区建设局受理,现正按程序并联审批中。

据白云区建设局消息,白山村一期建设项目总投资约3909万元,共13个子项目,目前已完工公共服务站、宣传报刊橱窗、村级小游园工程和文化站配套工程建设,其余9个子项目正在开展前期工作。

白云区规划分局消息,白山村村庄规划于2012年6月初开始编制,11月底完成,历时6个月,其间通过问卷调查、访谈、公示、规划宣讲、投票表决等形式4次征求村民意见,严格遵循土地利用总体规划,积极落实村民合理意愿,在村民自治、公众参与、协调土规、发展村集体经济等方面具有一定的示范意义。

"在绿色和生态概念日渐普及、农业和旅游业产业地位不断提升的今天,走观光农业发展的道路已经成为绿色经济大背景下的一种自然选择。"《规划》明确提出,白山村要依托帽峰山森林公园南入口的区位条件及良好的环境资源条件,规划重点发展旅游配套服务及休闲观光农业。

"我们这里还是比较闭塞的，美丽乡村规划很符合我们村的实际。"村民陈叔告诉记者，目前白山村村民主要以种植荔枝、水稻、蔬菜为生，村民收入普遍比较低。看到规划以旅游配套服务及休闲观光农业这一方向去发展，让村民看到了白山发展的希望。陈叔大呼："我们的日子就要好过了。"

据了解，在旅游配套服务上，村庄规划提出在符合土地利用总体规划范围内规划两块村经济发展用地，建设乡村酒店和农家乐，打造乡土生态与现代岭南文化相结合的旅游配套服务基地；在休闲观光农业方面，本次规划提出在白山村村域中部，利用现状生态和地理资源，将一般耕地整理提升为现代基本农田展示区，规划为农业观光园，划分为精品展示区、花卉种植基地、无害蔬菜种植区、科普互动区和示范果园五大功能片区。

（三）充分利用乡村生态资源

没有历史资源，没有产业优势，白云区白山村建设美丽乡村充分发挥了生态环境良好的优势。记者昨日在白山村见到，这座地处帽峰山南麓的村子风景十分秀丽，村内环境也十分整洁。

该村负责人介绍，建设美丽乡村的过程中，白山村一直秉承"先保护后发展""先规划后推进"的理念，全村生态环境保护良好，是广州市近郊保持原生态环境最好的村庄之一。全村共有生态公益林800多亩，绿色覆盖率90％。为农村打造一个干净、整洁、舒适的生活环境，白山村着重于生态环境的保护、村容村貌的整治及基础设施的完善，严格落实基本农田保护制度，杜绝违章建筑、杜绝污染工业进驻。

通过组织开展环境卫生集中整治行动，完善环卫基础设施建设，建立"户收集、村集中、镇运输"的生活垃圾收运处置体系、环卫保洁制度和落实门前卫生责任制度，建立长效卫生保洁制度。同时，全面清理、拆除村内乱搭乱建，清除脏乱差现象，加强村容村貌管理，实施美化亮化工程等。

点评：

白山村的村庄规划明确了其规划定位为打造以生态旅游、农业观光、休闲度假为特色，体现客家和广府村落风貌的"美丽白山"。该村庄规划结合白山村的资源条件和生产生活特点，在充分考虑民意和村经济发展的前提条件下，编制白山村六大功能区布局，将白山村分为六大功能区，包括乡村旅游配套服务区、村生活区、旅游配套服务区、都市生态农业观光区、养老康复文化区和非建设控制区。并通过村庄整治拆建图、生态农业布局图、公共服务设施分布图具体指导白山村美丽乡村建设工作。白云区白山村由此成为广东省内唯一入选全国村庄规划试点的乡村。

五、安徽省宁国市

基于毗邻苏浙沪、本地具有丰富的自然和生态资源的认识，安徽省宁国市从 2010 年起在全省率先启动"美丽和谐乡村建设"工作，在"大生态、大循环、大和谐"的科学理念指导下，形成了经济高效、环境优美、文化开放、政治协同、社会和谐"五位一体"的新农村建设"宁国模式"。

宁国素有"八山一水半分田，半分道路和庄园"之称，是一个自然资源丰富、第二产业规模较大的地区。"宁国模式"对于破解"经济发展必然导致生态环境破坏"的怪圈具有重要的启示作用，而且可以探索出在工业先期发展之后，如何实现工业反哺农业、城市带动农村，实现农业的"接二连三"，最终实现第一、二、三产业协调发展和可持续发展的道路。

宁国市美丽和谐乡村建主要可以概括为五种典型类型。

（1）景区带动型。以乡村旅游业的发展带动新农村建设全面进步。宁国市成功探索了"景区＋农户"等新农村建设模式，鼓励农户以土地、房屋等多种形式入股，参与景区发展经营，初步形成了多个乡村旅游圈和多条乡村旅游带，开发了接待服务型、农事参与型、文化体验型、休闲度假型等各类旅游景点，涌现出一批以休闲观光为特色的新农村和一批乡村旅游品牌,乡村旅游呈现以点带面、点面结合的发展格局。

(2)旧村改造型。结合城镇郊区农村建设与发展的要求,以村庄整治为切入点,全面改善农村面貌。

(3)项目支撑型。以基础设施建设、现代农业开发等重大建设项目为依托,完善新农村建设项目库,增强产业发展的驱动力和牵引力,带动配套产业融合发展,培育壮大农村特色产业,推动布局调整,实现新农村建设的自主发展能力提升。

(4)生态依托型。立足生态基础,以环境整治为重点,挖掘生态资源,发挥环境优势,大力培育生态农业。

(5)城郊结合型。以城乡一体化为目标,以农村城镇化为手段实施郊区城镇化战略,推进农村土地集约利用,盘活存量资源,促进第二、三产业的发展,提高农民收入水平,缩小城乡差距。

这一模式具有四个重要的实践特色。

(1)把握生态文明主线。实施"生态立市"战略,用生态文明理念统筹城乡规划布局,全力打造"青山绿树、碧水蓝天"的生态家园。将宝贵的生态资源经济化,大力发展休闲农业和乡村旅游这一"绿色"产业,作为发展农业、建设农村、增加农民收入的新动力。同时,通过政策扶持、财政补贴等手段积极推广新材料、新能源与新技术,改善农村的生产生活环境。

(2)因地制宜,分类指导。根据各地所处的区位、自然条件、经济基础、民俗、历史文化等不同,宁国走"一村一景""一村一品"特色化建设之路,着力打造风格各异、功能齐全、独具特色的现代化新农村,充分彰显地方特色。

(3)引导社会力量参与。除政府主导投入外,积极探索村企共建、市场运作、民间参与、以奖代补、出资投劳等模式,宁国初步形成"政府主导、农民主体、部门帮扶、社会参与"的新农村建设机制。

(4)重视文化传承。通过塑造新时代"翠竹精神"(勇破勇立的拼搏创新精神、自信自强的艰苦创业精神、竞风竞节的争先创优精神），宁国激励农民在新农村建设中不断开拓创新。

宁国美丽和谐乡村建设的主要成效：形成了生态与经济齐抓共管，乡村旅游与新农村建设齐头并进，优美生态与富裕农村相映成趣的富裕文明、美丽和谐的新农村生态美景。至 2011 年，全市投入新农村建设资金 7.5 亿元，建成省级新农村建设示范乡镇 3 个、省级示范村 24 个、市级示范村 20 个、美丽和谐乡村 30 个，发展乡村特色"农家乐"旅游 148 家，有力地推动了农村经济发展。

点评：

宁国市认清地区实际，紧抓地区特色优势，充分利用良好的生态环境，整合各种优势的自然资源，积极发展休闲农业与乡村旅游，对山区、中西部地区和生态资源、传统文化资源基础较好的地区有借鉴意义。新农村建设以产业为基础，依托产业发展，推动主导产业的形成，开发新型产业，拓展绿色产业，通过产业为乡村建设打下经济基础。此外，宁国市通过本土型企业来实现乡村生态建设，本土企业家们将从小形成的从困境中突破、服务家乡、改变家乡面貌的感受，变成一种社会责任与共识，并渗透到他们的经济活动中，成为一种特定的经济伦理，最终形成了良好的企业与社会、企业与农民的关系。

六、甘肃省陇南阿克塞县红柳湾镇红柳湾村

人们常说，要让美丽而熟悉的乡景、乡风、乡情，成为隽永别致的乡愁。阿克塞红柳湾镇大力推行"美丽乡村"建设，经过规划设计和具体建设实施，农家小院整齐划一，民族特色格外明显，城市街道宽阔整洁，基础设施覆盖全面……这仅仅是阿克塞县美丽乡村建设的一个缩影。

近年来，随着广大农民群众对生态环境的关注度不断提高，自身的卫生意识日益加强，良好的习惯也逐步养成。部分村民义务承担起村路两旁的环境卫生清理工作，用朴实的行动诠释着建我家园、爱我家园的真挚情怀。

自 2014 年起,阿克塞县红柳湾镇红柳湾村被列入全省"千村美丽"示范村建设,成为全省第一批美丽乡村建设示范村。该县按照"既要草原增绿,又要牧民增收"的思路,全面启动退牧还草、退耕还林、"三北"防护林、工造林等生态保护工程,统筹环境整治,建设美丽草原。牧民定居区以环村庄防护林带为屏障,以街道绿化带为骨架,以金山湖水上乐园为绿色景区,以居住小区、庭院为绿色景点,形成了各种绿地相互交融渗透,点、线、面、片、环相结合的绿色大景观,一座"外围森林化、村庄园林化、街道园艺化、家庭盆景化"的哈萨克族特色村寨初具规模。

此外,阿克塞县还将集中建设一批高标准、高质量、辐射带动作用强的生态文明创建示范典型,打造样板工程,打造创建品牌,努力建设环境优美、秩序优良、服务优质、管理优化和具有安全感、亲切感、舒适感、文明感的生态文明社区,为美丽乡村建设注入新活力。

点评:

甘肃阿克塞县红柳湾镇始终坚持以科学发展观为指导,在立足经济发展的同时,进一步加强了环境保护和生态建设工作,促进了经济发展和社会进步,有力地推动了红柳湾的可持续发展。该镇以创建省级生态乡镇为目标,按照"上下联动、条块结合、分工负责、稳步推进"的原则,积极开展争创"省级生态乡镇"活动。

七、广东广州市黄埔区莲塘村

莲塘村位于广州市原萝岗区西北面,九龙公路在村中通过,总面积 7.8 平方千米,其中耕地面积 1200 亩,山林山地面积 6500 亩,常住人口 2100 人,有 10 个经济社,村主要姓氏为陈姓,主要农作物及特色农产品有水稻、白兰花、龙眼、黄皮,人均可支配收入 2700 元/年。村集体经济薄弱,年收入才 4 万多元,对一年的计生工作及村两委干部工资支付也成问题。村内小型企业只有一个,上年纪的富余劳动力就业出路不多。村里有人文古迹陈氏祠堂、鸿佑家塾、季昌书室。白玉兰森林公园、生态园林公园、荷花塘为该村的主要景观。教育设施有九龙一小莲塘分校 1 所,全校学生总人数 120 人。

（一）文化底蕴深厚,生态环境优美

从地理位置上看,莲塘村位于广州知识城规划范围内,在知识城总体规划中属于保留开发村庄。村域总面积 650.86 公顷（约 1 万亩）,包括 5 个自然村及 10 个经济社,莲塘村户籍人口 2245 人。

莲塘村历史悠久,文化底蕴深厚。村内有一古村落位于自然村南向庄村内,建筑保留有较好的岭南特色,街道空间格局有良好的村落肌理。建筑高度一致,景观条件尚好。时四陈公祠是村现状保留较好的一座历史建筑,祠堂除了给村民提供节日祭祀之外,平时还是村民公共活动的场所。祠堂的建筑结构富有古建筑的特色,古色古香。

莲塘村生态环境优美,旅游资源丰富。莲塘公园没有商业开发,现状中是原生态资源,公园内花卉丛林多样,色彩丰富,景观独特。白玉兰森林公园内种植有玉兰花,是莲塘村的传统特色。人民食堂建筑风格独特,又有历史背景,已列为历史建筑。新陂水库水资源丰富,自然风光优美。生态游、工业游、历史文化游并驾齐驱,成为助推知识城发展的靓丽风景线。

（二）延续古建筑古村貌

祠堂古色古香,莲花池夏季开满荷花,700 岁的大榕树生机勃勃……在萝岗儿龙镇莲塘村可以见到,经过一年多的建设改造,莲塘村完善生态环境建设,打造岭南乡村文化名片,整个村容村貌已经焕然一新。

莲塘村有一古村落位于自然村南向庄,建筑保留有较好的岭南特色,街道空间格局有良好的村落肌理。村中心区的玄武山植被保存良好,山中树木错落,环玄武山的两口莲花池塘夏季开满荷花。目前,美丽乡村一期工程动工后正在进行水环境建设、污水管网建设和村容村貌整饰。莲塘村改造范围内共涉及莲塘村现存历史文化资源,以玄武山及其周边历史建筑为主,历史建筑主要包括陈公祠、秀昌书舍、鸿祐家塾、友恭书室、第一人民食堂、第二人民食堂及近6000平方米的古村落。

点评：

莲塘名村建设突出莲塘村古建筑保护与古村风貌延续,尊重并保持古村独特的岭南村落肌理,深入挖掘深厚的村落文化内涵,打造具有浓郁岭南地域特色的乡村文化名片。

八、中国台湾桃米生态村

台湾桃米村经过"921"大地震后,变成了一个传统农业没落、人口外流、垃圾丛生的"桃米坑",经过桃米里政府、学界、社会组织及社区居民的共同商讨,确定以"生态桃米村"为方向开展灾后重建。

成功实现在废墟上重建家园,而且桃米村因此彻底"大翻身",经过数十年的努力,从一个环境杂乱、发展无力的边缘社区,转型成为融有机农业、生态保育、文化创意、乡村旅游于一体的乡土生态典范。

（一）把挖掘独有的生态资源作为开发生态旅游之本

桃米村拥有丰富的生态资源,台湾原生29种青蛙,桃米拥有23种,台湾143种蜻蜓,在桃米就发现49种。然而,一开始村民们对发展以青蛙为主题的生态村并不以为然,甚至有些抵触。为此新故乡文教基金会面向村民开设了系列生态课程,培养了众多"生态讲解员",介绍青蛙的保育知识,正是通过大量的培训课,村民们慢慢转变观念,认识到了当地生态资产的经济价值,并自觉加入到重塑家乡的队伍里。

（二）打造独有的生态IP"青蛙共和国"并带动衍生产业发展

在当地政府的帮助下,桃米村民挖掘资源潜力,不断宣传各种各样的青蛙和色彩斑斓的蜻蜓,把青蛙设计成各种可爱的卡通形象,遍布乡村醒目位置。同时,鼓励村民动手,用纸、布、石头等乡村材料制作手工艺品,这很快使桃米村从一个地震废墟变成一个昆虫生态文化体验区。桃米生态村为此提炼了独有的文化IP——"青蛙共和国",在桃米社区,处处可以看到青蛙雕塑和图腾,并通过湿地公园及一家家民宿院落里的生态池为青蛙营造生态家园。为了进一步延伸产业的发展,台湾 2014 年以桃米为原型,以青蛙家族寻找桃花源为故事,采用 3D 电影技术,完成了一部非常感人的《桃蛙源记》。由此,桃米社区的产业由青蛙观光、生态、旅游,走向了影视媒体,产业链条因此不断延伸,进一步扩大了产业带来的经济效益。

点评:

桃米村五分之一的村民经营生态旅游产业,而其他村民经营的传统农业,也因生态旅游的带动而升值,这里一流的生态环境、独特的桃米文化吸引着城里人来这里观光、度假、休闲,成为融有机农业、生态保育、文化创意、乡村旅游于一体的乡土生态典范。

九、山东省临沂市沂南县竹泉村

竹泉村位于山东省临沂市沂南县北部,距县城 12 千米,距离临沂市区约 65 千米,约 1.5 小时车程。村庄占地面积 1800 亩,包括竹泉村景区、红石寨景区、桃花峪溶洞景区和原始森林景区等。竹泉村在开发之初,秉承"先保护、后开发"的原则,确定了建设新村、腾空古村的"一古一新"理念:古是指最大限度保留古村原有风貌系统,打造旅游接待服务吸引核;新是指按照乡村振兴的标准并结合居民现代生活需求建设新村,安置村民。

竹泉村于 2009 年被山东省旅游局命名为逍遥游示范点、自驾游示范点;2010 年被评为国家 4A 级旅游景区;2014 年,被农业部、住建部、原国家旅游局联合授予"中国十大最美乡村"的荣誉称号;2016 年,被住房和城乡建设部等部门列入第四批中国传统村落名录公示名单。

(一)产业规划

1. 发展乡村生态旅游业,引爆村庄发展

利用村庄世外桃源般的美景和独特的沂蒙乡村文化,开发具有沂蒙特色的乡村休闲旅游业。按照乡村文化旅游目的地的要求,提升自然休闲内涵,开发生态旅游业态,引导传统农耕逐步向农业观光、农事体验、农居度假等附加值高的乡村旅游发展。

2.培育特色文化村,梳理村庄品牌

编制古村落保护开发规划,强化村庄保护。在充分挖掘和保护古村落民居、古树名木和民俗文化等的基础上,美化村庄人居环境,将历史文化底蕴转变为具备生活体验内容的特色文化村。挖掘沂蒙传统农耕文化、山水文化、人居文化中的生态思想,打造成为弘扬农村生态文化的重要基地。发挥更大的社会效益,进一步带动当地经济发展深入推进标准化创建,发挥示范带动作用。充分利用各类营销宣传渠道,推动生态文明建设,为当地村民开拓新的收入增长点,助推地方经济发展。

(二)运作模式

1.实施政府指导、市场运作与村民自主有机结合的整体运作模式

青岛龙腾集团作为竹泉村投资开发的主体,决定了由市场主导的首要原则,开发、经营和管理均采取市场化运作。县、镇两级政府分别成立旅游开发建设指挥部,选派专人专岗,出台扶持政策,协调处理关系,解决制约因素。

2.规划先行,统筹兼顾景区的开发建设

秉承"保护性开发"的原则,高起点规划,将生态保护和地方历史文化内涵的发掘作为规划的重点,坚持在传承中发扬、在保护中开发。通过有效的开发,形成新旧两个竹泉村,景观相互映衬,功能互为补充,形成互利共赢的局面。

3.因地制宜,打造发展新模式

利用竹林、泉水、古村落的资源优势,以古村生态和沂蒙民俗为文化特色,大力开发乡村休闲旅游业态。推进"一古一新"两个竹泉协调发展,古村保留原有风貌,打造成为旅游接待休闲产业聚集地,新村按照现代新生活标准,为村民提供宽敞舒适的居住环境。村民利用宅院,发挥专长,围绕"古村"开展旅游生意。两村和谐发展,村民安居乐业。这种

超前的规划理念、新颖的产品设计,多赢的开发方式被誉为"竹泉模式"。

4.以人为本,生产、生活、生态和谐发展

一是居住环境得到改善。新村按照高标准的规划设计,对生活用电、自来水、路灯架设、路面硬化、水冲厕所、沼气等设施进行统一的配套建设,并栽植绿化树木,形成规划整齐、环境整洁、配套完善的生态宜居村落。二是生态环境得到保护。确定控制区域,对控制区内地下水开采、矿产资源利用、植被保护等进行严格管理。在景区的精心管理下,村内竹林面积逐步扩大,品种逐年增多,原有的臭水沟变成绿柳垂阴、鱼虾戏水的景观河道。三是村民的文明程度得到了极大提高。游客的增多带来了更多的信息,改变了村民的观念。城市游客的增多,使村民剩余而零星的农副产品成为商品,不仅增强了村民的商品意识,更增强了村民根据社会需求生产商品的意识,进而提高了商品和服务的质量。四是劳动就业得到改善提高。景区开发建设,对规划区内的农民土地采取了租赁政策,村民有了旱涝保收的土地收入,同时景区建设和管理需要大量的劳动力和辅助劳力,又有一大部分村民有了新的经济来源。旅游区的经营,又带动了周边特别是竹泉新村的第三产业,如零售商业、餐饮业、"农家乐"服务业等。

5.管理规范,公共服务体系完善

竹泉村安全管理制度、环境卫生等各项制度健全,并设有应急预案,通过几年的完善,已逐渐形成一套具有普遍性和标准化的制度体系。有标准的游客服务中心和医疗救护点,能集中处理垃圾,所有污水经处理达标后才排放,形成了整洁、完善的环境基础设施。

6.保障项目投入,推进建设制度

公司按照涵盖农村基础设施建设标准体系、环境提升标准体系、服务保障标准体系、产业经营标准体系和公共服务标准体系的美丽乡村标准体系,每年安排专项资金投入美丽乡村建设,同时,努力争取各种渠道的政策资金,为美丽乡村的开发建设提供资金保障,力求打造生态旅游精品。

7.积极参与旅游标准化示范企业创建,提供项目支撑

2015年,景区所在的沂南县被原国家旅游局列为旅游标准化试点县,竹泉村被列为第一批试点单位,各项标准建设正在不断提升和完善,旅游环境得到进一步优化,服务质量进一步提升,为生态文明(美丽)乡村标准化示范区建设提供了有力的支撑。

点评:

竹泉村以沂蒙古村生态环境和民俗系统为资源优势和文化特色,打造沂蒙特色显著、泉乡个性凸显、竹乡景观诱人、农家风情留人的融体验、度假、休闲和观光功能于一体的沂蒙山乡综合性旅居目的地。

十、瑞士乡村建设

瑞士,生态环境增强农村吸引力。瑞士生态环境型模式是指政府在乡村建设中,通过营造优美的环境、特色的乡村风光以及便利的交通设施来实现农村社会的增值发展,提升农村的吸引力,其中瑞士的乡村建设最为典型。随着社会化和城市化的发展,瑞士的农村和农民不断减少,但是瑞士政府依旧将乡村发展作为推动国家前进的重要组成部分,努力实现乡村社会的繁荣。

从瑞士政府对于乡村建设的主要做法来看,十分重视自然环境的美化和乡村基础设施的完善。瑞士政府通过制定相关激励政策,对农业发放资金补助,向农民提供商业贷款,帮助其改善农村环境。

瑞士田园风光增加休闲旅游收益。通过国家财政拨款和民间自筹资金的方式,政府为乡村建设学校、医院、活动场所以及修建天然气管道、增设乡村交通等基础设施,以此完善农村公共服务体系,缩小城乡之间的差距。在政府对乡村的持续性改造下,使得村庄风景优美,生机盎然;乡村静谧,环境舒适宜人;乡村基础设施完善,并且交通便利。

瑞士将乡村与周边的自然环境协调起来,以环境优美著称,有着独具特色的田野风光,因而成了人们休闲娱乐和户外旅行的好去处。

点评：

瑞士生态环境型模式是以绿色、环保理念为依托，强调将乡村社会的生态价值、文化价值、休闲价值、旅游价值以及经济价值相结合，从而改善乡村生活质量，满足地方发展需求。生态环境型模式在工业发达、城市化水平较高以及乡村建设已经达到领先地位的发达国家比较适用，也是农村现代化的样板。

第三节 城郊集约型美丽乡村建设案例

一、上海市松江区泖港镇

松江区泖港镇地处上海市松江区南部、黄浦江南岸，是松江浦南地区三镇的中心，东北距上海市中心50千米，北距松江区中心10千米。该镇的发展不倚仗工业，而是依托"气净、水净、土净"的独特资源优势，大力发展环保农业、生态农业、休闲农业，成为上海的"菜篮子""后花园"，服务于以上海为主的周边大中城市。

泖港镇注重卫生环境的治理，在新农村建设中，开展村庄改造和基础设施建设，使全镇生态环境和市容卫生状况显著改善。2010年，该镇成功创建国家级卫生镇，2011年成为上海市第一家创建成功的市级生态镇。截至2012年6月份，市容环境质量已连续18个季度保持全市郊区108个乡镇第一名。

泖港镇作为上海市的"菜篮子"，把工作重点放在发展农业上是极其明智的选择，该镇以创建高产田为抓手，大力发展环保农业；以"三净"品牌为优势，大力发展农副经济；以节能环保为标准，淘汰落后工业产能。

此外,泖港镇还鼓励兴办家庭农场。泖港镇2007年起走上了以家庭农场为主要经营模式的农业发展道路,如今已基本实现了家庭农场的专业化、规模化经营。具体做法:一是规范土地流转,实行家庭农场集中经营;二是完善服务管理,提高家庭农场运行质量;三是推动集约经营,优化家庭农场运行模式。截至2012年上半年,泖港镇已有20324亩土地交由家庭农场经营,占全镇粮田面积的87%,同时,随着家庭农场的集约化、规模化、机械化程度的提高,特别是由此带来的土地产出效益和农民收入的提高,农户承办家庭农场的积极性也空前高涨。

为顺应时代发展,满足大城市休闲度假的市场需求,泖港镇借助自然资源优势,发展生态旅游。近年来该镇开发和引进了大批中高档旅游项目,从旅游项目空白镇发展成农村休闲旅游镇。同时,以乡土民俗为核心,以市场需求为导向,充分整合生态农业、生态食品、农业观光、农业养殖、村落文化、会务培训、疗养度假、农家餐饮等各类乡村旅游资源,实现了农村休闲产业的功能集聚。目前,乡村旅游已成为该镇农业经济新的增长点。据不完全统计,仅2013年就先后接待游客约15万人次,实现旅游总收入近3000万元,利润总额达500多万元,带动农副产品销售1500多万元,解决了300多名当地农民的就业问题,同时,旅游景点的建造、周边环境的改造,也使泖港的环境越来越优美。

点评:

泖港镇的发展不倚仗工业,而是依托"气净、水净、土净"的独特资源优势,大力发展环保农业、生态农业、休闲农业,成为上海的"菜篮子""后花园",服务于以上海为主的周边大中城市,并借助自然资源优势,发展生态旅游,从旅游项目空白镇发展成农村休闲旅游镇。

二、北京房山韩村河村

韩村河位于北京西南40千米处,全村总面积2.4平方千米,791户,2700人,2000亩耕地。改革开放以来,韩村河走出一条"以建筑业为龙头,带动集体经济全面发展,村民共同富裕"的成功之路。把一个 30 多人的村级建筑队发展成为拥有 22 个工程公司及多项产业,职工 3 万多人的国家资质一级大型建筑企业集团;把贫穷落后的"寒心河"建设成了公共设施齐备、各项事业蓬勃发展、家家住楼房别墅、人人安居乐业的社会主义新农村田园都市。2013 年,韩村河村农民人均纯收入 16452 元,同比增长 12.5%,实现固定资产投资 35354 万元,韩村河镇实际上缴税金 22568 万元,比 2012 年增长 12.4%,人民生活水平日益提高。

(一)抢抓机遇,发展优势

党的十一届三中全会的召开,犹如一声春雷,震撼了古老的、贫穷的韩村河,鼓舞了田雄等有志青年,成立了韩村河建筑队,经过 30 年的风雨洗礼,终于发展成为集房地产、建材、市政水利、园林古建等多元化为一体的特级资质大型现代企业集团。集团总资产 36 亿元,净资产 21 亿元,所属 100 多个项目经理部,拥有 6000 多名高、中级工程技术人员和固定管理人员,职工全员最多时达 5 万人,年开、复工面积 300 万平方米,最高年创产值 30 亿元,实现利税 2 亿元。

一项项优质工程,犹如一座座闪光的里程碑,铺就了韩建集团的成功之路,也为韩村河集体经济的发展打下了坚实的基础。

(二)循序渐进,改变旧村

1984 年,北京紫玉饭店工程使韩村河建筑队赚得了创业以来的第一笔"巨款"。田雄力排众议,没有分掉,而是先给村里翻修了小学校,剩下的购置了施工机械,准备扩大再生产。这第一桶金的分配方式奠定了他们后来多年坚持的发展方向,那就是发展集体经济、走共同富裕之路。

随着集团经济实力的增强,田雄开始实现心中新村建设的梦想。他认为彻底改变一个村子的落后面貌,是思想观念、生产方式、生活方式的根本性变革,不可能一步到位,田雄采取了循序渐进的方法。1983 年春,田雄出资,在全村修建了 4 座水塔,安装自来水,解决了村民生活用水、工业用水、农业用水问题。特别是新村建设中可以直接将山泉水引到各家各户,村民高高兴兴地告别了千百年的水井和辘轳。从 1986 年开始,田雄围绕建筑主业发展,筹措资金在村里首先建立了建材总厂、构件总厂等村办企业,形成了围绕建筑业发展工业项目的经济发展格局,拓宽了村民稳定的就业渠道。1992 年,田雄投资近 1000 万元购买了大中小型农机具,对全村农业实行统一专业农场经营,2000 亩粮田从种到收实现了全过程机械化作业,还投资建成村液化气站,让全体村民用上了洁净能源。

(三)科学筹建,梦圆新村

由于历史的原因,韩村河村村民的宅基地分配不科学,侵街占道,互相攀比,邻里相争的现象时有发生。田雄书记首先和班子成员统一了认识:发展小城镇是韩村河的战略方向,规划是城镇建设的基本蓝图;加快城镇建设步伐必须有一个高起点、高标准的总体规划;要按照 50 年不落后的原则,科学制订韩村河小城镇建设发展的总体规划。

当村委会决定不再批准村民建新房,由集体统一给大家建房后,不少村民认为是"天方夜谭",简直不可思议。为了使村民们都买得起、住得起楼房,韩村河村党总支经过细致周密的考虑和安排,先后出台了 100 多条相关优惠政策,保证了规划方案的顺利实施。从 1993 年到 2004 年,在田雄一班人的带动下,历经 11 年的韩村河新村建设全部完成。韩建集团共投资 5.3 亿元,建成 11 个高标准的住宅小区,包括 581 栋小别墅和 21 门共 210 户公寓式多层住宅楼,韩村河 910 户村民全部实现了喜迁新居。

新村还完善了市政设施,污水、雨水、暖气、闭路电视、电话、电缆等管线全部埋入地下,还建成了电信支局、邮政所、影剧院、浴池等多项配套公共设施。韩村河在节余的土地上修建绿化带,在昔日的旧河道和废水坑上建起了景色秀丽、娱乐设施齐全的韩村河公园和鲁班公园,给村民们创造了良好的生活环境。

（四）新村规划，宜居宜游

自 1994 年开始对全村进行整体规划建设，建成了 11 个高标准的住宅小区。581 栋别墅楼，欧式、美式、民族式，中西融合，风格迥异，其中最大的面积为 360 平方米，最小的面积也在 240 平方米左右，形成一道亮丽的风景线。同时，村里实施了"立体绿化工程"，栽种了银杏、樱花、法国梧桐等名贵花木，全村绿化面积达 0.6 平方千米，林木覆盖率达到 60%；过去贫穷落后的"寒心河"现已建设成为布局合理、公共设施齐全、家家住别墅楼、人人安居乐业的美丽和谐的新农村。

韩村河在实施新村规划的过程中，还形成了一批风格独特的乡村旅游景观。昔日的旧河道和废水坑变成了景色秀丽的韩村河公园。用大理石精雕细刻的玉带桥又称水光桥，五孔桥又称生辉桥，"水光生辉"喻示着韩村河人民的幸福生活和韩建集团的事业蒸蒸日上，源远流长。公园内还拥有国家标准游泳池，双人飞天，碰碰车、蹦蹦床、游船等娱乐设施。有军民共建单位装甲兵工程学院赠送的坦克，还有苏联"伊尔"客机，分别陈列于场院岛和沙滩湖畔。

（五）公共服务，均等共享

完善的社会保障制度是农民安居乐业和小城镇可持续发展的重要条件。在强大的集体经济的支持下，田雄带领党委班子努力为村民解难题，办实事，韩村河建立健全养老、医疗保险制度，为村民提供最基本的社会保障。一是让老人安度晚年。他们投资建起了老年活动中心，内有阅览室、棋牌室、乒乓球室、卡拉 OK 厅等，并成立了韩村河老年秧歌队，使老人们过上了幸福美满的生活。二是为村民提供生活保障，对于全体村民，集体每年都有口粮、菜金、副食、取暖、供水、供电等方面的补贴。三是提高村民的医疗卫生水平。韩村河全体村民于 1996 年加入合作医疗，享受门诊处方费、出诊费和注射费报销制度，本应个人交纳的统筹医疗费全部由韩建集团负担。而且，韩村河农业户口的村民每年还享受 120 元的医疗补助。

（六）一业为主，多业并举

在新村建设中，为了进一步吸纳大量农村剩余劳动力，加快乡村城市化进程，村里在京郊农村率先组建了旅游公司，建成了集吃、住、娱乐、旅游休闲、会议于一体的星级涉外定点宾馆——韩村河山庄会议中心，以本村"乡村都市"和观光农业为依托开发旅游项目。公司每年接待游客50多万人次，其中外国游人5万人次。他们还组建了花木公司，负责全村的绿化美化。投资2200万元，全方位实施立体绿化工程，在路边道旁栽种银杏、樱花、法国梧桐等名贵花木及绿化植树8.5万株，绿地达900多亩，连续多年被全国绿化委员会评为"全国绿化造林千佳村和全国文明景村"。观光农业和乡村旅游，已经成为韩村河新的经济增长点。同时，为了更好地带动当地经济的发展，大力发展服装产业，已形成了韩村河镇的服装园区，因地制宜发展风景石产业，利用优势重点发展引水管业，产业格局正在逐步形成。

沉思以往，韩村河人在致富领头人田雄的带领下抓住了改革开放的大好时机，依托自己的优势把贫穷落后的韩村河变成了京郊物质、精神文明第一村。已经走向富裕的韩村河并没有驻足不前；面向未来，韩村河人又开始架构自己灿烂的未来！

点评：

韩建集团在建设首都的历程中，也让自己的家乡韩村河村旧貌换新颜，不仅分享了改革开放的巨大红利，而且从城市快速发展中吸取了科学、先进的理念，从而铺就了一条梦圆都市的美丽乡村成功之路。其亮点就在于将依托于大城市的优势发挥到极致，无疑堪称城乡发展一体化的典范。

三、武汉市近郊五里界

武汉市江夏区五里界街道依托武汉市区近郊的区位优势、梁子湖和汤逊湖得天独厚的生态资源、东湖高新区的科技和人才资源、金港大桥新区的制造业优势,以全域规划引领城乡统筹,以新型城镇化带动"四化"全面发展,不断夯实产业基础,科学规划农业布局,全面推进城镇化发展,有序推进信息化部署,努力建设生态文明、产业突出、人民幸福的美丽新城镇。

(一)四化同步发展的主要成效

五里界以小城镇建设为引领,新型工业化和农业现代化顺势跟进,借山水资源优势和区位优势推动第三产业超常发展。在经济快速发展的同时,社会发展也取得了丰硕成果。

五里界街道于2009年引进实力雄厚的民营企业大都地产集团,计划投资50亿,参与旧城改造与城镇化建设,政府引导,企业运作,合力打造生态小城镇建设样板——中国光谷·伊托邦,总规划面积20.8平方千米,总建筑面积约1000万平方米,计划用8~10年时间建成一座容纳10万人的生态智慧科技新城。几年来,大都集团累计投资12亿元,完成集镇旧房拆迁约10万平方米,建设景观工程46万平方米,新建成还建房24万平方米,首批拆迁户安置率达100%。2.2万平方米商品房于2013年9月28日开盘销售,购销两旺。城市基础设施建设有序推进,新建城市主干道2条共7千米,污水处理厂全面建成并投入试运行阶段。

2012年,五里界规模以上工业企业总产值9.26亿元;完成固定资产投资总额11.4亿元,财政收入1亿元,农村人均纯收人11398元。2013年截至11月,规模以上工业企业总产值11.6亿元;完成固定资产投资总额7.4亿元,人均纯收入12971元,经济发展已经步入快车道。强化招商引资力度,推进项目建设,初步形成了以天然气、新型重工、电子决策、文化创意等高新技术为主导产业的工业格局。创新农村土地使用产权制度改革,引进诚信、金丽湾、龙腾等17家现代农业企业在梁子湖大道两侧统筹布局,发展果树2万余株,有机棚菜350亩,鱼蟹养殖面积6230亩,生猪养殖2.3万头,家禽养殖6.658万只,吸纳本地农民就业2000余人,规模农业、现代农业发展态势良好。

加大旅游项目开发建设,群益村、梁湖农庄升级为湖北省旅游名村、旅游名店;"江夏黄"文化旅游、梁子湖休闲观光、巴登城高端度假、锦绣山庄军事体验等旅游项目的影响力日益扩大,梁子湖大道赏花经济带开工建设,锦绣生态文化村、李家店宁港堤滨湖风景区等项目正式启动。继续加大旅游项目配套服务提档升级工作,梁湖大道沿途建游客休憩木亭、花架 7 座,湿地 1 处;建名木古树微公园 6 个;建生态绿道 8 千米;新建梁子湖游客旅游集散接待中心;新建环湖公路共 5.3 千米;梁湖农庄、新天地农庄、新华农庄先后被评为武汉市首批餐饮重点单位和一日游定点接待单位。

截至 2020 年,五里界累计投资 6 亿元,加快推进基础设施建设,锦绣大道、梁湖大道提档升级工程基本完工,山水大道、花界大道等工业园区道路骨架基本形成,集镇道路、路灯、集贸市场等配套工程焕然一新,通湾公路维护、垃圾中转站建设等项目顺利实施,城镇日常保洁、村湾环境整治、查违控违等工作卓有成效。顺利完成了中洲、老屋汤等两村一组托管工作,进一步编制并完善了五里界街全域发展规划,完成了梁子湖大道休闲游优化发展带等专项规划。新建集镇社区党群服务中心正式投入使用;五里锦绣文化展示与活动中心、企事业单位行政服务中心等装修工程即将竣工;卫生医疗服务中心、幼儿园建设进展顺利,新界中等公共服务设施选址规划工作进展顺利,与新城相配套的污水提升泵站、湿地公园景观工程等项目全面完成,人居环境明显改观。

在加快推进统筹城乡发展的同时,继续在"衣食住行、医教保业"等方面贴近民心,主动作为,改善民生。2012 年,全街城乡低保标准分别提高到每人每月 380 元和每人每年 2000 元;积极筹措资金 50 万元,为 89 户"五保户"、373 户"低保户"、624 户困难家庭、193 名残疾人士改善生活;新农保、新农合以及城镇居民医疗保险实现全覆盖;投入资金 81 万元,全街 2139 名 60 周岁以上老人均享受到老龄津贴和老龄服务,关爱百岁老人、孤寡老人的事迹得到社会广泛关注,被市区老龄委授予老龄工作先进单位;移民住房、贫困户危房改造、拆迁还建工作得到妥善安置。

(二)快速发展的主要措施

五里界街道引进实力雄厚的企业作为战略合作伙伴,加快了城镇化的发展和支柱产业的发展,提高了四化同步发展的速度和质量。

1.引进战略合作伙伴

为了克服政府在四化同步发展中的资金缺乏、招商引资困难和市场营运经验不足等方面的缺陷,五里界街道大胆尝试,引进实力雄厚、经验丰富的伊托邦投资控股集团作为战略合作伙伴,各级政府科学引导、加强监管并提供周到的服务,结成风险分担、利益共享的共同体。

伊托邦投资控股集团成立于 2009 年,是整合集团所属的金融、地产、产业三大板块业务基础上组建的。此外,集团还投资电子科技产业、能源与环保产业,组成新型产业为龙头、以生态智慧新城开发为基础、以新型投融资模式为支撑的综合性企业集团,由这一集团全力支持和协调湖北大都地产集团与五里界政府的合作。

2.以全域规划统领四化同步发展

由江夏区和五里界街道政府直接领导,伊托邦投资控股集团具体组织实施,先制定科学的、全面的经济社会规划,统领四化同步发展。报经湖北省住建厅批准同意,大都地产集团聘请华中科技大学规划设计院负责五里界的"四化同步"的全域规划编制工作,计划在 2013 年 12 月 30 日前具体完成全域规划、镇区规划、土地利用规划、产业发展规划、美丽乡村规划、给排水和生态保护专题规划等。目前,全域规划已经过了五次征求意见、完善修改,已经基本完成,等待政府相关部门批准。在全域规划中,城镇规划先行一步。五里界城镇取名为中国光谷•伊托邦城,大都地产集团聘请北京王志纲工作室规划设计进行战略规划,由北京土人景观与建筑规划设计研究院进行总体设计,由美国水韵工程咨询有限公司进行水环境设计,由北京大学提供低碳城镇建设指导意见。

2011 年 5 月,五里界新城组团控制性详细规划获得武汉市政府审批,规划占地面积20.8平方千米,其中城市发展区10.8平方千米,首期3.76平方千米。2013年根据湖北省和武汉市的要求,开发范围扩大到全域66平方千米,华中科技大学规划设计院正在进行的全域规划指的就是涵盖全五里界66平方千米的新规划。

五里界新的全域规划按照"生态智慧新城镇,田园休闲新农村"的主题定位,努力把五里界打造成生态之城、智慧之城、休闲之城、宜居之城。率先完成湖北省四化同步发展示范镇(街道)的建设任务,打造武汉梁子湖休闲养生农业旅游度假区,争创国家级四化同步发展示范区。

3.大力推进城镇建设

首先,以生态、宜居为指导,高标准进行城镇发展规划设计。在规划上实现了三大创新:以自然生态条件为基础布局城市规划空间,展现人与自然和谐之美,建三级生态廊道,连通城区及周边20平方千米区域范围的水系;以邻里单元为基础布局城市建筑空间,体现人与人的和谐关系;以城乡一体为目标布局新型城市发展空间,再现人与社会的和谐发展。

其次,政府与企业共同筹资,高速度进行基础设施及公共服务建设。伊托邦大道号称楚天乡镇第一生产性景观商业大道已完成设计并开工建设,麓山郡片区道路的黑化和管线铺设基本完成;占地面积约15亩,设计日处理污水1.2万吨的污水处理厂已经建成;两大城市生态湿地公园的建设进展顺利,占地415亩的伊托邦港已经建成,总占地面积约2.6平方千米的伊水湾完成了设计。

最后,住房建设按计划有序推进。截至2013年底,大都地产集团已建成还建房35万平方米,用于安置拆迁的居民和进城的农民。还建房位于中国光谷·伊托邦城市中心,是武汉市绿色建筑星级示范区。依照生态、智慧城市总体规划,采用太阳能热高层建筑一体化技术,遵循伊托邦生态城市指标体系,建立区域性雨水收集中水回用、能源规划、绿色智能交通系统等,为五里界居民提供优质的生活服务环境。中国光谷·伊托邦首批商品住宅小区"麓山郡"占地约 445 亩,由原生态自然景观、高品质独院小墅、花园洋房、高层公寓等构成,建筑面积约 70 万平方米。

4.多路径培育支柱产业

按照有机生态、优质高效、休闲观光的原则发展现代农业,将现代农业的发展与生态旅游业紧密结合。在基础设施建设方面,将土地整治、设施农业发展及景观建设紧密结合。以林果、花卉、特色水产及蔬菜四大板块为农业支柱,创新农业经营方式,引进有实力的企业进行土地流转,发展农民专业合作社,农民以土地作为入股资本,保证农民长远的收益。实行迁村腾地、村湾集并、迁村并点方式,进行村落改造,以因势利导、集约土地、保护环境原则打造宜居宜游的特色村落。以巴登城国际旅游项目为龙头,带动山湖旅游和农业旅游发展。

工业园区以智慧城市产业为基础,涵盖物联网、高新研发、经济总部、文化创意等功能,打造集"工作、居住、休闲"三位一体、"置业、就业、创业"三业一城、"校区、园区、社区"三区合一的新型高科技智慧园区。结合增减挂钩、土地整治项目实施,集约节约用地指标,解决了工业项目落户难问题。加快园区居民外迁,将园区内居民逐步向毛家畈、东湖街和集镇搬迁,为园区建设奠定基础。放宽视野,大胆引进合作伙伴,鼓励外来企业采取政府还贷、土地平衡、收益分成等办法,参与工业园区基础设施建设,加快园区建设速度。

点评:

五里界本是一个原始古朴、经济落后的小镇,用短短几年时间搭建起了城乡统筹高速发展的框架,经济社会发展驶上了快车道。五里界通过与实力雄厚的伊托邦控股集团的战略合作,实现了政府作用与市场作用的有机结合。伊托邦控股集团对五里界四化同步的大手笔的具体运作,充分地发挥了市场推动四化同步发展的作用,这是五里界四化同步发展的基本特色。所以,五里界的发展模式可以概括为市场主导型的四化同步发展模式,在四化同步发展进程中,政府引导监督,企业具体运作。

四、上海市宝山区塘湾村

塘湾村位于宝山区罗泾镇北部,紧邻江苏省太仓市,西与嘉定区接壤。塘湾村的村域面积1.56平方千米,村民总户数378户。塘湾村的农业生产以单季晚稻为主,是连续六届荣获上海市优质稻米评比金奖"宝34"大米的主产地之一。塘湾村生态本底优良、乡风文明和谐、人文底蕴深厚,近年来先后荣获全国文明村、上海市美丽乡村示范村等称号。

村落北接蕰川公路,西接沪太公路,村境内有沪新路、沪顾路、宁沈路等道路穿过,距离上海市区约30千米。塘湾村北与洋桥村相邻,东与新陆村相邻,南与罗泾镇区相邻,北靠嘉定区,距离罗泾镇镇政府大约2千米。

文化特色传承:拥有全面展示塘湾乡村振兴项目的乡村振兴展示馆,以及展示罗泾镇和塘湾村悠久乡土文化的十字挑花展示馆和沪剧文化展示馆等。

生态风貌展现:致力于生态环境修复,不大拆大建,以改造提升为主调,保留原有的生态植物,打造养生塘、生态湾、智慧村。

产业创新发展:镇属企业与馨月汇母婴专护服务有限公司合作,打造中国首个母婴康养村。由鑫月汇、镇村集体资产出资共同组建公司运营康养产业,带动相关产业的发展,例如月嫂和村庄物业管理等岗位培训,增加农民收入。

资本平台构建:通过由社会资本、镇、村组建的平台公司运营村民办宴点、萱草文化园、萤火虫复育和科普基地、民宿等经营设施,逐步实现创收分红,其中镇村集体资产占49%,社会资本占51%。

自然资源:平原水网地区、小聚落散布。水系资源丰富,2条区级河道获泾河、界泾河贯穿南北,2条镇级河道毛塘河、南潮塘分布东西,20余条村级河道纵横交错,展现了独特的江南水乡风韵。萱草是中国传统的母亲花,目前塘湾村已建成母亲花文化园并成功举办全国首届萱草文化、育种与应用研讨会。塘湾村40%的面积被森林覆盖,郁郁葱葱,包括香樟、枫树、黄山栾树、七叶树等，形成一个天然氧吧，也成为塘湾村独一无二的优势。

特色风貌：农村肌理保存得非常完整，水清、田秀、林逸、路幽、舍丽。村内农、林、路、河、塘、宅布局合理，景色秀美，土地肥沃。整体上呈现农田、住宅、水相交相融，基本具备"宅宅有水、路路见水、宅田水共生"的江南乡村的空间景观特点。村落肌理独特，聚落类型丰富。欧式建筑群在九个乡村振兴示范村中自成一体、风貌独特。

规划结构：规划形成"一环、两廊、四区"的休闲农业乡村旅游空间结构。

"一环"：乡村生态旅游环。

"两廊"：嘉宝生态走廊、潘泾生态走廊。利用镇域西侧集建区外嘉宝生态走廊与中部的潘泾生态走廊，形成区域生态通道，作为镇域生态网络绿地布局系统的骨架，串接河道、生态林、绿地生态网络等。

"四区"：依托镇域的农田、林地等资源优势，规划形成基本农田保护区、特色生态农业旅游区、农林生态培育区、生态新镇文化区等四个主要休闲农业乡村旅游片区。

土地资源创新利用

土地空间整理：减量化背景下，规划引领，植入功能，调整用地，保障村庄发展用地。原有厂房改建成为村民服务中心，集村卫生服务中心、一站式办公服务点、智慧乡村管理办公室、红帆港党建服务站、村民会议室、镇妇女微站及平台公司办公区域功能于一体。宝山区专门划拨塘湾村9.5亩建设用地指标，提供经营性集体建设用地，建设母婴健康管理中心。

统资源建载体：在整合、归并零星集体建设用地的基础上，应休闲农业与乡村振兴产业发展需求，安排村庄公共服务用地1.71公顷，全部指标来源于其他建设用地转型，其中转型居民点用地0.78公顷、幼儿园用地0.17公顷、村委会和农机仓库用地0.38公顷。

乡村接待设施：建设面积超过500平方米的游客中心，成为游客集散服务核心枢纽区的乡村驿站。

点评：

塘湾村的成功经验总结起来主要体现在以下三点：一是坚持规划引领、党建引路，紧紧围绕实施乡村振兴战略"二十字"方针，推动塘湾村可持续发展；二是善于"借船出海"，统筹社会资源和力量，积极打造"造血型"示范村；三是提升标准，形成可复制可推广的经验，引领宝山的乡村振兴工作。

五、山西省阳泉市桃林沟村

山西省阳泉市桃林沟地处城郊结合部，距离市区 2 千米，面积不到 2 平方千米，农业人口 700 余人。20 世纪 80 年代末 90 年代初，这个村还是一个"一产差、二产弱、三产没着落"的穷村。1995 年，桃林沟依托资源优势，积极发展煤炭业。2001 年，桃林沟村把握市场先机，集体投资 750 万元购买了当时运营艰难、几近倒闭的位于平坦镇神堂咀村口的区营神堂煤矿，实现了煤炭产业的低成本扩张，使这个仅 700 余村民的小山村的集体经济实力跃入全市行政村的前列。2011 年，桃林沟全村集体经济总收入达 2 亿元，上缴国家税金 4000 万元，农民人均纯收入 1.6 万元。近年来，桃林沟提出了"走工农并举、经济生态和谐发展"的战略，着力发展生态旅游观光业。

（一）绿化美化靓新村

十几年前的桃林沟，缺林少绿，没有一点儿生气。面对灰暗破旧的村子，桃林沟掀起了一场改头换面的绿化革命。1998 年，村支"两委"班子率先在村委会大院以及离村委会最近的松会垴上进行了庭院绿化和荒山绿化，自此搞绿化就成了桃林沟的惯例。几年下来，一座座荒山披上了绿装，一条条道路缠上了玉带，就是房前屋后的空地也添满了绿色。随着绿化程度越来越高，桃林沟越来越注重景观效应，在种植常绿乔木的同时还加进了彩色灌木以及那些既可赏叶又可观花的高档树种，而且所有街边的空闲地也被改造成了街头小景点，或栽植观赏树木，或点缀以玫瑰、月季等花草。

2012 年,桃林沟村内栽植的树种达到上百种,全村绿化率达到了90%以上。在此基础上,村里进行了以村街美化、亮化、净化和新居建设为主的村镇建设:三座彩虹桥横跨村里的主街,让桃林沟的夜晚五彩缤纷、亮如白昼;村里改造了公厕,建立了固定垃圾点,成立了环卫队,条条街巷天天有人清扫。如今的桃林沟已经打造成一个干净整洁美丽的生态靓村。

(二)打造休闲度假后花园

2000 年,桃林沟因地制宜,利用村里坡地多适于发展经济林的地理条件在耕地里栽植桃树和葡萄,打造出一个让桃林沟人更加富裕的新产业。村里还出台了一系列优惠政策,广泛调动农民积极性。经过两年的努力,共发展桃园 650 亩、葡萄园 250 亩,一个集观光、采摘为一体的园艺中心就这样形成了,而桃林沟也成了名副其实的桃林沟。2004 年,果树进入盛果期,桃林沟适时开办了第一届桃花节、采摘节,受到广大市民的青睐,经济效益可观。

2006 年,村里出资 50 万元专门聘请重庆园林设计院为全村搞了整体规划设计,进一步提升全村的环境形象和观光功能,将全村建成一个以生态观光为特色的园林景区。按照规划,村里建起了垂钓中心、观赏动物养殖园、生态餐厅、茶馆等。投资 3000 万元建成的村民住宅小区——桃林人家是典型的花园小区,它的建成使桃林沟多了一处新的形象标志。昔日的穷山村已经变为都市人休闲度假的后花园。

(三)建设新村化苗成蝶,共筑桃林新花园

近年来,村委始终把壮大集体经济作为强村富民之本,把转型跨越发展作为持续发展之路。先后建成年产 9000 万块的煤矸石砖厂、年洗煤 60 万吨的洗煤厂和规模 100 万只的金凤凰养殖场以及储存量 2500 吨的雪飘飘冷冻保鲜有限公司和香千里食品有限公司。2011 年投资 3000万元建起万方商砼有限公司,现已开始正式运营;投资 8000 万元的赛诺粉末冶金制品有限公司已在建设中；年产 9 万吨的神堂煤业有限公司正在进行新井建设。此外，还在北京黄金地段和阳泉市区有约 2 万平方米的写字楼，租金全部用于本村养老。经济基础的壮大为调整农业产业结构提供了有力保障。村委积极实施"一村一品"战略，投资开发休闲观光农业项目，建成集娱乐、休闲、观光、采摘为一体的生态旅游园区，以及水上人家、休闲广场、垂钓园、茶会所、生态酒店、会议中心等配套设施，使桃林沟农业实现了粗放向循环、单一变精品、传统到现代的转变。

在产业壮大、经济发展的基础上，为了使村民的生活更加富足，村委围绕住有所居，相继修建二十多幢别墅楼，建起"桃林人家"住宅区，配套齐全，实现"户均一套房"；围绕学有所教，建有标准化幼儿园和小学，中学学生全部在全市最好的学校就读，设立奖学金制度，对考入重点大学的本村学生重奖 2 万元；围绕病有所医，实行新型农村合作医疗制度，做到了小病不出村、重病有补贴、大病看得起；围绕老有所养，建立农村养老保险制度，男 60 岁以上、女 55 岁以上村民每月可领到 600～1200 元的养老退休金；围绕民有所乐，组建锣鼓队、秧歌队、晋剧团，建起职工书屋、健身园、便民服务中心。今日的桃林沟已成为一个农民群众安居乐业、文化生活丰富多彩、干群融洽、家庭和睦、人与自然和谐发展的幸福园。

点评：

桃林沟是一个从煤炭业到经济生态转型的样板。十几年前，桃林沟掀起的一场改头换面的绿化革命，让灰暗破旧的村子彻底变了样。该村提供了一个成功转型的经验，即因地制宜，一是利用村里坡地多，适于发展经济林的地理条件在耕地里栽植桃树和葡萄，打造出一个让桃林沟人更加富裕的新产业；二是利用所处城郊结合部，距离市区 2 千米的地利之便，投资开发休闲观光农业项目，建成集娱乐、休闲、观光、采摘为一体的生态旅游园区，打造休闲度假后花园，让一年一度的桃花节、采摘节，成为桃林沟人奉献给阳泉市人民的一道亮丽风景。这道亮丽的风景对于市民们来讲是美好的精神享受，而对于桃林沟来讲，他们利用村里优美的环境发展观光业,使之成为了支撑全村长远发展的一大经济支柱。桃林沟的发展经验又一次印证了都市休闲生态农业的发展活力,也为城乡一体发展的模式积累了经验。

六、上海市金山区廊下镇

金山区廊下镇地处上海市金山区西南部,处于长三角交通枢纽地位,与浙江省平湖市交界,杭州湾跨海大桥入口处,是上海连接浙江的主要门户,位于长江三角洲冲积平原,地势平坦,属于亚热带海洋性季风气候,四季分明,温和湿润,雨量充沛,适宜稻、麦、棉、油菜等农作物生长。廊下是典型的农业镇,是上海市第二轮现代农业园区发展的领头羊,是新郊区新农村建设、现代农业园区建设的示范区,拥有全国农业旅游示范点、国家级基本农田保护示范区和国家级农产品加工示范基地三个国家级荣誉,2009 年廊下镇更是被评为上海市第二批全国发展改革试点镇。从金山区而言,廊下镇是金山区重点战略发展的"三区一线"之一(农业园区、新城区、工业区,海岸线),是金山旅游三大版块之中的生态度假休闲游版块。

(一)土地整治与现代农业融合

廊下镇土地整治项目十分重视将土地整治与现代农业发展相融合。该项目从构建廊下镇现代农业发展的战略高度出发,将整治重点转向传统农业、种源农业和休闲农业,项目划分为 4 个区域:万亩粮田整治区、种源农业整治区、优质蔬菜整治区、休闲农业整治区。现项目区域农用地全部统一流转至镇级合作社进行规模化、集约化统一管理。以万亩粮田区和优质蔬菜区为载体提高农田的规模化和集约化水平,建设高标准设施粮田和高标准设施菜地,使农业生产效率进一步提高,农业收入大幅增加。在满足高标准农田建设要求的基础上,项目与廊下镇自然条件和产业特点紧密结合,充分体现江南水乡特色,将廊下镇打造成国家级高标准基本农田示范区。结合廊下种源产业基础,以 EP 花卉、申潜水产、彩色苗、灵芝等植物水产项目为载体,发展园艺、水产、粮油等优良种业,引导种子企业与农民专业合作社联合,建设标准化、规模化、集约化的种子生产基地,将廊下镇建设成国内知名、以运用植物组培技术为主体的种源农业基地。

(二)与社区空间重构融合

乡村空间是乡村复兴的重要内容,也是乡村地理、乡村规划研究关注的核心。廊下镇与其他乡镇也无异,经济发展的同时,村庄在空间上的转移也引起了进一步分异,多数居民乔迁至上海市区或金山城区的过程中仍有不少村民驻留在廊下本地,村里的生活品质与城镇存在明显落差,成为被忽略的空间主体。目前留守的也绝大多数是老年人,或是在村产业转型升级过程中被边缘化的村民,经济拮据。

在金山区廊下镇市级土地整治项目中搬迁农户采用"一补、二换、三不变"方式以房换房形式安置,搬迁范围主要集中于万亩粮田示范区、种源示范区、乡村旅游区三个片区,区域面积886.7公顷,约占项目区的50%。搬迁补偿要求,简称"三不变":一是搬迁补偿后,村民户籍性质不变;二是搬迁补偿后,村民房屋宅基地性质不变;三是搬迁补偿后,村民土地流转承包费收益权及各种福利不变。将农民的20世纪80年代的破旧楼房以不花钱的方式置换成洋房别墅。安置小区选址位于镇区控规之外的勇敢村居民集中新建点,位于景钱路以北,村卫生服务站以西地块,原勇敢村一组区域,根据节约土地的原则,户均占地控制在0.026公顷,总用地在18公顷,集中连片,紧靠镇区,公共设施配套完善,极大地方便了居民生活,小区建筑风格极具廊下特色"白墙、黛瓦、观音兜",受到了农户的一致好评。

安置区一期已基本建设完毕,100余户农户已于2014年年底前乔迁新居;安置区二期也即将建设完毕。搬迁整治后将显著提高农户生活条件,促进城乡一体化发展。这种集中居住,不仅享受了与城市相同的基础设施、公共服务保障,又维持着村民的自治管理和集体的归属。特色民居已成为廊下镇新农村建设的窗口。这种集中居住方式维持了村庄原本紧凑的社会组织构造、相似的生活方式和亲密的人际关系,是对乡村社区空间的维系和再造。

点评:

金山区廊下镇转变生产模式,立足于农业生产,提出"研发种植、加工物流、休闲体验于一体"的农业转型发展战略和三次产业融合发展的功能布局,通过构建"一村一农场",培育现代农业综合体,引入农产品加工、销售等高附加值环节,鼓励乡村观光休闲业发展,从而激发农村经济活力,实现农民增收,最终实现可持续发展。

七、广东省河源市江东新区

2020 年是全面建成小康社会目标实现之年,也是深入实施乡村振兴战略的关键之年。广东省河源市江东新区通过发展"村合作社+基地+农户+社会专业化团队"的产业模式,已初步形成"村集体与社会资本共同撬动模式",做到村集体经济和农户"双增收"。

(一)全域推进农村人居环境整治

已有 85%以上村庄达到干净整洁村标准。实施乡村振兴战略,是党的十九大作出的重大决策部署,是新时代"三农"工作的总抓手。孙宇红介绍,江东新区高度重视实施乡村振兴战略,坚决贯彻习近平总书记关于"三农"工作重要论述精神,把实施乡村振兴战略摆在重中之重的位置,举全区之力抓好落实。

据介绍,近年来,围绕推动乡村产业振兴、人才振兴、文化振兴、生态振兴、组织振兴"五大振兴",江东新区以"村集体有支柱产业、村组织有凝聚力、村民有稳定收益"为目标,大力推动"资源变资产、资金变股金、农民变股民"的农村"三变"改革。2019 年,新区贫困户 622 户 1504 人实现全面脱贫,为乡村振兴 3 年取得重大进展、5 年见到显著成效、10 年实现根本改变打下了扎实基础。

当前,江东新区乡村振兴各项工作有序推进:基层党组织建设不断加强,全域实施"党建＋为村","头雁"工程成效初显;农村人居环境整治全域推进,"三清三拆三整治"任务已基本完成,全区85%以上村庄达到干净整洁村标准,4个省定贫困村各项基础设施建设基本完成,所有省定贫困村达到干净整洁村标准,雅色村达到特色精品村标准;富民兴村产业大力发展,积极推进"一村一品",优化农业产业布局,大力推广"企业＋农户＋基地"的经营模式和电商平台,促进农业增效、农民增收;平安法治镇村建设深入推进,综治网格化管理平台覆盖率达100%,实现区、镇(街)、村综治中心综治视联网全覆盖。民生保障水平不断提升,实现行政村自来水全覆盖,基本完成自然村村内道路硬底化,实现镇通行政村公路100%安全通客车,农村物流服务体系加快完善,实现快递经营覆盖新区的50%以上村(居)。

(二)着力打造"三大模式",探索城郊型农村发展之路

"产业振兴是乡村振兴的基础和关键。"孙宇红表示,江东新区结合自身实际,积极探索城郊型农村发展之路。在产业打造和发展上,目前已初步形成"三大模式"。

一是发展以雅色村为代表的"村集体与社会资本共同撬动模式":立足增加村集体经济,在完成土地流转、实现土地集约发展的村,发展"村合作社＋基地＋农户＋社会专业化团队"的产业模式,鼓励农民以土地经营权、宅基地使用权及其他资产折价入股,撬动社会资本进入,推动村集体经济"破茧成蝶"。

二是发展以双坑村为代表的"电商特色产业模式":立足增加农民收入,在有一定产业基础的村,发展"平台公司＋基地＋农户"的产业模式,发展榄溪、留洞、双坑等21个村水果、养殖、蔬菜特色农业产业,拓展古竹荔枝林养蜂、养鸡等林下经济,延伸农产品产业链,提升附加值,提升家门口就业率。

三是发展以桂林村为代表的"三产融合发展模式":在产业相似或互

补的区域,发展"串珠成链、连片开发"的产业模式,建设桂林村、前进村、年丰村研学旅游基地,推进年丰、蓼坑等 9 个村 1580 亩中草药产业示范基地建设,发展农村电商、民宿、旅游等产业,促进三产融合发展。

（三）做好"五大文章",努力实现农业强农村美农民富

孙宇红直言,当前江东新区在实施乡村振兴战略过程中也存在一些困难和问题。"比如说,资金的投入还不足,有限的资金只能投到示范村的建设上。农民的内生动力也不足,生态环保意识、市场意识、产业观念、主人翁观念都还不够强。"她说,"此外,乡村振兴的人才也很缺,特别缺乏村一级的带头人,如产业的带头人、创业的带头人和实用型的乡土人才。"

农业农村现代化,是实施乡村振兴战略的总目标。孙宇红表示,江东新区将围绕"农业强、农村美、农民富",努力做好"五大文章"。

一是做好"推动主导产业特色化"文章。"乡村振兴的核心是产业兴旺,这个产业不仅仅是农业,而是整个区的产业。"新区将坚定不移地在现有三种模式的基础上继续探索城郊型农村发展之路。接下来,江东新区将全面激活农村土地政策,建立健全农村土地流转交易平台,推动土地低效利用向集约利用转变;全面盘活农村金融政策,推动社会资本不断投向"农村发展";全面用活市场联结机制,推动农村资产向资金转变。同时,将乡村振兴工作和脱贫攻坚工作紧紧结合,做到有效衔接。当前,要在全区所有贫困人口脱贫出列的基础上,进一步查漏补缺,持续挂牌督战,巩固提升脱贫成果。

二是做好"推进公共服务均等化"文章。孙宇红介绍,江东新区将加快推动城镇基础设施向农村的延伸,逐步消除城乡间基础设施差距,加快补齐农村基础设施和公共服务短板。一要全面推进"四好农村路"和村内道路建设工作。今年年底前,通 200 人以上自然村完成村道路面硬底化,建制村通客车率达 100%,农村公路列养率 100%,自然村基本完成村内道路硬底化。二要提高农村供水保障水平。今年年底前,实现 4 个

省定贫困村自然村集中供水全覆盖,新区行政村集中供水基本全覆盖。三要加快现代农业基础设施和农村信息基础建设,提高农村教育质量,加强农村社会保障服务和乡村公共文化服务。

三是做好"推动农村环境建设生态化"文章。"首先要树立生态环境意识、可持续发展的价值取向。"孙宇红表示,对此,规划要先行,要接地气,要突出农业生产、农村居住、生态环境保护、农耕文明传承等功能和农村生活服务网络的建设。要深入开展农村人居环境整治,深入实施"千村示范、万村整治"工程。全面统筹推进乡村振兴项目,今年新区4个重点村的103个乡村振兴项目要全部完成。

四是做好"推进乡村治理现代化"文章。江东新区将加快推进治理体系和治理能力现代化,实现从管理到治理,变善政为善治。据介绍,江东新区将进一步夯实组织基础,健全党组织领导的自治、法治、德治相结合的农村基层治理体系,加快形成基层治理"人人参与、人人尽责"的良好局面。强化新区是"一线指挥部"和镇是"为农服务中心"职责定位,推动社会管理和服务重心下移,全面提升乡村治理效能。健全领导干部深入基层联系群众机制,经常性开展社情民意调查,宣传督查党的"三农"政策落实。今年年底前,力争新区文明村镇覆盖率达到95％。

五是做好"推进本地农民市民化"文章。孙宇红表示,农民富,不仅是口袋要富,脑袋也要富。农民增收的同时,还要培育文明乡风、良好家风、淳朴民风。当前,随着乡村振兴战略实施,乡村迎来全面复兴的契机,对人口的"拉力"也不断强化。"农民居住与生活场域乡村化的同时,要推进职业非农化和就业正规化、生活与消费方式现代化、角色认知与心理认同的市民化,让农民'原地市民化'。"孙宇红说,"城镇化的过程不是把农民赶到城里去居住,而是让农村和城里一样,让农民和市民一样。"接下来,江东新区要大力培育新型职业农民,加大农村实用人才培训力度,实施"红色头雁工程",引导新型农民返乡、本土人才回乡、技术人员下乡,培养造就一支懂农业、爱农村、爱农民的"三农"工作队伍。

点评：

江东新区围绕"农业强、农村美、农民富"总目标，聚力探索城郊型农村发展之路，积极推动主导产业特色化、公共服务均等化、乡村治理现代化、本地农民市民化，打造乡村振兴标杆典范。

八、河南省商丘市睢阳区坞墙镇白庙陈村

春夏之交，万物生长。走进商丘市睢阳区坞墙镇白庙陈村安居养老房，村口几排徽派建筑风格的房屋格外引人注目，整齐划一的一层起脊瓦房，平坦整洁的硬化道路，户门两旁抽出新叶的碧桃树，树下还未盛放的鸢尾花、嫩绿的冬青……房屋东边的小广场上，几位老人坐在一起闲聊说笑，蓝天、白云、绿树以及那片白墙蓝瓦，都让人深深感受到新时代乡村的幸福生活。

作为全区 26 个集中养老、中心村建设和空心村治理示范村之一，白庙陈村安居养老房由乡镇统一规划设计建设，目前一期 23 户已经全部入住，计划今年启动二期建设，通过"占新腾旧"，白庙陈村可节约建设用地近 40 亩。

近年来，睢阳区始终聚焦民生民计，把为群众解难题、办实事作为一切工作的出发点和落脚点。睢阳区委班子深入乡村一线摸清基本情况，走村入户了解群众的真实想法，认真听取群众的意见和愿望，数次将常委会开到田间地头，与群众一起破难题谋发展，初步探索了"以规划为引领，以中心村建设、空心村整治为突破口，从解决'一老一小'能够做的事情做起，促进乡村全面发展"的城郊型乡村振兴新路子。目前，全区共确定集中养老和空心村治理示范村 26 个，投入资金近 6000 万元，在中心村为老年人高标准规划建设了 569 套安居养老用房，并通过合理布局卫生室、健身娱乐场所、幼儿园等公共服务设施，真正实现了老年人相互"抱团养老"、幼儿就近上学，"一老一小"问题得到了有效解决。

破解了中心村建设问题，就是以农村集中养老为切入点，进一步完

善中心村基础设施和公共服务设施,激活了村庄人口集聚、信息集中、资源整合效应。破解了空心村整治问题,就是通过"一户一宅"政策的落实和集中养老工作的推进,引导搬入新居的老年人自愿拆除旧居复耕土地,优化了农村生产、生活、生态空间布局,农村土地资源得到节约集约利用。破解了人居环境整治难的问题,就是通过农村集中养老,以前的老旧房屋、残垣断壁被养老新居、广场绿地、服务设施所取代,村容村貌更加整洁有序、生态宜居,形成古今辉映、错落有致、高低起伏的村落格局,让农民"记得住乡愁,留得住记忆"。破解了乡村振兴"钱从哪里来"的问题,就是拆除腾挪出的土地指标由乡村自主统筹使用,土地收益全部用于农村民生工程、基础设施建设等,最终实现了"一子落而满盘活"的目的。

点评:

睢阳区城郊型乡村振兴的新路子,不仅解决了农村"一老一小"的实际问题,赢得了广大群众的点赞,还破解了制约睢阳乡村振兴发展的一系列难题,有效激发了土地、人力等要素资源,为推动城乡融合发展找到了最有效的突破口。

第四节　社会综治型美丽乡村建设案例

一、天津西青区大寺镇王村

天津市西青区大寺镇王村北邻西青经济技术开发区,东邻天津微电子城。该村距天津港 10 千米,距天津国际机场 15 千米,距市中心 15 千米,交通四通八达。全村 580 户,人口 1862 人,占有土地 4000 余亩。

　　王村是天津东南方新农村发展的一颗耀眼的明星。王村被天津市政府命名为天津市"示范村",2012 年,荣获"美丽乡村"称号。经过近几年的发展,王村实现了农村城市化。村里生活环境和谐有序,基础设施完善,家家户户住进新楼房,电脑、电话、汽车走进农家,村民过着"干有所为、老有所养、少有所教、病有所医"其乐融融的城市化生活。

　　十几年前,王村 90% 的村民仍然住着低矮潮湿的危陋平房,单调、简陋、陈旧、窘迫、拥塞是绝大多数王村人的居住状况。为了改变这一现状,彻底解决村民的住房问题,村领导制定了 5 年村庄建设规划,推倒全村危陋平房,建成公寓和别墅,让全体村民住上了新楼房。此外,为了实现农村城市化,使村民生活在舒适、整洁、文明、优美的环境中,村领导组织制定了彻底改造村内生活环境的规划,并筹措资金,组织力量先后完成了许多工程、项目的改造和提升,村庄环境得到很大改善。

　　尤为值得一提的是,王村在完善社区服务中心、商业街,开发建设峰山菜市场、卫生院等公共服务设施的同时,还先后建成了占地 2 万多平方米的音乐喷泉健身广场、2400 平方米的青少年活动中心以及 1000 多平方米的村民文体活动中心,室内网球场、羽毛球场、乒乓球场、拉丁舞排练场、农民书屋、村民学校、党员活动室、文化活动室、舞蹈排练厅、棋牌室样样俱全,全部按照最高标准建设,设施完善,而且所有场馆都不对外营业,全部作为百姓的福利,让乡亲们无偿使用。完善的基础服务设施,极大方便了村民生活。

　　点评:

　　王村两委班子抢抓发展机遇,充分利用地处城乡结合部的地域优势,深挖历史文化资源,二十几年的时间,从传统的农业耕种到发展文化旅游,从粗放型经济向集约型经济方式转变,村级工业园、特色产业园、AAA 级旅游景区……王村产业结构不断优化,村集体收入逐年攀升,老百姓的生活水准也越来越高,为实现王村经济可持续发展奠定了坚实的基础。

二、四川彭州小鱼洞镇大楠村

四川省成都市彭州市小鱼洞镇大楠村,位于龙门山区,是5.12地震的极重灾区,全村面积10.4平方千米,辖9个村民小组,有338户1143人。地震后,该村坚持用统筹城乡发展的思路和办法推进科学重建,着力打造新农村综合体,走出了一条灾后重建和新农村建设的特色发展之路。2011年,该村的"鱼凫南山"新型社区已经建成,全村98.5%的群众在此安居乐业,"路水田林村、种养加住环、医教文体广"全面配套,小区内民主议事、民主决策、民主管理的氛围浓厚,治安防范、纠纷调处、环境治理等规范有序,形成了"建筑有特色、产业有支撑、设施齐配套、乡风更文明"的新农村综合体雏形。

（一）以居住生活社区化为载体,塑造生态型新村的独特魅力

大楠村充分尊重和利用原有地形和自然条件,科学规划,建成了用地集约、风格新颖、环境优美的大楠村"鱼凫南山"农村新型社区,有效改善了群众的生产生活条件,夯实了群众安居乐业的物质基础。

1.科学选址,彰显独特的地域性

大楠村充分考虑山区地域人文特点,在群众认可、专家认定的基础上,高起点、高标准选址规划建设了农村新型社区。新建的"鱼凫南山"集中居住区紧临彭白路、湔江河,依山傍水、山水交融,与小鱼洞镇江桥人家、通济镇黄村等农民集中小区连线成片,镶嵌于小鱼洞场镇、通济场镇之间,俨然形成了一个以"鱼凫南山"为核心,跨村、跨乡镇连片发展的山区乡村新形态,为推进新型城镇化打下坚实基础。

2.科学规划,突出形态的多样性

在"鱼凫南山"规划设计中,按照空间布局和建筑形态的多样性的要求,设计细化到了每户单体。在建筑色彩、材质的选用上大胆创新,建成的115栋乡村欧式别墅,错落有致、色彩缤纷、形态多样,展现了灵活丰富的建筑形态、多姿多彩的现代农村风貌。

3.科学引导,保证用地的集约性

震前,大楠村就有半数以上群众登记加入集中居住区建设项目。重建中,进一步加强了宣传引导工作,全村 338 户中,有 333 户农户自愿选择到"鱼凫南山"居住,其中,高山区的 3 个村民小组整体入住,实现了全村的集中居住,实现了土地的集约节约利用。

(二)以产业发展多元化为支撑,增强农村群众自我发展能力

产业发展是新农村建设的首要任务,也是拓展农民就业增收渠道、增强农村群众自我发展能力的必然要求。大楠村高度重视特色产业的培育,促进一、三产业融合发展,以产业发展的多元化带动群众就业方式的多元化。

1.打造"万亩竹海",农民"在公司种植"

引进佳和公司投资发展食用竹产业,并以此为龙头,形成了"公司＋集体经合组织＋基地＋农户"的发展模式,实现农业生产的规模化经营。2011 年,已流转土地 2200 亩,流转率达 91％,已种植食用竹 2500 亩,计划三年内建成"万亩竹海",可吸引 50 名农民到"公司种植"。同时,正积极规划、引导农户发展乡村酒店等第三产业,打造特色竹文化竹产业休闲观光园区。

2.打造"园区化养殖基地",农民"在车间养殖"

主要采取"公司＋合作社＋养殖户"的模式,农户通过租赁托管发展肉兔养殖,公司和合作社共同负责提供饲养、防病到成品兔出栏一条龙服务。商品兔养殖园区在 2011 年 5 月底前全面建成后,可供 60 户农户进行养殖,实现年产肉兔 5 万只,带来养殖户增收 6600 元,村集体经济可收取养殖场房租金 5 万元和公司返合作社组织生产管理费 5 万元。

3.建成家纺服装"家庭车间",农民"在家庭就业"

为破解灾后集中居住群众尤其是妇女、中老年人就业难题,该村积极引入家纺服装企业,在大楠村"鱼凫南山"集中居住区建立"家庭车间"。由诚鑫皮革有限公司提供四条生产线,将部分操作简易的生产工

序交给"家庭车间"完成。2011年,已投入两条生产线,有35名村民实现了居家灵活就业,月平均收入已达1000元。

（三）以基层管理民主化为核心,激发新农村建设的内生动力

大楠村始终坚持"充分尊重群众意愿、深入做好群众工作"的原则,充分发挥村民议事会的群众自治功能,不断完善新型基层治理机制,产权制度改革、灾后重建、土地整理、新村建设等重大问题都由群众做主,实现了民主议事、民主决策、民主管理。

1. 推进议事程序规范化,夯实村民自治基础

从2008年起,大楠村实行了村民代表结构制、议事会成员席位制。同时,规范村民议事制度和村民议事程序,确定每月20日为村民小组议事会议日、22日为村议事会议日,设立了每位议事会成员固定席位,并坚持每次民主表决后"签字、按手印"。

2. 推进民主管理常态化,坚持民事民议民决

从农村土地综合整治到新村建设的选址、规划,从分房到新型社区的保洁、安保、绿化、收费等管理办法,都由村民议事会反复商议形成决议,交由村委会执行。新型社区建成后,还选举成立了鱼凫南山小区业委会,负责小区内文化宣传、环境卫生、设施维护、安全保障等,制定了相关规章制度和居民公约,形成常态化管理制度。

3. 推进文明创建纵深化,引导共建绿色新家园

在社区群众中聘请"文明劝导员""卫生监督员",开展文明劝导,引导大家养成文明、健康的生活习惯;引导群众讲文明、守纪律、除陋习、树新风,形成良好的道德规范;成立了党员服务队和爱心服务队,切实帮助社区困难群众和留守妇女、儿童;合理规划社区绿地建设,通过拍卖的方式,引导群众自主开展绿地建设和环境建设。截至2010年底,"鱼凫南山"小区内的60亩绿地,由333户农户进行绿化种植,共种植蔬菜35亩,苗木2500株、花草15亩。

（四）以公共服务均衡化为保障，提供新农村建设的持续动力

坚持村级公共服务和社会管理改革与"鱼凫南山"新型社区的规划和建设同步推进，统筹考虑农民集中居住公共服务和社会管理的需要，集成项目资金，配套了较完善的基础设施，基本实现了公共服务与城市的同质化、均衡化，为新农村建设提供了持续动力。

1. 集成资金项目

大楠村按照"1＋13"公共服务设施要求，有效整合灾后重建资金、城乡建设用地增减挂钩资金、扶贫资金及人口、教育、卫生、交通等不同部门的项目资金，积极抓好基础设施和公共服务体系建设。2011年，大楠村已完成4千米环形村道水泥路和5千米沟渠整治工程建设，配套建设了"四室三站两店一中心一广场"（即活动室、便民服务室、图书阅览室、警务室；劳动保障站、卫生服务站、留守儿童服务站；农资放心店、放心商店；信息服务中心；文化健身广场），水电气网直通入户，生活垃圾和污水集中处理。

2. 完善公共服务

"鱼凫南山"社区的公共服务设施在农民入住时同步跟进，提供的公共服务包括医疗卫生服务、社保服务、文体服务、基础设施和环境建设服务，以及安保、纠纷调解、法律咨询等社会管理服务等。2011年，"鱼凫南山"居住区可代办、初审35个事项，村民"办事不出村、小病不出门"，仅此一项，每年就可为群众节约路费、成本费近8万元。

3. 推进信息化管理

聘请专业软件公司编制了以"社区基本情况、家庭电子档案、社区居民健康档案、社区产改情况、土地流转信息、社会管理体制机制、社区财务公开"七个方面为主要内容的社区管理信息化服务软件，并纳入彭州市信息管理平台。在社区内安装了电子显示屏、电脑触摸屏，坚持每月定期发布村务、财务、就业以及宅基地、林权、房屋交易、出租等相关信息，实现了社区的信息化管理。

点评：

新农村综合体是在总结四川省新农村建设,特别是灾后重建新村建设经验的基础上提出的一个全新的新农村建设模式。其基本内涵是:在主导产业连片发展作为支撑的基础上,建立能够体现综合功能和城乡一体化格局的农村新型社区。彭州市小鱼洞镇大楠村以城乡发展一体化格局,建设了新型社会即以居住生活社区化为载体,塑造生态型新村的独特魅力;以产业发展多元化为支撑,增强农村群众自我发展能力;以基层管理民主化为核心,激发新农村建设的内生动力;以公共服务均衡化为保障,提供新农村建设的持续动力。正是这四力齐发使建设新农村综合体的实践取得了明显的成效,不仅对整个四川省乃至对全国农村新型社区建设都具有示范价值。

三、甘肃省陇南市康县

康县在生态文明新农村建设中解放思想、科学谋划、大胆创新、强力推进,探索出了一条符合中央和省市要求、具有鲜明特色的新农村建设之路,成为生态文明新农村建设的先进典型。在新农村建设中,康县立足县情实际,以建设生态文明新村庄、打造幸福美丽新康县为目标,把新农村建设与统筹城乡一体化发展、生态旅游示范县创建等工作相结合,高起点规划、高标准建设、高水平管理,涌现出望关乡徐罗村、长坝镇花桥村、王坝镇大水沟村等一大批典型示范村,形成了一整套建设生态文明新农村的有效做法。为了学习推广康县经验,进一步加快陇南市生态文明新农村建设步伐,陇南市委下发文件[陇发(2012)25号],学习康县美丽乡村建设经验,具体内容如下:

一是坚持规划引领,分类分层实施,高起点定位,统筹推进城乡发展。康县新农村建设始终秉承规划先行、统筹建设的原则,把新农村建设规划纳入全县经济和社会发展总体规划。以江武路、白望路、康阳路等公路沿线和旅游景区为重点,按照"精品村、示范村、达标村"三个等次,学习借鉴安吉"中国美丽乡村"建设经验,聘请有资质的专业设计单位,根据各村居住环境、村容村貌等不同类别和特点,在充分挖掘各村文化民俗内涵、充分体现生态特色的基础上,确定不同的建筑风貌、创建方式和建设标准,把一个村作为一个旅游景点来设计,把每一户作为一个小品来改造,编制完成了150多个村的村庄规划和房屋风貌改造设计方案。县里对各村建设规划和实施方案逐一进行审核,对符合要求的发文批复,允许开工建设,做到了没有规划不设计,没有设计不审批,没有审批不建设。

二是发挥资源优势,发展生态经济,促进农民增收,增强发展后劲。康县把发展农业特色产业作为增加农民收入、增强新农村建设后劲的重要举措。充分利用当地生态资源优势,建设生态文明新农村150个。按照"南茶北桑、整县核桃"的工作思路,突出发展核桃、茶叶、蚕桑三大主导产业,统筹发展花椒、畜牧水产养殖、中药材、蔬菜等区域重点产业,并积极发展市场前景广阔的地方特色产品。在稳步扩张基地的基础上,以实施核桃"双十"工程为重点,全面落实特色产业提质增效措施,促进农民持续稳定增收,形成了"村有主导产业,户有增收计划,人有增收项目"的经济发展格局。

三是整合项目资金,突出群众主体,集聚资源提升建设质量水平。康县制定出台了《生态文明新农村建设项目资金筹集管理办法》,采用"集中管理、分类申报、渠道不乱、用途不变、各计其功"的办法,将农业、林业、扶贫、交通、财政等各类涉农项目资金全部整合到新农村建设上来。按照"大干大支持、小干小支持、不干要问责"的原则,采取"群众打底子、政府上面子"的措施,抓示范、培育典型,抓宣传、推广典型,抓比学、赶超典型,在放大政府投入的引导效应的同时,激发了群众建设美好家园的积极性和主动性,全县形成了竞相建设新农村的良好态势。

四是创新活动载体,加强村级管理,倡导文明新风,丰富建设内涵。康县以"四新"竞赛活动为载体,以感恩教育、弘扬灾后重建精神为主题,深入开展"六争六评"(争评勤劳致富好家庭、孝敬父母好儿媳、新农村建设带头人、环境卫生模范户、遵纪守法光荣户、邻里和睦文明户)和道德模范评选等系列活动,教育引导农民群众讲文明、讲道德、讲卫生、讲秩序,营造了文明和谐、遵纪守法、邻里和睦、互帮互助、健康向上的良好风气。以村规民约为重点,建立完善长效、规范、管用的村级管理制度,全面落实"四议两公开"制度,有效提升了农村管理水平。

五是健全工作机制,严格考核奖罚,凝聚合力推动工作落实。康县坚持"党委统一抓,书记全盘抓,成员分工抓,部门配合抓,基层具体抓和一届接着一届抓"的一整套科学管用的工作机制。县委政府主要领导带头抓点示范,各级领导率先垂范,躬行实践,广大群众苦干实干,全县上下形成了新农村建设的强大合力。制定出台了《生态文明新农村建设考核办法》《生态文明新农村建设精品村、示范村、达标村验收及奖励办法》,及时考核验收,严格兑现奖惩,确保各项任务措施全面落实。全市各级各有关部门要深刻领会、准确把握康县经验的基本内涵,有选择地运用到各自工作实践中,并认真总结、完善、提升,真正把康县经验用足、用好、用活,不断开创全市生态文明新农村建设新局面。

点评:

康县新农村建设始终秉承规划先行、统筹建设的原则,把新农村建设规划纳入全县经济和社会发展总体规划;把发展农业特色产业作为增加农民收入,增强新农村建设后劲的重要举措;采用"集中管理、分类申报、渠道不乱、用途不变、各计其功"的办法,将农业、林业、扶贫、交通、财政等各类涉农项目资金全部整合到新农村建设上来;以村规民约为重点,建立完善长效、规范、管用的村级管理制度,全面落实"四议两公开"制度,有效提升了农村管理水平;坚持"党委统一抓,书记全盘抓,成员分工抓,部门配合抓,基层具体抓和一届接着一届抓"的一整套科学管用的工作机制,不断开创全市生态文明新农村建设新局面。

四、广东省汕头市东华村

东华村位于汕头市潮南区陇田镇东部,地处练江下游南岸,总面积1.79平方千米,是一个地理位置偏僻的纯农业村。全村836户,总人口4305人。党总支部现有党员88人(其中预备党员2人),下辖4个分支部。东华村党总支部积极探索"党建＋服务"工作模式,以发挥党组织的战斗堡垒作用和党员的先锋模范作用为抓手,以党领导农村工作,激活农村新活力,推进乡村振兴,打造"产业兴旺、生态宜居、乡风文明、治理有效、生活富裕"的魅力乡村,使"老先进"显露出新时代的新气息,人民幸福指数与日俱增。东华村先后获得"全国先进基层党组织""全国文明村镇""全国民主法治示范村""全国敬老模范村居""全国创建学习型家庭示范社区""全国先进农村综合信息服务站""全国一村一品示范村""全国美丽乡村试点村"和"中国美丽休闲乡村"等殊荣。

东华村以"党建＋服务"助力美丽乡村建设,以先锋引领行动为统揽,注重将"创文强管、提质升级"工作置于党建格局,结合"三清""三拆"助力乡村振兴,按照"一年一小变,三年一中变,五年一大变"的总体规划,针对本村溪河环绕的潮汕水乡特色,树立两山理念,创建潮汕首个"乡村振兴示范村",致力于将东华村打造成为首个乡村基层党组织建设示范村、首个雨污分流建设示范村和首个乡村旅游示范村,创建独具潮乡魅力的乡村旅游示范区,将东华村建设成为潮汕乡村振兴的典范。

东华村以乡村振兴4.0版本加大基础设施和公共服务设施建设力度,补短板延长板。进一步加强"四好"农村路建设,完善路灯等配套基础设施。推进"智慧乡村"建设,完善农村信息化基础设施,逐步实现宽带网络和移动通信网络全覆盖。加强卫生、医疗、文化、教育等公共服务水平,提升基本公共服务供给水平。建立健全长效管护机制,强化日常检查,保障设施正常运行。

党总支部班子抓党建,强班子,率先垂范,严于律己,敢担当,善作为,守初心,无私奉献,充分发挥班子的战斗堡垒作用和党员的先锋模范带头作用。要求党员做到的,班子带头做,要求党员不做的,班子坚决带头不做,坚持党建引领,党员带头,群众参与,共同缔造,推进新农村建设和乡村振兴建设项目扎实开展。

点评:

在上级党政的正确领导和有关部门的鼎力支持下,东华村两委班子带领干群同心同德,围绕"生产发展,生活宽裕,乡风文明,村容整洁,管理民主"的建设社会主义新农村总目标,建设幸福东华。因地制宜发展生态效益农业,四大文明建设一齐抓,大兴基础设施建设和生态环境建设,努力改善群众的生产、生活环境,把一个无区位优势、无资源优势、无华侨优势的"三无村"建设成为社会主义新农村示范点。

五、湖北咸宁嘉鱼官桥八组

走进湖北省咸宁市嘉鱼县官桥村八组,映入眼帘的是:一片片修剪整齐、红绿相间的绿化带,在碧水蓝天的衬托下,令人心旷神怡;一排排设计新颖、造型别致的农民别墅,镶嵌在绿茵丛中;宽敞的乡村公路旁,一块四米见方的玫瑰红大理石上"田野都市"四个字,刚劲有力;在近十米高的电子显示屏上,不停地滚动显示着"建设花园式工厂,打造城镇化村庄""爱护一草一木,共建绿色田野"的建村、治村理念。农发行嘉鱼县支行行长熊继明兴奋地介绍说:"从2008年官桥八组组长周宝生组建田野集团,投放第一笔4000万元的生态农业示范基地开始,已累计投放贷款1.1亿元,支持兴建了高产油茶、有机稻、特色水产养殖、农业生态园、农产品深加工等产业,为构建农民新村提供信贷支持,通过信贷杠杆,起到了四两拨千斤的作用!"在装饰一新的官桥新农村发展历程教育馆,"全国文明单位""全国绿色小康村""国家级生态村""全国生态文化村"等220项殊荣,展示了田野人实现共同富裕梦的艰难历程。

（一）兴业圆了"富裕梦"

位于长江边的嘉鱼县官桥村，十年前是远近闻名的贫困村。村民们曾这样描述过去的生活境况："吃糠粑，穿破袄，栽稻秧，收谷草，住的是土坯房，吃的是返销粮，一个工值9分钱，上山砍柴换油盐。"从2008年开始，为圆全村人"兴山富民、兴工富村"的致富梦，村里充分利用本地自然资源优势，开始挖鱼塘、建基地，兴办小煤窑、铸造厂、家具厂、砖瓦厂等村办企业。

为帮助村民圆"富裕梦"，农发行嘉鱼县支行根据田野集团规划的山、水、田、园、村、景"六个一"工程的新农村模式，按照"一企联一村"的发展思路，本着"省地、节能、环保"的要求，以官桥村八组低丘岗地改造项目为平台，投放贷款4000万元，将低丘岗地改造与新农村建设有机结合，兴建"高标准油茶、有机稻、特色水产和农业生态园"四大产业体系，开发高产油茶基地15000多亩、有机稻基地3000亩、特色水产养殖2000亩、农业生态游基地1000亩。年产值达到1亿多元，净收入达到4450万元，仅此一项农民人均增收15000元，为官桥村农民实现山清水秀、花果飘香、生活富裕、和谐发展的新农村"富裕梦"奠定了坚实的基础。截至2012年末，田野集团已兴办企业12家，集体总资产22.5亿元，集体经济收入达到12.5亿元，创利税2.32亿元，村民人均纯收入42000元，成为名副其实的"全国绿色小康村"。

如今，人们站在位于官桥村东南边辽阔的"走马岗"上，棕红色的土壤被绿油油的油茶、金灿灿的油菜花覆盖着，整个山冈一片生机盎然。放眼望去，一望无际的"走马岗"上，一万五千多亩油茶基地散发着阵阵清香；山下，近百个标准化的特色水产养殖池，像一面面镜子，镶嵌在广袤的绿色田园里。

（二）携手打造"文明村"

走近欧式的建筑群，欣赏田园式的风光、绿树成荫的"田园新村"，路旁红底白字的文明村"公约"和写着"建设新农村、倡导新生活""爱护一草一木,共建绿色田野""讲究公共卫生,打造清洁家园"的宣传牌十分醒目。

春日的阳光为官桥村八组一排排新落成的村民别墅群镀上一层金辉。走进"1—12"号两层楼的别墅,看到的是欧式餐桌、沙发、床、彩电、空调,白色的墙壁上悬挂着一幅幅装潢精美的"福"字图和山水画。"组里共投入4000多万元,为每户村民统一设计兴建、装修,统一配置家具、家电。"户主周东风满脸幸福地介绍说。他今年55岁,全家4口人,他和老伴在家,两个孩子大学毕业后在外地上班。集团实行集约经营后,他的土地入了股,每天在集团上班,任办公室副主任,年收入达5万元,日子过得很幸福。组里有68户人家,和周东风家一样,村民都在村办企业上班,每月收入最低达到4000元。

"现在村民们富了,大伙从内心感谢党的好政策,每家每户的门前都悬挂着一面国旗。村民感谢致富带头人组长周宝生,每年选举全国党代表,八组18名村民代表通过举手表决,周宝生都以全票当选。"周东风抑制不住内心的激动,侃侃而谈。

"改革开放让官桥八组富了,我们要进一步带动乡邻共同富裕。"党的十八大召开后,作为十八大党代表的组长兼田野集团董事长的周宝生,回到村里,就向村民代表提出"共同富裕、扩建新农村规模"的方案,得到村民的一致通过,现已初具规模。从官桥八组东行2千米,两行联排别墅映入眼帘。这是官桥八组筹资为邻村——石鼓村一组26户人家兴建的新家园。从此,石鼓村一组26户人家从分散的沟沟洼洼搬出来,过上了好日子。只见新盖的别墅群,房前屋后水泥路;家家屋里自来水;户户有菜园。一里路长的新家园,青菜绿油油、花香四溢。

西出三千米,是通往嘉鱼县城的大道。路旁新建的10栋造型新颖的楼房拔地而起。大门旁的墙壁上"官桥新村"四个字,十分醒目。集团副总经理杜承清告诉笔者:"这是田野集团为官桥村360多户农民新建的新家园。目前,大多数农民已乔迁新居。二期工程全部完工后,全村

800 多户农民都将乔迁新居，一个生态、富裕、文明的官桥新农村将完美地展现在长江之滨。

（三）文化陶冶"新农民"

文化是人类进步的灵魂。富裕后的官桥村坚持把用先进文化、健康的娱乐活动陶冶农民作为团结一心的纽带、自强不息的精神动力！

在官桥村八组农民新农村中央区域，一栋欧式建筑式样的"农民文化中心"已成为村民"精神生活的乐园"。走进文化中心，只见"天井式"的院落内，宽敞明亮、一尘不染。墙壁上，井然有序地悬挂着各种书画体的名人警句、山水字画；环绕四周，健身房、棋牌室、图书室、台球室、音乐厅、农民党校、文明夜校等文化娱乐、体育健身、学习交流、素质培训场所，一应俱全。

在村民文明学校里，几百种报纸杂志井然有序地摆放在书报架上，墙壁上悬挂的"田野集团党委党建工作专栏"，"高起点教育村民、高标准争创一流"的治村理念，充分体现了官桥村党委"一班人"用健康有益的文化陶冶村民、增强凝聚力的兴村之魂、强村之魂。

在文化中心大厅门口，见我们对墙壁上"村民文化活动签到打卡机"和"村民活动情况公示表"十分关注。田野集团副总经理杜承清高兴地介绍说，为杜绝富裕后的村民沾染赌博等不良嗜好，集团投入 1000 多万元兴建了文化中心。文化中心是对村民进行文明素质教育的学校。中心除成立了由村民参加的音乐、体育、书画等协会外，还要求每个村民每年参加文体、文明教育活动的次数不少于 100 次，并进行严格的考核。村民每参加一次，根据签到打卡情况每人每次发 10 元文化活动补贴，每少一次，扣除 15 元的活动补贴。因此，每到八小时以外或星期天，整个中心热闹非凡，成为名副其实的村民"精神家园"。为扩大规模，今年集团已投资 3000 万元，兴建村民文化建筑群，打造"文化兴村、文化育民"的环村旅游新景观！

点评：

目前全国各地正在兴起建设美丽乡村的高潮。把新农村建设提高到一个新水平。那么，美丽乡村怎么建？湖北省咸宁市嘉鱼县官桥村八组为我们提供了实实在在的示范，就是发展生产，发展现代农业、特色农业产业，发展工业企业，让农民增加收入，生活富裕，让农民住上别墅，安居乐业；兴建农民文化中心，为农民提供文化娱乐、体育健身、学习交流、素质培训等，打造农民精神生活的乐园。该村给人展示了一个生态、富裕、文明的官桥新农村，这应当是广大农民向往、期待的新农村。全国农村如能像官桥八组那样精心建设新农村，那么，美丽乡村也将迅速发展起来。

六、浙江省绍兴市祝温村

祝温村，位于绍兴市上虞区崧厦镇西北，由祝马、后桑、温泾三村合并而成，经济落后、社会治安差、村容村貌差、村民纠纷矛盾多等问题突出。为了改变落后面貌，村党委围绕"生态花园、文化公园、创业乐园、人和家园"建设，探索德治、法治、自治"三治合一"的现代乡村治理体系，推进美丽乡村建设，使祝温村成为生产发展、生活宽裕、乡风文明、村容整洁、管理民主的样板村，先后荣获全国文明村、全国民主法治示范村、全国先进基层党组织等荣誉称号。

（一）坚持以德治村

祝温村以提升村民的道德素质为切入点，加强对村民的社会主义核心价值观培育，积极倡导乡风文明、人心向善。一是打造共同信仰。总结提炼八字祝温精神——风正、气顺、心齐、仁和，展现祝温的乡村风貌和精神面貌，鼓励村民自创村歌——《祝愿温馨》，营造共同的理想信念。二是整合资源加大文化投入。建成文化礼堂、虞舜学堂、虞舜会堂、图书室、文化活动室、人和长廊、创业文化史陈列室等配备齐全的各类文化场所，创新实施"墙头开花"（墙绘）工程，让传统美德、文明新风通俗易懂、寓教于乐。三是培育评选载体。积极开展十佳爱心人士、十佳好少年、十佳好媳妇、十佳好婆婆、十佳和谐家庭等评选活动,创新开展"乡风评议"活动,营造人人讲文明、时时讲修身、处处讲自律的良好氛围。

(二)坚持依法治村

乡村治理现代化需要打破人治思维方式,形成以系统化、体系化、制度化为其外在表现,以法治化为其核心内容的治理体系。祝温村的乡村治理模式既坚持了能人治村,也遵循了法治治村。一是坚持民主决策。一直以来,祝温村都很注重村级组织建设,通过健全民主决策、民主管理、民主监督等制度,充分发挥村民主导作用,严格执行村级重大事项提交村民代表大会讨论决定的制度,推进乡村治理现代化。二是严格规范管理。制定《村规民约》《村民自治章程祝温村村务、财务公开制度》《祝温村民主理财制度》等,推进土地征用、环境卫生、便民利民服务、建房审批等流程化规范管理,使村务活动有章可循、有法可依。三是加强民主监督。全过程监督村财务活动,定期向村民汇报村党总支和村委会工作,并接受民主评议。实行村班子事项公开制,并全过程接受村民监督。

(三)坚持村民自治

自2006年以来,祝温村充分整合集体经济组织、社团组织、乡贤等力量,调动各方积极性,增强村民公共意识,提高村民自治积极性。一是坚持村两委带头。完善村干部联网保护制度,按照每个网络3~5户划分,要求每个村干部联系1~2个网络,解决群众困难,为群众办实事。二是引导乡贤反哺。积极引导和鼓励企业家、能人等乡贤出资、出钱、出力,已形成乡贤捐资——做好村庄建设——乡贤再捐资的良性循环。三是提升公众参与力度。坚持民主讨论、民主决策,祝温村的村庄规划、道路修建、公共设施修建、绿化种植、河道整治及公共事务均离不开群众的广泛参与,村民的主人翁意识进一步增强,真正做到了"让每个村民都有发言权""让每个村民都有面子"。

点评:

围绕社会主义新农村建设的总体要求,祝温村高度重视环境文明建设,打造生态花园;村一直将发展集体经济,提高村民收入,为村民开辟创业渠道作为创建的重点,强化创业乐园;为回顾总结村建设发展的历史,展示全村村民艰苦创业、团结拼搏的创业精神,同时加强对青少年的思想道德教育和爱村、爱家教育,进一步掀起守村、建村、富村、荣村的工作热潮,村先后建造了设施完善的"村级公共服务中心""创业文化陈列室""人和文化长廊""农家书屋",营建文化公园;村大力倡导健康、文明的生活习惯,积极组建腰鼓队、健身舞队、文艺演唱队等多支文体队伍,并自编自演村歌,参与各类文化体育比赛活动,与此同时,村积极发展社会公益事业,成立"村级关爱基金",专项用于社会公益救助和救济贫困学生,致力"人和家园",为实现文明、富裕、美丽的祝温梦而努力!

七、甘肃省定西市安定区白碌乡

没有安定的基层社会环境,就没有平安幸福的美丽乡村。近年来,安定区白碌乡坚持以平安建设为目标,以服务民生为主线,着力在强化党建引领、推动产业发展、打造美丽乡村、建设文明乡风、加强驻村帮扶等方面狠下功夫,大力开展乡村治理,有力维护了社会的和谐稳定,提升了人民群众的安全感、获得感、幸福感。

（一）党建引领强基础

乡党委把党建引领乡村治理与推进中心工作一体谋划、一体部署、一体落实,党委会先后多次专题研究、精心部署。不断健全平安建设责任制工作体系,建立了党委书记亲自抓、班子成员包村抓、支部书记直接抓的责任体系,构建了"党建＋"模式和"一网多能、一格多员"乡村微治理体系,从选人、定责、提能上不断下功夫,由村党支部书记任村网格长,选优配强46名专职网格员队伍。在治理主体上,以党员、村"两委"成员为主体,吸纳村民代表、网格员、乡贤、种养大户、致富能人等多方力量参与。在运行机制上,由党组织牵头,结合矛盾纠纷排查和环境卫生治理,依托每月"主题党日""4＋N"活动,通过集中议事和志愿者活动,凝聚人心、疏导情绪、化解矛盾,确保"小事不出村、大事不出乡"。

(二)驻村帮扶显成效

按照"四个不摘"的要求,进一步加强驻村帮扶工作,为巩固提升脱贫攻坚成效提供坚强的组织和队伍保障。以巩固脱贫攻坚成效为重点,组织驻村第一书记、工作队员和结对帮扶干部持续深入开展村情民意走访、帮扶措施落实、资金项目监管、内生动力激发、作风问题整治,进一步把握工作重点,落细落实工作措施,以帮扶工作的精准度提升群众的满意度,以帮扶干部的责任感提升群众的获得感。坚持扶贫与扶志扶智、日常帮助和临时救济、物质帮助和精神激励相结合,按照"一帮一""面对面"形式,每周不少于2次开展入户走访,着力解决贫困户家庭存在的生活难、上学难、看病难等问题,加大扶贫力度,提高致富能力。按照"扶贫先扶志,扶贫必扶智"的思路,组织开展送戏曲下乡、送书画下乡、送科技下乡、送文化下乡、送法律下乡等活动,加大宣传教育力度,丰富文化活动内涵,提升实用科技运用能力,激发群众内生动力,坚定贫困群众脱贫致富的信心和决心。

(三)产业发展助增收

产业兴旺,是解决农村一切问题的前提和基础。全乡聚焦马铃薯、草牧、劳务三大主导产业,推进转型升级,助推农户增收,为乡村治理奠定坚实物质基础。一是持续做大马铃薯产业。全乡马铃薯种植面积20000多亩,15家合作社带动农户332户,马铃薯产量30000多吨,亩产4000斤左右,每亩增收500元。二是持续做优草牧业。按照"以草定畜、以畜促草、草畜并举、循环发展"的思路,不断扩大牛羊养殖规模,畜存栏量由年初的7000只增加到了10000只以上,当年生牧草种植面积达到了10000亩。三是持续做强劳务产业。完成劳动力输转2299人,其中516名劳动力就地就近在本地合作社务工,实现了应输尽输,已落实交通补贴152人,补助资金6.3万元,落实劳务奖补政策5人,补助资金0.9万元。开发公益性岗位62个、光伏扶贫公益性岗位131个、选聘生态护林员 120 人,拓宽了贫困群众增收渠道。

（四）美丽乡村绘蓝图

建设生态宜居的美丽乡村,是实施乡村振兴战略的一项重要任务。全乡在改善农村人居环境,建设美丽乡村过程中,以全域无垃圾为目标,结合农村人居环境整治拆危治乱"百日行动",重点围绕"一路一街三条线"（一条通乡公路、一条街道、三条通村线路）,以全乡 313 名乡村公益性岗位人员和生态护林员为主要力量,根据精准选人、合理设岗、严格考勤、动态管理、发挥作用的原则,对选聘人员实行网格化、区域化、路段化管理,每周一、三、五定期开展垃圾清理和道路养护,并建立了"五抓"（抓区域、抓责任、抓管护、抓长效、抓督查）长效管理机制和管理考核办法。在乡村生活垃圾收集和处理方面,充分利用 2020 年项目配套的吸污车、清运车、钩臂式垃圾车等环保及垃圾处理设施,逐步建立了农村垃圾收集、运转、处理工作体系,农村环境面貌明显改善、群众生活习惯明显改变,营造了干净、整洁、优美的人居环境。

（五）文明乡风添动力

以树立和宣传群众身边的先进典型、讲好白碌故事为切入点,依托村级新时代文明实践（所）站这个主阵地,深入开展好婆婆好媳妇、致富能人、美丽庭院、最美家庭等评选活动,深度挖掘立足自身实现脱贫的先进典型和带动他人共同脱贫的致富典型,用榜样力量激发贫困群众脱贫信心和斗志,让乡村的榜样标杆更得人心,聚集起乡村崇德向善、向上、向美的正能量。注重发挥"一约四会"作用,将村级道德模范评议会、红白理事会、禁赌禁毒会、村民议事会等与文明实践志愿服务有机整合,通过志愿服务活动,培养群众良好生产生活习惯,根除"等靠要"等消极思想。大力弘扬孝善文化和尊老敬老传统美德,创新"433"工作举措,深入开展居家养老服务,努力提升全乡居家养老的服务质量和服务水平,在全乡形成了家庭孝心养老、社会行善敬老的浓厚氛围。传播文明理念,涵养文明乡风,让乡风好起来,群众富起来,努力打牢乡风文明振兴之基,让新时代乡风文明春风化雨全乡的每一个角落。

点评:

白硙乡坚持以党建为引领,充分发挥党支部的战斗堡垒作用和党员的先锋模范作用,加快新时代美丽乡村建设,助力乡村振兴,具体举措体现在:高点站位,科学规划绘蓝图;整治卫生,乡村净美焕新颜;整合资源,厚植文化主阵地。如今,全乡村民文明素养有了明显提升,矛盾纠纷持续减少,邻里关系更加和睦,农村治安安定有序,干事创业信心增加了,社会更加和谐了。游走在白硙乡乡村院落、田间地头,文明乡风扑面而来,产业发展生机勃勃。

八、宁夏隆德县城关镇咀头村

近年来,隆德县城关镇咀头村以打造共建共治共享的社会治理格局为目标,加强和创新社会治理,树立新理念,探索新路径,不断提升乡村治理能力,先后被自治区评为村民自治示范村、确定为首批新时代文明试点村,被隆德县精神文明委评为精神文明示范村。

(一)咀头之美,美在产业兴旺

咀头村以农业增效、农民增收为目标,以优化产业结构为重点,主抓种植、养殖、劳务三大主导产业。全村共发展奶牛养殖等 7 个合作社,村集体经济合作社流转移民迁出区撂荒土地,种植青贮玉米和马铃薯,给农户兑付流转费的同时进行二次分红;举办劳动力技能培训 220 人次,就近输出务工人员 343 名。设置生态护林员、公益性岗位,解决困难家庭剩余劳动力就业问题;紧紧围绕"两不愁三保障"目标,精准识别、精准施策,因户因人制定脱贫措施和巩固提升计划。

2018 年底,咀头村人均纯收入 7400 元,建档立卡贫困户人均纯收入 6250 元,实现了稳定脱贫退出。

(二)咀头之美,美在生态宜居

水的灵动,绿的雅韵,交织融合成一幅瑰丽的画卷,美不胜收。城关镇组织全镇 14 个村（社区）的 200 余名志愿者深入咀头村开展环境卫生整治，践行志愿服务精神，助力乡村清洁行动。实行网格化管理，严抓日常保洁，广泛发动群众，让百姓过上好日子、养成好习惯。

通过实施危房改造、厕所改造、残垣断壁拆除等工程，群众住上了宽敞明亮的大房子，用上了清洁便利的水冲式厕所。房前屋后小桥流水，公园内曲径通幽，昔日陈旧的咀头村成为群众安居乐业的美丽家园。

（三）咀头之美，美在有效治理

2019 年，咀头村以平安村创建为基础，以"发案少、秩序好、社会稳定、群众满意"为目标，以综治维稳及平安建设为载体，全面落实基层防范措施，整合治安防控网络，健全治安防控体系，增强防范控制实效，切实增强人民群众的安全感、获得感。

村"两委"坚持群众利益大于一切的原则，发挥矛盾纠纷排查化解"125"机制和"勤廉监督室"作用，从群众最关心、最急需解决的问题着手，建立村微信群和公众号，畅通诉求渠道，广泛收集民情，及时组织召开网格长和总网格长会议研究解决。通过扫黑除恶政策宣传，走访群众摸排线索，加强基层党组织建设，净化社会环境，提升了群众的安全感。以新时代文明实践站为平台，围绕"讲、帮、乐、树、行"开展道德宣讲活动，开展"村规民约"大讨论，举办"村规民约诵读大赛"等活动，提升了村民自我管理、自我监督、自我服务的能力。

（四）咀头之美，美在爱心传递

咀头村以"爱心超市"为平台，全面实行乡村治理积分卡制度，以"爱心传递站"积分方式，通过对"产业振兴、人才振兴、文化振兴、生态振兴、组织振兴、特殊嘉奖"等积分活动，提高群众参与的积极性，切实把党员群众的思想意识统一到党的路线方针上来。

坚持问题导向，依靠对行为打分、将分值物化的原则，抓好赋分制度设计、爱心公益超市建设和运行两个重点。在赋分制度方面，围绕产业、人才、文化、生态、组织五个振兴要求，将等靠政府送产业、参与发展不积极、不孝敬老人、高额彩礼等陈规陋习全部纳入社会治理范围,量化标准,设置赋分。在建设运行方面,依托现有村级网点,通过以奖代补、兜底保障等,确保分值物化过程中的可持续性。开展积分制活动,激发了群众的内生动力和对美好生活的向往,爱心传递站实现了孩子和老人的"微心愿",将困难群众、孤寡老人、留守儿童等群体美好的心愿通过民情联络员收集,倡导在职党员、志愿者服务队奉献爱心、实现心愿。

(五)咀头之美,美在文明实践

新时代文明实践站,聚焦农民所需所盼所想,肩负着助推乡村振兴,满足农民精神文化生活的新期待。

2019 年以来,咀头村深入学习宣传贯彻落实习近平新时代中国特色社会主义思想和党的十九大精神,紧紧围绕举旗帜、聚民心、兴文化、育新人、展形象这一目标,组建了党建宣传、环境保洁等 8 支志愿者服务队伍。新时代文明实践站、志愿者服务站、爱心传递站、便民服务站、文化活动站、文化广场和休闲公园即"五站一广场一公园",展示了习近平金句、社会主义核心价值观、红色教育、家风家训等方面的内容。宣传群众最想听的内容,讲解群众最想学的知识,开展群众最喜爱的活动,提供群众最需要的服务,解决群众最闹心的难题。

点评:

城关镇咀头村坚持把农村人居环境整治提升和村庄清洁行动作为重点工作,建立党支部引领、党员干部带头、广大群众参与的工作机制,对村内大街小巷、房前屋后等进行集中整治,并结合新时代文明实践积分制管理,以道德评议会、村民代表会等形式,通过评优选先,正向激励、反向监督,教育引导群众积极主动投身村庄清洁行动中去,实现村庄垃圾不乱堆乱放、污水乱泼乱倒现象明显减少、粪污无明显暴露、杂物堆放整齐、房前屋后干净整洁。

九、浙江省丽水市缙云县三溪村

三溪村是革命老区村和第一批丽水市市级生态村,也是浙江省三溪省级现代农业综合园区的重要组成部分。三溪村自 2001 年创建示范村以来，已先后共投入 200 多万元进行双整治改厕、农民公园二期工程建设，自来水管调换、村办公楼装修、自来水过滤池建设、村庄亮化（装路灯）、绿化，以及目前还正在施工的生态公墓建设等。三溪村主要以高山茶油、茶叶、笋竹、板栗、杨梅为主导产业。村内有宝来丽姜茶和仙都矿泉水两家知名生态型企业，特色农业产业和农业企业带动村民致富增收。

三溪村在创建美丽乡村初始，就严格按照村庄规划建设，从而达到村庄布局合理，村内路网布局有序。投入 20 余万元建设 1 千米石子步行道；台壶森林养生公园规划设计进一步完善；新建花坛绿地 300 平方米。投入 85 万元完成了三溪村 2 千米的环村公路硬化建设，如今，三溪村村内主干道硬化率达 100%。村内主干道和公共场所都安装了路灯，亮化率达 100%。全村饮用水清洁卫生，饮用自来水的农户达到 100%。全村河道净化整洁，水体清澈。村内危旧房基本得到改造。村内房屋实用美观、错落有致，有明显的地方特色和乡土风情。投入 10 万元开展花样农家建设，创建花样农家 150 户和示范户 10 户，打造花样农家示范街。全力抓好投资近 622 万元的农业综合开发龙溪小流域综合治理项目，目前已完成招投标并开工建设。投资 170 万元的南坑水库修缮加固工程目前正在紧张施工，投入 41 万元的马飞岭修缮加固工程已基本完成建设。

扎实推进美丽乡村示范村建设，加强农村生活污水处理设施建设，三溪村的农村生活污水项目已完成验收。三溪村投入 90 万元，率先在全村开展农村垃圾减量化资源化处理建设，改进农户卫生设施，实现无害化排污。在垃圾减量化资源化试点工作中，三溪村后吴自然村被县农办确定为试点村。农户门前实行"三包"，垃圾全部入箱，彻底改变了过去村庄环境脏、乱、差的状况，并建立《三溪村卫生管理公约》，健全了长效管护机制。村里还建有橱窗式的《党务公开栏》和《村务公开栏》，将村文明卫生公约、各项管理制度和保洁员职责、范围、姓名进行公布。同时,在村办公楼旁边的空地上安放了一套健身器材,让村民健身。修建河道围护栏,使之既美观又安全。优美的农村生态环境体系初步形成,并逐步增加一些环保设施。同时,为推行长效保洁精细化管理,把全村划分成几个区块,由村干部担任环境卫生责任人,并配备若干名自愿保洁人员和一辆垃圾车,进行全天候保洁,建立健全了相关的日常保洁、卫生管理制度、督查制度等长效管理机制。从而实现了卫生保洁全天候、全覆盖、全统一。

三溪村积极通过资金自筹、社会捐助、向上争取等方式,已先后投入近1000多万元进行村庄整治、农民公园、景观亭、景观桥、村庄亮化和绿化、龙溪疏浚、村防洪堤、文化礼堂等基础设施建设。先后投入近500万元,完成了龙溪河床综合整治、防洪堤建设、石头栏杆和路灯安装、道路硬化、防洪堤银杏长廊打造和绿化、石头堰坝建设、防洪堤石头行步道等建设。投入300万元,完成三个自然村的农村生活污水处理工程建设,助力三溪村最美乡村建设。

点评:

三溪村自创建示范村以来,通过资金自筹、社会捐助、向上争取等方式筹集资金先后进行了双整治改厕、农民公园二期工程建设、自来水管调换、村办公楼装修、自来水过滤池建设、村庄亮化(装路灯)、绿化,生态公墓建设等,这一系列改造让三溪村河道更加净化整洁,水体清澈,村民生活幸福感明显提升。

第五节 文化传承型美丽乡村建设案例

一、河南省洛阳市孟津县平乐镇平乐村

平乐村地处汉魏故城遗址,文化积淀深厚,因公元62年东汉明帝为迎接大汉图腾筑"平乐观"而得名。该村以农民画牡丹而闻名全国,农民画家已发展到800多人。"一幅画、一亩粮、小牡丹、大产业",这是流传在河南省孟津县平乐村村民口中的一句新民谣。

千百年来,平乐村民有着崇尚文化艺术的优良传统。改革开放后,富裕起来的农民开始追求高雅的精神文化生活,从事书画艺术的人越来越多。随着牡丹花会的举办和旅游业的日益繁荣,与洛阳有着深厚历史渊源而又雍容华贵的牡丹成为洛阳的重要文化符号。游人在观赏洛阳牡丹的同时,喜欢购买寓意富贵吉祥的牡丹画作留念,从事书画艺术的平乐村民开始将创作主题集中到牡丹。经过二十多年的发展,平乐农民画家们的牡丹画作品远销西安、上海、香港、新加坡、日本等地,多次参加各种展览并获奖。2007年4月,平乐村农民牡丹画家自愿组建洛阳平乐牡丹书画院,精选120余幅作品在洛阳市美术馆隆重举办了农民书画展,展示了平乐牡丹画创作的规模和水平。

"小牡丹画出大产业"。如今的平乐,已拥有国家、省市画协、美协会员20多名,牡丹画专业户100多个,牡丹绘画爱好者300余人,年创作牡丹画8万幅,销售收入超过500万元。2007年,平乐村被河南省文化厅授予"河南特色文化产业村"荣誉称号,平乐镇被文化部、民政部命名为"文化艺术之乡"。中共河南省委书记徐光春先后两次就平乐牡丹画产业发展作出批示。

点评：

平乐村按照"有名气、有特色、有依托、有基础"的"四有"标准，以牡丹画产业发展为龙头，扩大乡村旅游产业规模，探索出了一条新时期依靠文化传承建设"美丽乡村"的发展模式。

二、广东广州市海珠区黄埔古村

海珠区琶洲街黄埔古村享有千年古村和外贸名港的盛名，总面积60公顷，现有户籍人口3580人。黄埔古村内的黄埔古港是海上丝绸之路重要港口之一，是外国商船进入广州的必经之地，瑞典的"哥德堡号"、美国的"中国皇后号"等著名商船都曾在该处停泊。目前，黄埔古村内还保存有大量的古祠堂、古书塾、古民居等历史建筑群，极具历史考古价值。

（一）黄埔古村的历史与人文

广州的黄埔村位于海珠区新窖镇东部，旧属番禺县茭塘司管辖。其西面是琶洲岛，东面是珠江水域。黄埔村在北宋时期已聚居成村，作为天然的良港，修有北帝庙等宫庙建筑，至今已有1000多年的历史。南宋时期，黄埔古港已是"海舶所集之地"。明代更成为对外贸易的重要港口，清康熙年间，粤海关在广州设置九个挂号口，黄埔村就是其中一个。1757年清政府撤销江、浙和闽海关，仅保留粤海关，所有对外贸易仅限于广州一口进行，黄埔挂号口作为贸易必经之地而闻名。据统计，当时清政府接近一半的全国外贸出口总值是通过黄埔古港实现的。沧海桑田，黄埔古港因河道淤塞已不适合大型商船停泊，但黄埔二字早已闻名于界，如今广州有黄埔区、黄埔港、黄埔军校、黄埔大道，这些"黄埔"其实都源自海珠区黄埔村。

黄埔村的风俗也是历史悠久而形式多样。北帝诞、洪圣诞的飘色以及唱大戏和阿公饭，还有舞龙舞狮、上匾赛龙舟，每到这些时候，村民都会呼朋唤友，扶老携幼，这一幕幕充满温情的热闹景象反映出岭南水乡独特的人文风情，也年复一年地传承和维系着一代代村民的精神寄托。

(二)打造"人文历史名村"

古黄埔港是内河港口,因此黄埔村的地形也具有明显的水滨城镇特征:南临黄埔涌,在水路交通为主时期是进村的主要入口;为防御的需要,村外围环村开挖了护城河;此外,村内祠堂前面一般都有风水池塘,构成了村内丰富而有层次的自然环境。黄埔村现在仍然保持着明清时期的风貌格局,从保留着的昔日城镇的坊、街、里、巷的名称可以看出以前等级分明的道路系统。这些道路基本上是棋盘式格局,主要街道铺有长条形的花岗岩石块,可通马车。在村里形成两大商业中心:东市和西市。东市即黄埔直街,主要为黄埔村人所用;西市即今石基村海傍街,是繁华的一条街,专为来往的海舶服务。

对历史文化的保护和活化利用是该村村庄规划的最初设想,一体化改造是把黄埔古村建设成为美丽乡村试点的主要改造思路。在实施村庄规划方面,将区域发展和文化保护相融合,实施市政工程、立面整饰、景观绿化、古建筑修缮和水利河道等五大改造项目。建设改造项目分两期实施,一期工程建设已基本完工,二期改造工程仍在实施。改造具体从基础设施建设、环境综合整治两方面开展相关工作,力求凸显黄埔村的历史文化底蕴,改善村民的生活环境,提高古村经济集体经济发展能力,把黄埔村打造成为具有"一口通商古港"特色的"人文历史名村"。

点评:

黄埔古村的美丽乡村建设以"弘扬传统文化、发展旅游观光、发掘岭南水乡"为建设亮点,本着尊重历史、尊重科学、尊重民意的原则,致力呈现一个古朴而又焕发新貌的黄埔古村,打造广州历史文化名村新名片。

三、浙江丽水下南山村

老房子沉淀着时光的故事,绿树清泉吟唱着自然的赞歌,书吧、咖啡厅、民宿又提供着现代生活的休闲舒适。在浙江省丽水市莲都区,有这样一个名为"下南山"的生态古村,特色民居依山而建,错落有致;泥墙青瓦,古朴自然。但在几年前,这里还是一个被废弃的古村落。

下南山村,位于丽水市莲都区碧湖镇,始建于明万历年间,现存 42 幢清末民初古民居。村内建筑风格统一,以夯土墙、木构架、小青瓦的三开间和五开间形式为主,是浙西南山地民居的典型代表。2004 年,因生产生活需要,下南山村实施了整村搬迁,许多老房子因村民搬迁,无人看管维护,导致老屋荒废,房子漏雨、梁架倾斜、墙体开裂,百年古村逐渐衰落。

为保护古村面貌,提高村民生活水平,近年来,当地政府以"合理开发、科学经营、利益共享"为原则,坚持高质量发展,积极处理好保护与开发间的关系,走出了极具当地特色的古村落保护性开发的"下南山模式"。

"政府引+企业管+村民入",激活古村落的发展内力。政府搭建平台,引进关联度高、实力强、资金足和技术硬的优势企业;企业实施整村开发,负责古村落的规划设计和运营管理等;村民以现有土地、房屋及设施的使用权作为资本,采取"三变"投入模式,发挥村民自身优势,实现三方共赢。

"定战略+重规划+强管理",保障古村落的发展动力。以乡村田园生活为建设主线,深入推进乡村振兴战略,实施整村搬迁,为古村发展腾出空间;注重规划布局,在立足资源现状、地域条件和经济文化的基础上,古村落建筑和修复依照古村原貌开展,依托当地农耕文化、传统工艺以及乡土艺人等元素,布局特色鲜明的活动体验区块,打造消费者青睐的古村生活体验型旅游;依托优势企业和村民共同入股的有限责任公司,市场化运营,生态化管理,实现村落的可持续发展。

"搞创新+玩特色+挖内涵",挖掘古村落的发展潜力。以文化传承为突破口,在古村落业态经营上突破传统,融合餐饮、农超、养生、会议等多种服务形式,构建城市生活慢节奏型休闲旅游古村;进行古村原址改造,对古建筑的修复以就地选材、修旧如旧为主,将每一幢房屋、每一亩菜田,甚至每一道残垣断壁、每一口枯井都融入设计中,精心打造村中的小石磨、瓦罐排水等节点,构建人与自然和谐共处生态圈;内部使用空间则采用现代风格的设计,形成鲜明的视觉冲击,打造手工体验区、书吧体验区等区域;实施农旅融合新发展,依托村域内"黑炭杨梅"特色产业和古村民宿文化产业打造集观光、休闲、度假三位一体的乡村特色旅游品牌,成功带动周边农民增收致富。

下南山村在修复整治过程中,最大程度保留了生态原貌。承载着村庄历史的建筑风貌和传统文化得到了保护性传承开发,水系环绕、古树掩映、流水曲觞,静态古建筑与动态流水交相呼应,山水资源得到充分展示,生态美景一览无余。

点评:

下南山村是丽水美丽乡村的一个"活样板",也是"两山"转化的一个缩影。下南山村依托自身的资源优势、文化优势和产业优势,坚持可持续发展理念,做好顶层设计;重视本土传统文化传承,合理选择外来文化产业,既考虑满足城乡居民的物质追求和精神需求,也没有破坏当地原有的人文历史和古村风貌。下南山村不断加强乡村环境综合整治,通过古建筑修复、传统文化资源整合利用,越来越多老、破、旧的小村像下南山古村一样复活,重新焕发出活力。

四、日本岐阜县白川乡合掌村

合掌村位于日本岐阜县白川乡山麓。白川乡内共有 5 座合掌村落,至今完整保留有 114 栋合掌造建筑。合掌村以"文化传承的保护性开发"为理念,1995 年入选为世界文化遗产,日本最美村庄。

(一)产业规划

合掌村包含民居保护、民俗观光、民宿生态体验等完整的观光产业链。

1. 观光旅游:白川乡内共有 5 个合掌村落,其中最出名的是拥有 114 栋"合掌造"的荻町,还有一条长 1 千米左右的庄川河,以及寺庙、美术馆、博物馆等,利用这些旅游资源开发了乡村观光产业。

2. 民宿与特产:合掌村民宿以合掌造建筑见长,是日本传统民宿的典范。整个村落以不破坏村民生活为前提,改造了其中的一些合掌屋为民宿、餐饮以及特产商店,来满足日益增加的观光客的需求。民宿内体验项目以特定农作业或地方生活文化为主题,包括农耕体验、牧业体验、渔业体验、加工体验(做豆腐、捏寿司)、工艺体验(押花、捏陶)、民俗体验(地方祭典、民俗传说、风筝制作)等,可以感受农村朴实与温馨的生活环境,聆听主人讲述当地的风土人情,体会久违的宁静和安逸。合掌村商品主推本地特产,如浊酒、飞弹牛肉、柿饼、飞弹牛乳制的冰淇淋等,利用村内独有的原生态食材进行生产。

3. 节庆活动:为让"合掌村"一年四季都有游客,深度挖掘了当地文化,打造了"浊酒节""亮灯节"以及"消防演习日"等节庆活动。

(二)运作模式

合掌村在文化传承方面的具体措施有:

1. 高度重视原生建筑的保护并制定出台严格的开发规则

为保护独有的自然环境与开发景观资源,村民自发成立了"白川乡合掌村集落自然保护协会",制定了白川乡的《住民宪法》,规定村庄"建筑、土地、耕地、山林、树木"不许贩卖、不许出租、不许毁坏的"三不"原则。制定《景观保护基准》,针对景观开发中的改造建筑、新增建筑、新增广告牌、铺路、新增设施等都做了具体规定。要求凡有要改造或新建住房,都必须事先提交房屋外形的建筑效果图和工程图,说明材料、色彩、外形和高度,得到批准后才能动工。

2. 充分挖掘传统民俗文化并与文旅有机结合

充分挖掘以祈求神祇保护、道路安全为题材的传统节日——浊酒节,成为吸引游客观赏的重要内容。除大型节日庆典外,村民们还组织富有当地传统特色的民歌歌谣表演。同时,将传统手工插秧作为游客可以参与体验的项目进行开发。建立民俗博物馆和营造生态景观弘扬民俗文化,有效利用搬迁后空闲房屋实施"合掌民家园"项目,使之成为展现当地古老农业生产和生活用具的民俗博物馆。

3. 生态旅游、传统农业、民宿产业协同发展

为提高整体经济效益,制定实施推动农副产品发展政策,涵盖了各类农作物种植和家禽养殖等。这些农业生产项目均在旅游区中,既是农耕农事活动地又是旅游观光点。推进当地农副产品以及加工的健康食品与旅游直接挂钩,引导游客品尝新鲜农产品,进而购买有机农产品。这种因地制宜,就地消化农产品的销售方法,减少了运输及人力成本,使当地农民和游客双双受益。

随着游客越来越多,留宿过夜、享受农家生活的客人也随之增多。为结合游客居住习惯,对合掌屋室内进行改装,形成建筑外形不变、内部现代化的精品民宿,保留具有历史意义的农具和乡土玩具,使游客在旅居中能感受农村生活的朴实与温馨。

点评:

复兴文化,文化兴村。合掌村的文化包括民俗文化、历史文化和传统乡土文化,它代表了一个乡村生长、发展的灵魂。白川乡的成功与当地农民为保护家乡的地域文化、保护山村的生态环境所做的不懈努力是分不开的,他们的经验对我国新农村建设具有积极的参考作用:保护原生态建筑;制定景观保护与开发规则;建立合掌民家园博物馆;旅游景观与农业发展相结合;开发传统文化资源;配套建设商业街;民宿与旅游的结合;与企业联合建立自然环境保护基地。

五、浙江省杭州市桐庐县荻浦村

作为桐庐的东大门,荻浦村建村已有一千多年历史,村内尚有20多处明清古建筑。荻浦村域历史悠久,距今已有900年许,文化底蕴丰厚,有省级文保单位2处(申屠氏宗祠和保庆堂),咸和堂(明代)正在申报。2006年被评为省级历史文化村镇,2007年与深澳、环溪、徐畈四村一并

被列入第三批国家级历史文化名村。古孝义文化、古戏曲文化、古造纸文化、古树文化为村四大特色文化。古建筑至今保存良好，多以明清时期的徽派建筑为主。但是在以前的日子里，这些作坊遗址逐渐被村民所遗忘，甚至沦为生活垃圾的堆积点。这次，荻浦村全体村民总动员，将造纸作坊遗址的水槽从垃圾中清理出来，并将其恢复原貌。接下来将其与村里的保庆堂、嘉庆堂等古建筑合在一起，制订系统的维修方案，以达到满意的修复效果

近年来，荻浦村以看得见的传统村落为载体，以生活化的故事为依托，以乡愁为情感基础，以优秀的传统文化为核心，深入挖掘蕴藏在民间的家风家训，充分依托保庆堂广泛开展"晒家训、扬家风、学礼仪、创品牌"主题活动，让百姓在活动参与中感受道德的力量，实现道德传承。荻浦村作为桐庐县统筹城乡发展重点建设的中心村，于2011年初提出打造"古风荻浦"的品牌文化，重点挖掘古孝义、古树、古戏曲、古造纸四大特色古文化，力求做好古文化传承发展的文章，希望透过一砖一石一瓦去见证荻浦的历史底蕴与古村落文化风韵。

古风古韵的荻浦村，以打造中国孝义文化为核心，深入挖掘孝义文化内涵，将家训内容融入到农村文化礼堂建设中，将整理收集的家风家训通过书法、剪纸、绘画等形式，展陈在文化礼堂或活动室。饮水思源，不忘根本，让传统村落格局延续，让氏族血脉世代传承，循着孝义文化的源源清流，静静地在美丽乡村流淌。不仅如此，近年来，荻浦村还深入开展"身边好人"微评议、"最美人物"微宣讲、"凡人善举"微公益"三微联动"系列活动，组建道德模范先进事迹宣讲团，以家训带动家风，家风推动村风，村风促进民风。

点评：

文化振兴焕发乡风文明新气象。如何让昔日荒芜的农村、留守的农村变成记忆中的故园？改变村容村貌是重要一环，要让村庄有血有肉、充满灵气，唯有因地制宜、量身度制做好乡村的发展规划，坚持以绿色发

展理念为引领,探索出适合自身的发展道路。

获浦村从"空心村"到引进城市化村的经验告诉我们,创新思路是关键。乡村建设如果摈弃大拆大建,保护好古建筑、古树、古院落,将原来废弃的猪舍、牛栏,改造为有文化创意色彩的茶吧、咖啡馆,既可以达到循环利用效果,又吸引到更多的游客前来消费,变废为宝,从而打造质朴却不失个性村居环境的建设模式,自然是一举多得的良性发展之路。

六、广东佛山紫南村

佛山市禅城区南庄镇紫南村拥有"全国民主法治示范村""全国文明村镇""中国最美村镇""中国十佳小康村""全国乡村治理示范村""新时代·中国最美乡村"等多个"国字号"殊荣,2019 年获首届"广东省十大美丽乡村"称号。

过去的紫南问题众多、管理混乱,如今的紫南秩序井然、经济腾飞。在村支书潘柱升的带领下,紫南村充分抓住南庄镇"优二进三"的战略机遇,提前布局做好产业规划、城市规划和制度规划。正是这三大规划,绘制了紫南的发展蓝图,打造了"紫南模式"。紫南商贸城、易运物流基地、佛山市国际陶瓷卫浴城、紫南银河广场四个专业市场拔地而起,以紫南美食城、桃园一品、叙福楼海鲜酒家、永利酒店等为代表的餐饮住宿产业发展得热火朝天。全市首个村级市政管理处、首个实现雨污分流的村级污水管网,全区首个村级大型立体停车楼以及公交枢纽站、绿色休闲公园、安全小区式管理等让紫南村充满了城市气息。60 多份村规民约、300多条管理规定使紫南村形成制度管人的良好机制。

仓廪实而知礼节。经济发展到一定程度后,紫南村开始向"文化立村、文化兴村、文化强村"方向转型,从"上善若水"的岭南水乡文化中深入挖掘,提炼出仁善文化,塑造了"仁善紫南"文化品牌。2016 年以来,紫南村每年都举办仁善紫南文化艺术年活动,开展元旦迎新八千米长跑、三八妇女节知识竞赛、村级运动会、美德人物系列评选四大群众性活动。

广府家训馆、佛山好人馆、紫南村史馆、贤德公园的落成,将仁善文化深深根植在每个人的心里。

点评:

紫南村坚定文化立村、文化兴村、文化强村的发展思路,以文化激发乡村发展动力,持续创造美好生活。为了实现集体经济的高质量发展,紫南村两委班子用创新思维不断寻求新的增长点,将目光转向了文化、生态、养老等新兴产业,引进上海东方好莱坞有限公司来紫南开发民宿小镇、建设电影部落,还引进了一家占地90亩的五星级医养结合型养老院和几家高新技术制造企业。紫南已启动创建国家4A级旅游景区创建工作,将把紫南打造成佛山市乃至广东省首个"村庄上的4A"。

七、浙江省杭州市富阳区文村村

依山傍水人家,文村就坐落在浙江杭州市富阳区西北山区的洞桥镇境内。村居背靠一山,形似毛笔,当地人以文笔峰世代相称。在文笔峰一侧,有一泓终年不会干涸的小泉,形似砚台。据文村沈氏大姓的家谱记载,因村内有笔有砚,故名"文村",以耕读传家。得益于村民古朴的家风,当地至今有40余幢建造于明代、清代、民国三个时期的古民居,且保存完好。每个时代的房子形态各异,高低错落,相得益彰。

传统的乡村有着深厚的文化积淀,是活着的历史。如何让文化力量重返乡村?如何用建筑设计推动乡村振兴?首先应该明确,城市化绝不是单向地把农民推到城里去,真正的城市化应该是双向的:中国的城市化进程,应该在重新认识乡村的基础上推进——到乡村去把我们的传统文化找回来,把我们那种对自然的感受找回来,把我们的手工艺找回来,把我们生活里那种中国的味道找回来。未来的乡村,其实也是一种"隐形城市化"的状态,有山青水绿的生态环境,有文化传统的滋养,有现代化的生活。乡村建设好,城市才更美好,中国才更有希望。

富阳文村拥有明代、清代和民国时期的江南民居40多幢,但随着城市建设风气进入文村,这些具有代表性的古建筑面临着被拆的危险。在浙江省建设厅的支持下,2012年建筑大师王澍带领自己的团队着手整合这里的资源,历时3年完成了对文村的保护性改建。改建后的民居为文村带来新的面貌,使文村成为美丽村庄建设热点,不仅吸引了大量游客来到文村,还吸引了北京农业互联网公司和众安民宿产业发展公司等企业进驻,发展生态农业和民宿产业,带动文村一产、二产、三产的联动发展,为文村的农业生产注入新的活力。

点评:

在美丽乡村的建造中,需要在保护传统村落文化、保存原始风貌和生态肌理、保留乡村社会价值体系和集体情感记忆的基础上,深入发掘乡村背后的故事和文化基因,并运用现代手段,打造乡土的、健康的、休闲的、历史的乡村,使乡村成为守望乡愁的重要场所。

八、广东省汕头市桥陈村

桥陈村位于潮阳区金灶镇西北部,属纯农革命老区村,辖区面积510亩,耕地面积310亩,水面面积100亩,现有人口1350人、245户。该村于2016年被确定为省定贫困村,由市农业农村局、市农科所、中国人保财险汕头分公司挂钩帮扶,三年来,共落实帮扶资金5000万元。桥陈村于2017年被确定为广东省首批"红色村"党建示范工程示范点,并先后荣获"中国美丽休闲乡村"、首批"广东省文化和旅游特色村"、"汕头市文明村"、"汕头市十佳美丽乡村"等称号。

这其中,有一做法起到了重要作用:盘活闲置土地,发展乡村旅游产业。以文化体验为核心,塑造潮汕乡土的文化内涵,本着修旧如故的理念,对古厝老房等闲置宅基地进行保护性开发,大力发展乡村旅游。现已完成老寨改建一期工程建设,建成民宿24间,建筑面积1100平方米,已引进经营主体试运营,可增加村集体年收入15万元。同时,建设农家乐经营点,搭建钓鱼平台和野炊体验营,窑鸡、农家菜等乡村餐饮业,打造垂钓、餐饮、娱乐为一体的农旅文综合体。

点评：

桥陈村以党建引领扶贫为抓手，扎实开展精准扶贫精准脱贫、新农村建设和"红色村"示范工程建设等各项工作，不仅本村发生了翻天覆地的变化，也与周围几个村子连片打造，形成乡村旅游带，打造"红色旅游＋休闲观光＋农家体验"发展模式，2019 年 7 月也被推荐为首批"广东省文化和旅游特色村"，乡村旅游已成为促进桥陈村乡村振兴的特色和亮点。

九、安徽省黟县宏村

应该说宏村的成名和成功来自于徽州地区独具特色的资源禀赋和企业家黄怒波独辟蹊径的眼光。作为世界遗产的宏村之美，某种意义上代表了水墨江南的极致之美。这点是宏村最具特色的资源。因此，宏村本身就是个绝美的旅游吸引物。

宏村位于安徽省黟县东北部，村落面积 19.11 公顷，宏村的选址、布局以及宏村的美景都和水有着直接的关系，是一座经过严谨规划的古村落。古宏村人独出机杼开"仿生学"之先河，规划并建造了堪称"中华一绝"的牛形村落和人工水系。

（一）深厚的历史底蕴与文化遗迹具备天然文旅禀赋

宏村是一座"牛形村"，整个村庄从高处看，宛若一头斜卧山前溪边的青牛，村中半月形的池塘称为"牛胃"（月沼风荷），一条 400 余米长的溪水盘绕在"牛腹"内，被称作"牛肠"。村西溪水上架起四座木桥，作为"牛腿"，这种别出心裁的村落水系设计，不仅为村民生产、生活用水和消防用水提供了方便，而且调节了气温和环境。

全村现保存完好的明清古民居有 140 余幢，民间故宫"承志堂"富丽堂皇，可谓皖南古民居之最。村内鳞次栉比的层楼叠院与旖旎的湖光山色交相辉映，动静相宜，空灵蕴藉，处处是景，步步入画。从村外自然环境到村内的水系、街道、建筑,甚至室内布置都完整地保存着古村落的原始状态,没有丝毫现代文明的迹象。这些为宏村的旅游开发提供了极佳的天然禀赋。

(二)选址的巧妙与风水的运用实现人与自然的和谐统一

相关史料记载宏村历代人具有根深蒂固的风水理念,这与宏村独特空间的形成关系密切。宏村是经精心"设计"而成的,其外部空间崇尚自然的传统环境观念在其选址、规划中得到具体体现。宏村古村落选址和规划建设都符合传统的"枕高岗,面流水,一望无际"的风水原则。

宏村的水主要是来自西溪,而最后这水又"还"给了西溪。宏村人只是巧妙地使它在村中"游历"了一遍,而同时又满足了村民们的日常生活需要。这种按照自然条件的缺损,通过人工措施来补益的巧妙做法,起到了点石成金的效果。从宏村这一中国古代村落的整个形成历史过程,可以看到我国古代建筑意识中对整个居住群的整体规划及对环境保护的重要性认识。最终形成"置高岗面流水,一望无际",依山傍水而居,村后以青山为屏障,可挡北面来风,地势高爽,无山洪暴发冲击之危,有仰观山色俯听泉声之乐。

由此可见,宏村建筑群是集建筑工程学、古代科学、文化、宗教、美学、艺术等于一体的综合实体。它在力求满足村民实际功能性需求的同时,又兼顾了文化气息和观赏性,使其具备了发展的可持续性,"中国画里乡村"可谓名至实归。

点评:

黟县是中国最早开发乡村旅游的地区之一,历经自发发展、数量扩张、规范发展和品质提升四个阶段,积累了大量典型模式和成功经验。在旅游开发过程中,依托传统文化,将优秀传统文化蕴含的思想观念、人文精神、道德规范与旅游要素相结合。围绕"乡村旅游+",推动乡村旅游与摄影、影视、农业、生态、节庆、赛事等相结合,在撬动旅游产业资源融合和旅游产业链延伸的同时,带动了大批农民增收致富。

十、山东省济南市朱家峪村

朱家峪村,地处章丘区东南 5 千米,距济南 50 千米。其拥有 38 年以上的历史文化,国家 4A 级景区,是中国典型的北方山村型古村落,是山东省唯一的"中国历史文化名村"。全村有大小古建筑近 200 处,各种石桥 20 余座,井泉 20 余处,庙宇 10 余座。村中有被誉为"世界立交桥原型"的康熙双桥,有"古代交通先驱"之称的双轨古道,还有文昌阁、关帝庙、朱氏家祠、坛井七折等,人文、自然景观数不胜数,被誉为"齐鲁第一古村,江北聚落标本"。

（一）以公司化运作模式,大力发展文化旅游业

为提升古村管理,推动朱家峪开发,按照"政府主导、市场主体、文旅融合、惠民强村"的发展思路,以将文化资源优势转化为发展优势为目标,在开发过程中坚持将市、镇、村三方作为管理主体,政府牵头,各方参与。一是在历史文化资源的开发建设期间,政府投资开展基础设施建设、配套服务提升等工作,建设成熟后再按旅游文化产业的运作模式进行经营管理。二是积极探索旅游体制改革,成立混合所有制性质的朱家峪旅游发展有限公司,进行企业化管理、公司化运作。目前朱家峪的资产评估为 2.1 亿元左右,村集体拥有旅游公司 20% 的股份。三是鼓励村民参与景区经营,个人资产可通过股份制入股、出售或出租等多种方式实现增值,打通资源、资产、资本、资金通道。四是重视对村民利益的保护。景区改造搬迁,充分尊重农民意愿,允许原住居民开设农家菜馆、豆腐店、古玩店、手工作坊等,增加致富渠道。同时,景区服务、管理岗位的招聘重点也向村民倾斜。目前有 80 多人在景区担任保安、讲解、管理等工作,他们人均年收入已超 2 万元。

（二）推进基础设施建设,提升景区综合能力

朱家峪在保护历史文化资源、修复古建筑方面始终坚持"修旧如旧、仿古如古"原则。同时,全面升级人文景区基础设施,建成大型停车场,

综合性游客服务中心,标准化旅游公厕,景区排污、处污系统等公共基础设施。积极整治朱家峪入口牌坊处景观,实施环村游览山路、电力、朱家峪水库增容防渗等建设。此外,为提升"软环境",政府还精心组织策划为朱家峪村撰写导游词,全面阐释朱家峪的"前世今生",开设"二人转"剧场,打造中国传统文化教育基地,策划经典诵读活动,推出样板戏演出、革命歌曲演唱等内容。

点评:

朱家峪,是中国北方地区典型的山村型古村落,是山东省唯一的"中国历史文化名村",被专家誉为"齐鲁第一古村,江北聚落标本"。该村以闯关东文化为精神核心,以党建引领示范区美丽乡村建设的模式,以区域联动和城乡统筹为视角、旅游为主线,构建农业——景观——旅游——交通——村庄——生态——文化等美丽乡村建设体系,打造集田园休闲、花海观光、文化旅游、古村体验为一体的城郊型"齐鲁样板"示范区。

第六节　渔业开发型美丽乡村建设案例

一、甘肃天水市武山县盘古村

武山县位于甘肃省东南部,天水市西端的渭河上游。目前,该县渔业产值占农林牧渔总产值的10%。2012年末,全县养鱼水面达464亩,其中冷水鱼12亩,水产品总产量达到300吨,其中冷水鱼超过40吨,渔业总产值达770余万元。近几年,旅游市场火热,武山县紧抓机遇,结合实际,大力发展休闲渔业。休闲渔业是对渔业生产的补充,是对渔业资源的综合利用,是实现渔业产业结构调整的战略选择。

该县盘古村的发展前景比较好,该村 400 余亩河滩渗水地充分利用后采取"台田养鱼"模式进行开发池中养鱼、台田种草种树,随着经济的发展逐步开辟成具有水乡特色的以生产商品鱼为主,将来要建设成休闲式生态渔家乐。2008 年秋,该县龙台董庄村冷水鱼养殖户按照旅游要素,加大休闲农业开发建设的力度,以渔业生产为主题,以区域文化为内涵,以景观为依托,结合本地特点,打造功能齐全的休闲农业示范景区。其中,君义山庄等渔业养殖户进行了改造提升,积极推出"住在渔家、玩在渔家、吃在渔家"的"渔家乐"休闲旅游项目,已成为武山"农家乐"示范基地。近年来,武山县试验推广鲑鱼为主的冷水鱼品种,培育发展休闲渔业,全县渔业产业实现了从粗放到精养、从单一的养卖到提供垂钓、餐饮、休闲观光等综合服务方式的巨大转变,养殖规模不断扩大,呈现出良好的发展态势。

盘古村的"渔家乐",依托良好的生态资源发展垂钓运动,经济收入可观,效益比原先高出一倍以上。现武山"渔家乐"成为了天水休闲渔业示范基地,带动了乡村休闲旅游的发展。武山县积极研发引进渔业养殖新技术,其中"河流养殖冷水鱼技术试验"的成功极大地拓展了养鱼空间,也为该县渔业找到了确实可行之路。大南河西河、榜沙河上游有生产上千吨冷水鱼的水资源潜力,养殖技术已达到自繁自育的水平。武山县有河谷滩涂地、渗水地、薄田等宜渔土地 5000 余亩,适宜于集中连片发展常规鱼养殖,"台田养鱼""塑料薄膜防渗"等渔业实用技术的试验示范为常规鱼养殖奠定了技术支撑。龙台乡董庄村冷水鱼养殖开发小区、温泉乡"福源生态农庄"、鸳鸯镇盘古村养鱼小区依托周边山水风光、人文景观、人脉资源,发挥自身环境优美、产品绿色环保的优点,为人们提供休闲娱乐、观光垂钓、农家餐饮等服务,延长了渔业产业链,经济效益翻倍提高,成为渔业经营方式创新的典型。

点评:

武山县借着乡村休闲旅游的东风,因地制宜,大力发展休闲渔业,积极建立示范基地。盘古村养鱼小区依托周边山水风光、人文景观、人脉资源，发挥自身环境优美、产品绿色环保的优点，为人们提供休闲娱乐、观光垂钓、农家餐饮等服务，延长了渔业产业链，经济效益翻倍提高，成为渔业经营方式创新的典型。

二、辽宁省大连市王家镇

王家镇又称海王九岛，地处黄海北部，由大小9个岛屿和6个大型明礁组成，陆域面积6.93平方千米，海域面积380平方千米。全镇辖有4个行政村，户籍人口4800人。近年来，镇党委政府以打造美丽乡村为重点，立足地域特色，科学规划、整体推进，使乡村建设与产业发展协调辉映，海岛面貌发生了巨大的变化。先后被授予国家特色小镇、国家安全社区、国家生态镇、国家卫生镇等荣誉称号。

（一）以规划为引领，明晰建设定位

一是构筑整体美，让活力"进"出来。按照"显山露水、依海就势、错落有致、城在林中"的发展思路，积极推进环境、空间、产业和文明相互支撑、整体联动，力求做到布局"一盘棋"、规划"一张图"。聘请权威单位和专家对海岛城镇体系规划进行高水准、高品味设计，编制了2013－2030年王家镇总体规划、土地利用现状总体规划，城镇开发建设步入科学有序轨道；制定了王家镇海岛旅游发展规划，海岛发展层次跃上新高度；编制了海域使用、海岛修复、区域用岛等海洋规划，为海域海岛开发利用提供了遵循；编制了海陆交通、乡村旅游等基础设施和产业规划，行业领域发展的目标导向更加明确。

二是注重个性美，让特色"显"出来。在对城镇体系进行规划设计的同时，在个性上做文章，在特色上下功夫，对各点、面的性质、区位、文化、产业等进行了科学定位，对大岛南部、北部海岸带及附近岛屿进行规划，突出镇中心的辐射带动作用，确立了以九岛广场为轴心，扩张镇中心区域，完成综合商贸区、多功能服务区、文教卫生区、居民生活新区和多功能文化服务中心的"四区一中心"建设;逐段启动了海岸带及相临小岛整治建设,促进其形成规模、完善功能、集聚人气。

（二）以绿色为灵魂,彰显生态之美

镇党委政府突出生态建设,增强美丽乡村聚集效应。一是实施生态海岛建设。按照林荫型、景观型、休闲型"三型"标准,通过"见缝插绿、垂直挂绿、破硬变绿、拆墙透绿"措施,全面实施了"蓝天、碧海、绿地"工程,高标准进行了海岛生态绿化规划设计,重点搞好环岛公路绿化带和民宅小区绿荫带建设。投资1300万元,完成了海岛生态绿化1~4期项目,绿化面积14万平方米,栽植乔木、花灌木、花卉等植物种类60余种125万株,铺设草坪5万平方米,道路绿化9万平方米。创造了"村在林中、院在树中、人在绿中"的优美环境。

二是加大海岛环境治理力度。实施了环境连片整治项目建设,完成了中水池、污水收集池等土建工程,配置垃圾箱36个、各种垃圾车20台。按照重点区域重点治理,一般区域综合治理的原则,在全镇范围内划分了6个重点区域,11个责任区,先后组织开展了40余次大规模的海岛环境综合整治。

（三）以民生为重点,凝聚建设合力

一是加强政策引导。建立了镇领导包村推动美丽乡村建设制度,把美丽乡村建设纳入镇、村工作目标责任制考核,进一步细化落实责任。

二是抓好资源整合。建立了项目整合机制,将土地、城建、林业、水利等方面涉农项目进行整合,全力对接美丽乡村建设。建立了"财政奖补、项目整合、招商引资、信贷支持、社会帮扶"的投入机制,挖掘资金来源。

几年来,全镇共投资2.5亿元,完成了160余个涉及水、电、港、路、灯、园、林、通讯等民生公益项目建设,逐步完善了海岛基础配套设施。相继推动了后滩港千吨级码头建设、全镇县级公路整体翻修改造、村屯道路硬化铺设、镇中心通讯光纤入地、主街区路边石安装和天然理石的铺设、镇中心房屋外墙粉刷、休闲广场、文化宫、镇中心幼儿园、南北海堤、排水沟治理及周边环境改造、塑胶篮球场、小型足球场、羽毛球和排球综合运动场、老年门球场、环岛路灯、LED灯带、LED灯树等基础设施和公益事业建设项目。进一步整合了管理资源，集中了公共优势，拓宽了服务领域，美丽乡村建设的发展后劲持续增强。

（四）以产业为引擎，发展富民产业

镇党委政府始终把大力培植发展特色富民产业作为促进农业增效、农民增收及美丽乡村建设的动力之源。

一是突出产业特色。重点发展水产养殖、休闲渔业等特色产业。几年来，通过努力，王家镇旅游产业规模档次得到提升，相继完成了海岛旅游码头升级改造、祈祥园改扩建工程、"渔家乐园"旅游小区及配套建设、灯塔景区建设、浴场周围部分居民动迁和南山居民回迁旅游小区建设、谢家沟"渔家乐"风情园区建设规划、南海公园建设、前庙湾岸线修复项目建设、海王九岛生态公园项目建设、月儿湾木别墅度假区项目建设、南大湾湿地修复等旅游基础配套建设。

与此同时，以休闲渔业示范基地建设为依托，大力发展渔业旅游综合开发、海上垂钓、渔业体验、渔业观光、海洋科普等多种形式的休闲渔业，努力建设适应不同层次、不同需求的休闲渔业基地。这些项目都充分考虑了社会需求和品位需求，展现了"优、美、亮、绿、畅"的特点，形成了美丽乡村的框架和布局，推动了旅游产业提质升级，惠及了全镇广大群众。海王九岛对外知名度和美誉度不断提升，客源市场覆盖全国10多个省。海洋牧场建设得到提质增效，以全面调整养殖产业结构为重点，大力推进高效渔业和渔业产业化进程，全镇主要放养品种有扇贝、牡蛎、贻贝、杂色蛤、刺螺、海胆、海参等10余个，多品种养殖、多茬次收获的养殖模式被广大养殖户普遍认可。

二是突出主体培育。把新型经营主体作为构建现代产业体系、生产体系、经营体系的重要力量，全镇已经形成各类经济组织950余个。

三是突出品牌创建。大力实施产业与品牌"同建共享"战略。建立"国家无公害产地示范基地"3个,取得"大连市无公害产地示范基地"认证7个,大连玉洋集团股份有限公司的玉洋牌海产品被评为"中国海鲜十大品牌"和大连市农业产业化重点龙头企业;大连东方润隆水产有限公司注册的"团圆岛"商标荣获辽宁省著名商标、中国驰名商标称号。2019年,全镇实现社会总产值22亿元;实现财政一般预算收入3000万元;实现规模工业产值8200万元;实现固定资产投资8500万元;实现人均收入26784元。

王家镇已经步入经济社会快速发展的新阶段。荣获全国贝类特色小镇、中国最美休闲乡村、辽宁省海湾扇贝特产之乡、辽宁省十佳旅游海岛、辽宁省特色旅游乡镇等称号。

点评:

王家镇以休闲渔业示范基地建设为依托,大力发展渔业旅游综合开发、海上垂钓、渔业体验、渔业观光、海洋科普等多种形式的休闲渔业,以建设中国大连贝库小镇为总体目标,以富民强镇,提高人民生活水平为根本出发点,坚定不移地实施"生态立镇、渔业强镇、旅游兴镇"的发展思路,进一步培育做大贝类产业,提升渔业经济。

三、浙江省嘉兴市海盐县

海盐县地处杭州湾北岸,海域面积67.6万亩,淡水养殖面积2万亩。2019年,该县渔业总产值保持连续四年增长,获列首批浙江省渔业健康养殖示范县、浙江省稻渔综合种养重点示范县。近年来,该县以开展"三联三送三落实"为契机,聚焦复工复产,强化执法打击,深化产业培育,切实保障渔业健康可持续发展。近日,该县海洋与渔业执法大队获全省农业农村系统突出贡献集体。

海盐县念好复工复产"帮扶经",有序引导渔业快速生产。依托驻企服务员制度,专门组建水产技术专家顾问团。针对驻企服务员在指导帮扶中发现的问题,顾问团及时跟进帮扶,累计解决生产、项目申报等难题9个。特别是在疫情初期纸质通行证数量有限的情况下,顾问团积极与交通部门协调,帮助野荡水产养殖场、五丰水产良种育苗场、嘉兴鑫汇达农业开发有限公司等6家经营主体协助办理疫情防控民生物资类专用通行证,虾苗运输车辆通行保障和育苗生产所需物资储备调运等实际困难得到快速解决。

海盐县打好防疫执法"组合拳",有力守住渔业安全底线。全力抓好渔业领域新冠疫情防控,设立水上防疫卡点,全面做好船舶排摸、人员排摸、作业劝导等工作,出动渔业执法人员82人次,累计排摸船舶157艘、测温349人,切实筑牢水上防疫网疫。大力实施"春雾""亮剑"等渔业专项执法行动,严厉打击渔船违规出海、电毒鱼、电捕鱼等违法生产行为。今年以来,出动执法人员135人次,立案查处电鱼违法活动4起,查处无证捕捞6起,处置110、12345等渔业警情15起。

海盐县推好产业培育"绿色码",有效提升渔业发展质量。创新推出优质项目推荐库,将稻虾综合种养、跑道鱼纳入项目库,吸引工商企业人才、社会资本发展绿色高效渔业。大力推广稻虾综合种养,制定2020年海盐县省级稻渔综合种养重点县示范创建项目申报办法,引导稻虾产业发展壮大。今年以来,新增稻虾综合种养面积0.46万亩,累计推广至1.6万亩,建成百亩稻虾示范基地30个。积极开展水产养殖尾水治理,制定海盐县渔业健康养殖示范县创建方案,同步实施水产健康治理面积9883亩,以清单形式纳入镇(街道)目标责任制考核,结合稻虾产业培育,努力打造浙北渔业绿色发展"海盐样板"。

点评:

海盐县县域美丽乡村项目以贯彻"乡村振兴""两美嘉兴"战略,构建乡村与城镇、旅游、特色产业、文化品牌等共融发展的组合体系。依托山、林、田、矿坑等多层次景观环境,以粮油基地为产业支撑,以休闲农业的视角,策划生态养心、文化体验、蔬果采摘三大类产品,并突出康体养心特色，以竹意林、茶农趣园、农耕体验馆、传统医药展示馆等项目来提升"丰山丝竹"品牌的体验内容，形成集生态观光、果蔬采摘、康体养心、民俗体验、医药文化展示等功能于一体的生态休闲型村落。

通过美丽乡村精品村、美丽乡村升级版创建村、慢生活休闲示范村的打造，逐步把条件成熟的村纳入海盐整体乡村旅游品牌体系。同时结合各镇、村的文化建设乡村旅游特色聚集区，农耕文化展示区以及一系列具有海盐区域特色的民宿、乡村主题酒店、特色农家乐等旅游产品，创新管理模式，带动农民创收。

四、山东省齐河县马集黄河湾

齐河依靠科技，创新现代渔业产业体系、生产体系和经营体系，县农副渔业发展中心大力发展绿色水产养殖业，以休闲体验拓展渔业、用智能科技助推渔业，高质量打造现代渔业发展新优势。

马集镇黄河湾田园综合体项目已建成长达430米的大型垂钓平台，可供200多人同时垂钓，打造高端的生态垂钓平台。

以安头乡铭源锦鲤为龙头，在引进高档观赏鱼新品种的同时，建设观赏鱼交易市场和举办拍卖会，吸引更多的观赏鱼商来齐河，扩大齐河观赏鱼的知名度。

由晏子湖生态旅游开发有限公司投资1000多万元的工厂化养殖车间已经基本完成主体施工，近日将投放首批南美白对虾虾苗。据公司总经理孙家乐介绍，养殖车间总共13000平方米，后期将安装水质在线监测设备，不但对养殖池内的温度、PH值和溶氧量能实时监测，还能实现微调；自动喂虾船能随时根据虾的长势情况进行投喂，喂料均匀、运行安静，基本上不用人工，船下安装有水下浊水摄像头，能够监测到虾的吃食情况和健康情况。

把发展休闲渔业作为调整渔业产业结构的着力点和突破口。齐河结合乡村旅游发展和田园综合体发展规划，打造具有特色的生产休闲渔业产业链,深挖渔文化内涵,延长产业链条,实现农旅互动、渔旅融合。

2019 年以来,齐河新增养殖面积近 1000 亩,引进新品种 3 个,通过这些示范场结构调整,带动更多的养殖户调整养殖品种,提高渔业养殖效益,促进渔民增收,实现乡村产业振兴。

点评:

马集镇按照"保持好原生态、突出渔业特色"的原则,将黄河湾规划为休闲养生、科普教育、水上乐园和渔业养殖四大功能区,坚持高点谋划、绿色开发,实现了生态与经济效益双赢。

五、广西壮族自治区南宁市横县

渔业养殖是横县农业的传统模式,2018 年,横县农业农村局积极推进全县渔业发展,取得了良好效果。在今年横县第十七届人大第四次会议上,县委书记黄海韬强调要以产业兴旺筑牢乡村振兴基础,渔业养殖作为横县的传统农业项目,必将为乡村振兴工作做出贡献。

近年来,县农业农村局积极推广特色养殖,促进横县水产业产业结构优化及养殖品种多样化。在积极发动养殖户进行特色养殖过程中,对于养殖户出现的资金困难,县农业农村局指导养殖户做好年度渔业项目申报工作,大力实施支农惠农政策,为养殖户顺利扩大生产,进行产业结构调整提供了有力的帮助。

提高养殖户管理渔业生产的能力和技术水平,是渔业获得丰厚利润的关键因素。县农业农村局工作人员定期对养殖业主进行有关的技术指导和培训,以建设优势水产品养殖区为目标,按照水产业发展规划要求,从"一县一特色"上抓突破,在巩固传统四大家鱼养殖的基础上,侧重发展大水面养殖乌鳢和鳜花鱼,开展以山塘、水库等大水面的养殖,努力培育新兴鱼类产业化经营。积极推动贫困户参与到养殖合作社中,助推脱贫攻坚工作的同时推进乡村振兴。

2019 年,县农业农村局在县委县政府的指导下,将继续加强对新品种新技术的推广力度,围绕横县水产养殖标准化、产业化目标,做好新品种引进及推广工作,努力促使横县水产养殖迈上一个新台阶。

点评:

横县大力发展特色渔业养殖,促进水产业产业结构优化及养殖品种多样化,把水资源变成了财富源。横县组织专业技术人员定期对养殖业主进行有关的技术指导和培训,以建设优势水产品养殖区为目标,按照水产业发展规划要求,从"一县一特色"上抓突破,在巩固传统四大家鱼养殖的基础上,侧重发展大水面养殖乌鳢和鳜花鱼,开展以山塘、水库等大水面的养殖,努力培育新兴鱼类产业化经营。

同时,横县积极推动贫困户参与到养殖合作社中,促使农民增收,推动渔业发展,共同致富。对于养殖户出现的资金困难,横县农业农村局指导养殖户做好年度渔业项目申报工作,大力实施支农惠农政策,为养殖户顺利扩大生产,进行产业结构调整提供了有力的帮助。

六、福建省福州市平潭县

近年来,立足海岛实际,平潭秉着"一村一品、一村一特"的发展理念,通过改善人居环境、发展乡村旅游、培育特色产业等,充分挖掘本地资源推动农渔产品品牌化、特色化,实现了美丽乡村建设与文化振兴、产业发展同频共振。

时值12月,平潭综合实验区海坛片区上井村东湖水产养殖场,成排的水槽内培育着鲍鱼幼苗,工人一边调试着水温,一边查看鲍鱼幼苗生长情况。

东湖水产养殖场鲍鱼年产量达1000万粒,年利润达100多万元。负责人曹而昕说,鲍鱼养殖需要大量人工,东湖水产养殖场为不少村民提供了就业机会。此外,由于鲍鱼以海菜为食,村里菜农的收益也因此增加。

近年来,平潭结合当地实际,科学规划农村产业布局,突出差异化发展。根据省级试点村的建设要求,平潭重点创建甘薯、花生、脐橙、水仙花、鲍鱼、坛紫菜等平潭农渔特色产品，提高产业集聚效应和产品附加值。

乡村要振兴，产业是关键，而产业要发展，需要有抓手。平潭针对试点示范村开展村庄规划编制行动，按照一片区一计划、一村一方案的原则，推进试点示范项目建设。数据显示，仅2020年，策划生成2020年试点示范项目65个，总投资9698万元，截至2020年12月1日，已动工31个，其中19个已完工，累计完成投资3377.759万元。

打破传统观念，四面环海的平潭跳出渔业，探索"渔旅一体化"发展新模式。螃蟹捕捞业是平潭金井片区青观顶村的传统产业，当地将民宿开发与发展螃蟹捕捞业相结合，延长产业链，争取效益最大化。林熙义看到家乡发展中的商机，毅然回乡创业，投入700多万元，将包括自家老宅在内的石头厝改造成42间民宿客房，取名为"松海石器部落"。他还与村民合作，从捕捞螃蟹的渔民手中购买新鲜食材。这不仅解决了部分村民的海产品销路，还为游客奉上了地道的海鲜大餐。三面环海的青观顶村坐落在平潭将军山风景区境内，"旅游＋渔业"的发展路子还盘活了村里的剩余劳动力，带动近20户村民实现增收。

近年来，平潭通过整合自然、历史人文等方面的资源，挖掘、弘扬本土文化，把资源优势转化为资产优势、资本优势，不断生成新型业态，壮大村级集体经济，增加村民收入。

毗邻平潭东海仙境旅游景区的流水镇东美村就是一个例证。2018年起，该村实施集音乐表演、当代艺术、文化展览、当地风物、传统民艺、生态美食、文创零售、健康疗愈、夜游经济等于一体的乡村振兴再造计划，成为景村一体化示范样板区。

以保护与传承村庄历史文化为前提，东美村先后开展场地景观提升工程、旅游休闲广场工程、乡村道路提升工程、绿化工程等建设，逐步打破靠海吃海的原生态渔业生产方式，由以传统渔业为主的产业模式向旅游服务业方向转变与发展。

点评：

平潭"IP 体系＋产品＋服务"的旅游创新模式，为海岛乡村在地文化注入鲜活生命力。平潭制定《乡村民宿产业发展三年行动计划》，完善《平潭乡村旅游与民宿发展规划》（修订稿），许多渔民转产转业，投身民宿业、餐饮业、休闲观光业等，闯出致富新路。

七、湖南省常德市洞庭渔村

洞庭渔村是洞庭湖西滨的一个小渔村，隶属于湖南省常德市西湖管理区。全村总人口 890 多人，集雨面积 7000 多亩，其中水面 6000 多亩，村民主要来自上世纪 70 年代益阳市安化县的水库移民，落户西湖后村民依靠村内丰富的水面资源，大力发展水产养殖业，水产品销往省内和全国各地，每年渔业收入人均达到 15000 多元，占村民总收入的 80％以上，是主要经济来源。

洞庭渔村原本的村民自建房，几乎是清一色的简易版欧陆风小别墅。农民集资建房，施工节奏不一致，数年甚至十几年家园一直是一片工地状况，生活与出行都极不方便。渔村是乡村的一种特别存在模式，自然存在的形态是渔村文化的体现。洞庭渔村的改建在充分了解当地文化的前提下，深入挖掘这种形态特征，创造出一个村落群体式的新渔村。设计从布局、文脉、推进模式等方面进行了多种尝试，希望在充分展现梅山文化和渔村特色的同时，令"新村"能够与自然相融，将真正高质量的生活状态呈现给村民，让人们享受大自然的美好。

洞庭渔村的改建沿袭了梅山文化中的建筑风格和布局特点，让村民在精神、文化上有归属感。村庄整体呈现小街区的形态，在保证村民私密性的前提下，将个人空间与村落公共空间相融合。街区中包含了可为旅游业态服务的空间功能，如餐饮、住宿、特色产品的售卖等。将旅游产品呈现于村民的生活状态之中，使乡村更具生机和烟火气息。

在民居的户型设计中，设计团队充分考虑了建筑的外向性与内向性。让堂屋、天井、书房,重新回到村民的生活当中。乡村建设为洞庭渔村带来了新的风貌,让村民回归静谧和谐的美好乡村生活。

点评:

洞庭渔村按照农民主体、政府引导、社会参与、市场化运作的模式,大力发展特色民宿,开发农特产品,组织和引导渔村村民开辟渔业外的第二产业,拓宽了增收渠道,增强美丽乡村建设的可持续性,从而逐步把洞庭渔村打造成乡村旅游目的地、美丽乡村示范点、特色民居样板区,为全国其他渔业村提供了经验借鉴和参考样板。

八、广东省广州市南沙区横沥镇冯马三村

"一川蕉林绿,十里荷花香。千池鱼跳跃,万顷碧波流。"一首绝句描绘了岭南水乡的活泼景象,也勾勒出了水乡人民的生活情景。水网纵横、瓜果飘香、鱼跃虾跳正是冯马三村的日常景象。位于广东省广州市南沙区横沥镇的冯马三村,地处珠江三角洲出海口边缘,是一个具有300多年悠久历史的村落,也是岭南沙田水乡文化的典型代表。沙田水乡是指源于北宋末年,劳动人民在沿海地带修筑堤围逐渐形成的自然村落。

冯马三村被农业农村部列为中国"美丽乡村"十大创建模式之一,究其缘由,是因为经过了数百年沧桑变迁,冯马三村依旧保持了傍水而居、以渔为业等历史传统,并与现代新农村建设相互碰撞,编织出了一幅独具岭南水乡意味的美丽乡村画卷。

在硬底化道路铺设之前,横跨在冯马三村和外部之间的河道给村民出行和农产品运输带来了诸多不便,于是当冯马三村被列为广州市名村创建点之后,修建进村硬底化路桥就成了名村创建的首要项目之一。在村容村貌整治的过程中,冯马三村一直贯彻着这样的景观实用性原则。无论是利用旧时乡村小学改建而成的社区服务中心,还是为了方便村民出行而修建的连心桥,抑或供村民文娱演出的大戏台,都体现了实用性。冯马三村的社区服务中心和冯马大戏台都聚集在村口的一块文化广场

上。而社区服务中心的旁边,则是正在修建的横跨河道的连心桥。村内水网密集,河对面的村民有时候要来这里看戏或者办事都需要绕很长的路过来,连心桥的修建其一是为了美观,其二也是为了解决村民出行的问题。

对于水乡来说,围绕"水"字做文章最能体现当地的文化特色。冯马三村的村民们习惯倚水而居,村中有一条长达800多米的河涌横跨其中,河涌两岸400多户民居密布,河道里偶尔还有村民们的渔船驻留。这一涌两岸的环境整治,成了冯马三村建设美丽乡村的重点。

冯马三村的水乡生态风光在此前就已经被外人挖掘,正是看中了由小桥、流水、渔船、古树和民居构成的岭南风光,2009年,广州南沙区宣传部、广州市摄影艺术研究会在冯马三村建立了广州市水乡文化摄影艺术创作基地,这是广州首个以水乡风情为特色的摄影基地,基地的落成为冯马三村搭建了一个展示人文历史、水乡文化的平台,而近年来美丽乡村的建设无疑将会加快冯马三村为外人熟知并乐道的速度。

点评:

美丽水乡冯马三村的乡村建设正是体现了这样一个原则:美丽乡村的创建,光有景观的美貌远远不足,根据村庄地理条件,创造让农民生活美满的条件,才是乡村建设的核心。

第七节 草原牧场型美丽乡村建设案例

一、内蒙古太仆寺旗贡宝拉格苏木乡道海嘎查

道海嘎查是太旗开展"美丽乡村"建设中的一个典型。道海嘎查的要点就是草原,因此,对草原牧区来讲,保护好草原生态环境是发展过程

中的重要任务。

在"美丽乡村"建设中,太旗把农牧区发展、农牧业增效、农牧民增收作为中心工作,依托自然资源、区位优势,调整产业结构,推动农牧产业特色化、规模化、现代化发展。

养殖业方面积极推广标准化养殖,引导农牧民转变发展方式,逐步由家庭"作坊式"养殖向规模化、集约化、标准化方向转变。通过项目扶持鼓励和支持农牧民发展"小三养"及特种养殖业。实施优惠政策,每年为养殖户建设标准化棚圈3000多平方米,各苏木乡镇为养殖户无偿划拨土地,并给养殖区通路、通水、通电和平整场地。积极争取国家项目扶持资金,配套推广标准化养殖技术,大力发展特种养殖生产基地。目前,全旗建成标准化奶牛养殖场26处,肉牛养殖场22处,奶牛和优质肉牛存栏分别达到4.3万头和3.97万头,"小三养"和特种养殖专业合作社47家,养殖基地48处。

与此同时,太旗政府积极引导农牧民走合作发展之路,加大政策扶持、项目倾斜力度,就重点农牧业建设项目优先安排有条件的合作社实施,为农牧民专业合作社提供全方位管理服务。定期开展业务培训工作,苏木乡镇积极培育先进示范社,全旗每年对10个农牧民专业合作示范社进行表彰奖励。创新运作模式,提高经济效益,各类农牧民合作社已发展到587家。注册总资金达4亿多亿元,覆盖全旗140个嘎查村,9000多农牧户。

点评:

道海嘎查在美丽乡村建设中坚持生态优先的基本方针,推行草原禁牧、休牧、轮牧制度,促进草原畜牧业由天然放牧向舍饲、半舍饲转变,发展特色家畜产品加工业,形成了独具草原特色和民族风情的发展模式。

二、内蒙古锡林浩特白银库伦牧场

白银库伦牧场建于1959年,1963年由中国人民解放军总后勤部接管改为军马场,1976 年移交地方称白银库伦国有农牧场,2005 年划归锡林浩特市管理。

每年的 6 到 9 月,这里独有的天然野生植物柳兰花尽情绽放,花海与周边的风力发电机群互相映衬,成为灰腾锡勒草原上独有的美景,让不少外地游客慕名而来。

除了柳兰草原,灰腾锡勒天然植物园内还有鸽子山、杨树沟等天然景色,景点还设有停车场、木栈道、公共卫生间等设施及骑马、射箭等收费旅游体验项目。随着设施的逐渐完善,灰腾锡勒草原旅游的名气越来越大,前来观光的游客也越来越多。这也给白银库伦牧场当地经营饭店和旅店的居民带来了更多的客源。

曾经的白银库伦牧场老场部房舍老旧,交通不便,为方便居民出行和经营,牧场将居民搬迁至 207 国道边,建设了新的灰腾河社区,不仅让居民住上了整齐美丽的新房屋,硬化、亮化和广场、社区等基础设施建设也是一应俱全,极大提升了居民的幸福感。

除了旅游业,马产业也是白银库伦牧场特有的一张名片,曾经作为军马场的白银库伦牧场有 60 多年的养马历史,至今当地牧民仍保持着养马习俗。抓住这一优势,内蒙古万腾马产业发展有限公司在当地相继建设了 3000 平方米马厩、2000 平方米储草棚,引进了性情温顺、产肉奶量高的顿河马种,并采用合作社模式经营,鼓励帮助牧民改善马种,带动周边牧民共同发展。

点评:

库伦牧场具有独特的生态环境、自然资源和历史文化,向旅游与马产业相结合的方向打造以生态旅游为亮点的特色美丽乡村。除了将旅游业与马产业做大做强,白银库伦牧场还要将两者结合,在老场部打造特色"军马小镇",将牧场历史特色发扬光大,让更多游客体验兵团时期的生活方式,也带动更多当地居民增收致富。

三、内蒙古鄂尔多斯鄂托克旗蒙西镇伊克布拉格草原

7月，正值盛夏，鄂托克旗蒙西镇伊克布拉格的草原上，阳光和煦，蓝天白云，天地翠然，马羊悠闲。

伊克布拉格嘎查产业日益兴旺，环境美丽宜居，牧民安居乐业，"绿富美"草原逐渐成为人们向往的生活。

（一）综合施策，美丽草原"绿"起来

开展环境卫生治理工作，建立健全长效保洁机制，合理安排生产生活、生态空间布局，设置秸秆堆放固定点。落实禁牧禁垦工作，协调镇综合行政执法局，对草原进行实时监控，并动员志愿者共同维护草原生态建设，壮大禁牧禁垦工作队伍，严厉打击违规放牧、私垦乱挖等行为。为改善村容村貌，实施危房改造16户，修建水泥路26千米、公共卫生间2处，清理垃圾670吨，拆除塌墙烂院40多处，打造了一个绿色、生态、宜居的美丽嘎查村。

（二）村企共建，集体经济"富"起来

从前嘎查集体经济主要是对外租赁黄河河滩地，收入单一，为拓宽增收渠道，增添集体经济新动力，同内蒙古利信农牧业发展公司达成合作协议，利用当地丰富牲畜粪便、圣牧欣泰牧业有限公司奶牛场粪便和废弃秸秆资源，在现有空闲土地建设年生产2万吨有机肥厂。新建生产车间1350平方米、成品和原料库1050平方米、配电室20平方米、化验室100平方米、污水沉淀池200平方米；配备工艺设备67台（套），其中原料处理设备43套、磁选筛分设备24套。项目建成后，一方面，优化了本村产业结构，集体每年可按6.25％比例分红，有望成为嘎查内新的支柱产业和经济增长点。另一方面，项目安置国家级贫困户劳动力3名就业，人均工资性收入达3万元/年，贫困户收入进一步得到了保障。

（三）繁荣发展，牧民生活"美"起来

补齐民生短板，每年支出8万元集体资金，为所有牧民缴纳合作医

疗和帮扶村内年迈、重病患者。举办教育助学活动,资助贫困学生每人每年 1000 元,并给予考上大学的学生 1000 元奖励资金。丰富乡村文化生活,举办了大型"纪念南京知青下乡插队 50 周年暨伊克布拉格嘎查文体那达慕大会",组织牧民参加《鄂尔多斯我的家》全民合唱比赛,集思广益创作本嘎查民歌《我的伊克布拉格》,使本土文化延绵传承。

点评:

伊克布拉格嘎查积极探索创新,走出了一条与蒙西镇"黄河小镇、幸福蒙西"功能定位相匹配的乡村振兴新路子,坚持规划引领,健全完善治理体系,释放资源价值,做大做强优势产业,全力打造生机勃勃、充满活力的"绿富美"草原,描绘出草原牧民的美好生活图景。

四、内蒙古锡林郭勒乌拉盖牧场

乌拉盖草原不仅以美丽著称于世,其历史文化资源也非常丰厚。位于乌拉盖管理区的乌拉盖河与其支流色也勒吉河汇合处,就是一处闻名的古战场遗址。

乌拉盖草原生态旅游业发展潜力大,乌拉盖管理区一直高度重视草原生态旅游业的健康发展,持续投入大量资金不断完善旅游景区的基础设施建设,不断提高景区的服务接待能力,同时采用多种手段借助多种平台全力做大旅游文章,努力为地方经济社会的可持续发展注入新鲜活力,2012 年乌拉盖管理区接待游客约 26 万人次,实现旅游收入超过 7000万元。

(一)积极转型升级,加快产业发展

乌拉盖牧场充分利用天然草原资源优势,积极调整产业结构,在抓好现代农牧业发展的基础上,大力发展草原文化旅游业,先后累计投入4200 余万元,建设布林庙、狼图腾、祈福长廊景点,完善了木栈道、观景平台、停车场、游客中心等基础设施,引进滑草、射箭、骑马、坐飞机看草原、冰雪娱乐等项目,建成集餐饮、住宿、娱乐、观光为一体的布林泉景区,成功创建布林泉景区国家 4A 级旅游景区,协助《狼图腾》《周恩来与乌兰牧骑》《舞者》《爸爸去哪儿》多部影视节目在布林泉景区取景拍摄,景区知名度不断提升,文化旅游业蓬勃发展,在增加场收入的同时,累计为 300余名收入低、就业难的农牧民提供就业岗位,带动周边牧户发展"牧人之家"5 户。

(二)强化党建引领,带动牧民致富

乌拉盖牧场党委始终坚持"支部引路、党员带路、产业铺路"的工作思路,大力推广"党支部＋合作社""党员中心户＋协会""企业＋牧户"的工作模式,指导布林分场党支部成立了众牧农村资金互助专业合作社,吸纳农牧民社员 20 人,共为农牧民提供贷款 40 余万元,解决了农牧民资金短缺的问题。结合脱贫攻坚工作,牵头境内企业与农牧户建立利益联结机制,引导境内乌牛牧业有限公司为 9 户历年贫边户托管代养肉牛,企业以低于市场价格的 10％向合作牧户出售纯种安格斯青年母牛 560头,为管理区境内 160 余户牧民提供优质青贮玉米饲料 15610 吨,解决23 名农牧民就业难问题。同时,加大党员中心户、典型示范户培育力度,共选树培育党员中心户 6 户、典型示范户 7 户,充分发挥典型示范效应,带领农牧户共同走向致富路。

(三)加强环境整治,扮靓美丽家园

乌拉盖牧场始终高度重视农牧区环境整治工作,成立专门乡村人居环境整治服务队,安排专人集中整治连队周围、道路两侧、公共区域散落垃圾,2020 年共清理农牧区生活垃圾、畜禽粪污废弃物共计 850 余吨。广泛动员农牧户优化整治庭院,推行垃圾乱扔、污水乱排、柴草乱堆、农具乱放、畜禽乱养农村牧区庭院"五乱"治理。持续推进农村牧区"厕所革命",完成建设户厕 207 户,全面推动服务设施提升和完善。实施农村牧区饮用水含氟超标地方病防治工程,为农牧民安装反渗透家用型改水设备 234 台套。严格执行草畜平衡和第二轮草原生态保护奖补机制,加大对境内河湖水域开展常态化巡查,草原生态得到有效保护,农牧区人居环境、整体风貌显著提升。

(四)加强基层治理，营建文明家园

实施乡村治理，促进邻里和谐。乌拉盖牧场以党建为引领，扎实推进党群服务中心规范化、标准化建设，建成了集便民服务、党员活动、图书阅览、廉政教育为一体的党群服务中心，设立计生服务、综治维稳等6个便民服务窗口，贴近群众需求，简化办事程序，进一步提高服务质量。积极探索基层治理新机制，总结疫情防控经验，全场共划分7个网格，形成了网格化定位、动态化服务、信息化管理、全方位覆盖的党员网格化管理新格局。大力弘扬社会主义核心价值观，组织开展公民道德建设、"守村规、改陋习、重诚信、讲互助"乡风文明等志愿服务活动。积极培育文明实践项目品牌，建立5支农牧民互助服务队，邻里之间在剪羊毛、打储草工作中互帮互助，营造了和谐文明的良好社会氛围。

点评：

乌拉盖管理区乌拉盖牧场立足实施乡村振兴战略，通过产业发展、党建引领、环境整治、基层治理等措施，努力绘就"业兴、民富、村美、人和"的乡村牧区振兴新画卷。

五、内蒙古鄂尔多斯乌审旗黄陶勒盖嘎查

走进黄陶勒盖嘎查，便可看到一派和谐、欢愉的景象，农牧民在村企经营体里劳作、游人在巴音淖尔草原上放飞自我，这里永远都充满活力与快乐。自全力开展乡村振兴工作以来，黄陶勒盖嘎查结合自身优势，寻找突破口，不断整合资源，带领全嘎查农牧民勤劳致富，不仅成为乡村振兴示范嘎查，更成为远近闻名的"最炫民族风"。

(一)新型农牧业经营主体崭露头角

为有效提高农牧业经营规模化、特色化、社会化、产业化水平，黄陶勒盖嘎查培育壮大农牧业产业化龙头企业、专业合作社、家庭农牧场、专业大户、村集体经济组织等新型农牧业经营主体，进一步完善农(牧)企

利益联结机制,引导和激励农(牧)企双方不断强化利益联结,积极构建现代农牧业经营体系,保障农牧民合理分享价值链的增值收益,实现了经营主体与农牧民合作双赢目标。建立大型机械农机合作社,配备价值30万元的大型机械3台,充分发挥农业机械的优势,将农民从土地中彻底地解放出来,完成嘎查牧民种植的施肥、耕种和收割等工作;为扩大养殖规模和养殖水平,黄陶勒盖嘎查加大力度建立以3到5个牧户为成员的养殖合作组织和规模化现代合作牧场,现有规模化现代合作牧场28个,养殖合作社5个,让农牧民们感受到了前所未有的新鲜感和舒适感。

(二)村集体振兴的"蝴蝶效应"

只有将集体经济发展起来了,乡村振兴工作才能快速开展。为壮大村集体经济,黄陶勒盖嘎查一方面依靠地缘优势深挖农牧业发展,开创性地使用牧户托养的方式实现"支部＋牧户"的运营模式,购买成年鄂尔多斯细毛羊并将其托养给重点养殖户,以"支部＋合作社＋农户"的产业发展模式,新建现代设施农业果蔬采摘基地、智能温室大棚和酸菜加工厂,既能壮大村集体经济增收渠道,又帮助农牧民降低投入成本,规避资产风险,提高产业规模。另一方面始终坚持把乡村文化旅游作为推动绿色发展、壮大集体经济的新思路,通过打造独具民族特色的各类旅游节、旅游活动,实现了文化和旅游的共赢,也成为村集体新的"摇钱树"和"聚宝盆"。

在实践中实现脱贫攻坚与乡村振兴有效衔接。脱贫攻坚与乡村振兴合而不同,黄陶勒盖嘎查认为脱贫攻坚是乡村振兴的基石,乡村振兴是脱贫攻坚的上层建筑,没有脱贫攻坚打下的坚实基础,乡村振兴也就成了空中楼阁。为进一步巩固脱贫攻坚成果,推动乡村全面振兴,黄陶勒盖嘎查不断发展壮大扶贫产业,提高生产经营和管理规范化水平,积极引导贫困户参与产业发展,进一步激发贫困群众脱贫内生动力;利用农机合作社大型机械完成贫困户种植施肥、耕种和收割等工作;通过开发新项目吸纳贫困户参与种植、管理,让贫困户有了可持续的收入。既确保贫困群众脱贫不返贫、发生新贫困，又能为产业升级注入新的力量。

（三）"五星服务"助力乡村振兴

随着产业不断升级，一些问题也随之而来。优质种子化肥谁提供？养殖培育谁指导？牲畜防疫该找谁？这些问题制约了黄陶勒盖嘎查农牧民的发展，为了解决这些问题，黄陶勒盖嘎查建设集细毛羊双羔培育、肉牛冷配、牲畜防疫、种子化肥销售功能于一体的新型农牧业综合服务中心，以专业、优秀、周到的服务，解决农牧民在生产中遇到的问题、提高农业生产的社会化水平，满足新农业生产的要求。

强化科技支撑，助推乡村振兴。黄陶勒盖嘎查紧紧抓住科技振兴和人才引进，在广袤草原上擘画了科技振兴乡村的蓝图。数字牧场成了黄陶勒盖嘎查农牧业产业发展的"科技门面"；在畜牧业养殖链条上注入了"科技元素"，将品种改良、繁育、育肥和肉食品加工、品牌营销等工作通过合作化的模式分开经营，实现专业化、精细化、高效率的目的；采用玉米无膜浅埋式水肥一体技术打造当地饲草料种植基地；选派科技特派员，建设培训基地，黄陶勒盖嘎查不断给农牧民提供"智力扶持"，而投资近十万元新建的电子信息服务平台，则让嘎查跨入了"大数据"时代。

加强农村牧区人居环境整治，夯实乡村振兴基础。农村牧区人居环境整治一直都是实施乡村振兴战略的一场硬仗。为了整治环境，黄陶勒盖嘎查一方面加大打造宜居生活环境的力度，在公共空间上下足功夫，全面提升乡村风貌，除了义务植树造林、还建设了20亩"欧李"种植示范园，成为了农牧民的天然氧吧。另一方面抓好"厕所革命"、人居环境整治工作，由嘎查班子成员、党员干部带头做好榜样，开展评选美丽庭院、先进单元活动。从而农牧民生活环境得到明显改善，街道干净了、道路整洁了、大家的环保意识也更强了，人们都说黄陶勒盖嘎查的"颜值"又高了。

以文化引领乡村振兴。习近平总书记曾强调："乡村振兴既要塑形，也要铸魂。"乡村振兴离不开乡村文化振兴。每个地方都有自己的地方特色,这种特色既是我们的根也是我们的魂。在黄陶勒盖嘎查多才多艺的"文化独贵龙"、源远流长的文化户层出不穷,通过树立、宣扬、挖掘地方文化、地方特色,促进文化对发展当地经济、宣传当地人文、传承文化起到积极的推动作用,让地方文化成为乡村发展的软实力。

点评:

乡村振兴战略实施以来,全市各旗区积极开展"五星达标、特色培育"乡村振兴示范嘎查村创建行动,将黄陶勒盖嘎查成功打造成为一个班子队伍凝聚力强、产业发展势头强劲、集体经济增长迅速、环境面貌焕然一新、文化氛围鲜明浓郁、乡村社会和谐稳定的精品示范村。

六、内蒙古兴安盟科尔沁右翼前旗索伦牧场

在内蒙古有一个美丽的小村庄,那就是被称为"雾都之乡"的索伦牧场。这里风景如画,群山环绕,牛羊肥壮。1949 年 5 月,新中国成立前夕就在这里建立了全军最早的军马场。在解放战争和新中国成立之后的一个阶段内,立下了赫赫军功。经过几代军垦人的建设,这里成为风光秀丽、景色迷人、生态类型丰富,集次生林、草原、湿地于一体的国营索伦牧场。

乡村振兴,庭院助力。索伦牧场借力乡村振兴战略,引导职工群众合理利用自家房前屋后的空地搞好庭院经济。2017 年 9 月,在索伦牧场大力发展庭院经济的契机下,张帅和他的爱人利用自家的小院成立了占地面积 60 平米的索伦牧场沁香酱菜加工厂,后又发展成为聚丰园农牧业专业合作社。合作社的各类产品投入市场后取得了良好的效果,仅 2018 年春节前夕,销售额就达到了近 10 万元。说起合作社的发展,张帅有着自己的打算。自家找到了致富的产业,张帅两口子也没有忘记身边的邻居。工厂加工时,她还会雇佣乡亲邻里到厂里上班,让乡亲邻里实现家门口就业。

在索伦牧场,像张帅夫妻俩一样依托庭院生产的农副产品与市场对

接,提高经济收入的职工群众有很多,索伦牧场良种队职工李丽颖就是其中一个。李丽颖夫妇多年来一直以种地为主要经济来源,一次偶然的机会,他们了解到养鹅能带来不错的经济效益,于是在今年 3 月份,她投入资金引进了 500 只鹅雏,在自家庭院里采用传统方式养殖。经过 5 个多月的饲养,种鹅的成活率达到了 90%,每只大鹅重量都在 5 斤左右。李丽颖将每只鹅的售价定为 50 元,通过一边养殖一边销售,截止目前已销售近 300 只,增加家庭收入 1.5 万元。发展庭院经济,让有想法的职工群众鼓起了腰包,把庭院的"方寸地"建成了"增收园"。

近年来,索伦牧场在新的体制机制下,不断激发内生动力,以场内万亩规模化管理区绿色原粮基地生产的优质红小麦为基础,积极谋划从"种的好"向"加工好"转变,从卖"原粮"向卖"产品"转变,从"单一的土地收入"向"多元化经营创收"方式转变。通过打造"索伦河谷"小麦粉品牌,积极探索一、二、三产业的融合发展,让产业振兴成为了助推企业发展的加速器。

2019 年,企业规模化经营管理区种植小麦 1.2 万亩,目前小麦已进入成熟期开始收获。收获完成后的小麦原粮在经过晾晒后,经过现代工艺进行加工、包装、存贮,"变身"成为"索伦河谷"系列小麦粉,每年还招收索伦牧场的职工群众为工人,增加了当地百姓的经济收入。

索伦牧场现代农业科技示范园位于内蒙古兴安盟农垦良种队辖区内,示范园总面积 300 亩,包括大豆、玉米、油葵等 16 个种植区,共 12 类、152 个品种。示范园运用现代农业发展新理念,倾力打造以新品种引进、中草药种植推广、绿色有机农作物种植推广及农业观光为一体的多功能农业产业化示范基地。

在现代农业科技示范园,满眼的绿色随处可见,瓜果蔬菜,花草成片,为周边及全盟的游客提供观赏游玩的去处,每年来这里游玩的游客可达上万人,促进职工群众增收。

为了打造好青山绿水、河谷湿地的生态环境,自 2017 年以来,索伦牧场有计划、有步骤地实施河道环境综合整治河长制度。为了保持河畅、水清、岸绿、景美的河道环境,索伦牧场积极落实"河长制"管理长效机制,通过部门联动、齐抓共管,加强河道日常管理。2019 年截至目前,索伦牧场已完成巡河 87 次,组织铲车 8 台、汽车 2 台、四轮车 22 台,累计清理河道 82 千米。通过建立水环境治理保护长效机制,改善河流周边生态环境,建设美丽宜居牧场,助力乡村振兴战略实施。

全面改善马场人居环境,建设整洁美丽、和谐宜居的新农垦是乡风文明建设的坚实基础。索伦牧场全场范围内共建有职工休闲文化广场 6 个、室内文化活动中心 2 个、连队基层活动室 9 个、门球场 6 个、篮球场 6 个。如今,文化广场上晨跑、健身操、太极扇等健身锻炼的人群不断壮大,歌唱比赛、广场舞汇演、门球邀请赛等群众文化活动丰富多彩。

如今的索伦牧场河流清澈,街道整洁,麦浪飘香,丰收在望,有着如世外桃源般的静谧和安详。这一幅幅美景与一张张幸福的笑脸交织在一起,勾画出索伦牧场职工群众越来越美好的生活,他们也迈着自信的步伐走向殷实富足的新时代。

点评:

科右前旗紧紧围绕"产业兴旺、生态宜居、乡风文明、治理有效、生活富裕"二十字方针的总要求,厚植发展优势、破解发展难题,集聚新要素、激发新动能,蹚出了一条具有前旗特色的乡村振兴新路子。索伦牧场从场内实际出发,利用现有资源精准施策,发展庭院经济、种养殖经济,改善群众生活环境,建设美丽宜居牧场。

七、内蒙古呼和浩特和林格尔县

呼和浩特市和林格尔县大地处处焕发着乡村振兴的勃勃生机,人民群众的脸上洋溢着脱贫奔小康的幸福喜悦。现代文明与田园风光相互交融的美丽乡村,正和着时代发展的号角,和林格尔沃野交织一曲绚丽的乡村振兴发展乐章。

如何做好脱贫攻坚同乡村振兴有效衔接,呼和浩特市和林格尔县首先将目光锁定在大力发展现代农牧业上,今年的政府工作报告提出,坚持优先发展农业农村。巩固拓展脱贫攻坚成果,全面推进乡村振兴,做好脱贫攻坚同乡村振兴有效衔接,确保主要帮扶政策总体稳定。

近年来,呼和浩特市和林格尔县扎实推进乡村振兴战略,现代农牧业提质增效,农牧业振兴战略全面推进。注重发挥龙头企业、合作组织的带动作用,鼓励引导农民通过土地流转、劳务协作等方式,与龙头企业形成利益共同体,将一家一户分散的土地适度集中起来,将贫困人口和乡村劳动力从农村解放出来,提高农牧业集约化、组织化、标准化、品牌化生产水平,唤醒沉睡的土地资源,激发农牧业发展动力。

发展产业是巩固脱贫成果、防止返贫的重要措施,也是实现乡村振兴的关键所在。呼和浩特市和林格尔县通过发展现代农牧业,主打发展产业牌,和林格尔县城关镇保汉沟村建成蛋鸡场;舍必崖乡小甲赖建起了猪场、羊场;盛乐镇台基营村流转了全村 3000 亩土地种植苜蓿;黑老夭乡启动了 570 亩包括蒙古冰草、红百合、砾苔草的"订单式"育种项目……

2021 年,呼和浩特市和林格尔县将继续推动畜牧业高质量发展。完成草原新牧民一期、草原和牛、为牛牧业奶业牧场建设,力争新开工奶牛牧场 2 个。启动正大"双百万"生猪一体化项目,新开工 2 个 15 万头生猪养殖基地。扩大奶山羊、肉牛、肉驴、蛋鸡等畜禽养殖规模,增加优质猪肉、牛羊肉及牛羊奶等畜产品供给,推动畜牧大县向畜牧强县转变。坚持为养而种,新增优质苜蓿、粮饲兼用玉米等饲草面积 5 万亩。推进政府购买兽医社会化服务,提高基层兽医卫生服务能力。

点评:

和林格尔从实际出发,充分发挥地域优势,积极探索"农民十"的发展模式。"农业十旅游""农业十互联网""农业十工业""农业十服务业""农户十合作社""农户十企业""农户十合作社十企业"等,充分实现城乡融合,三产融合发展,最终走向乡村振兴。

八、内蒙古锡林郭勒苏尼特右旗生态家庭牧场

2018 年以来，苏尼特右旗紧紧围绕"乡村振兴"战略和脱贫攻坚工程，以推进畜牧业供给侧结构性改革为目标，大力发展"高投入、高产出、高效益"的生态家庭牧场。共认定生态"家庭牧场"20 个，认定自治区级示范家庭牧场 1 家，截至目前，该旗生态"家庭牧场"总数已达 390 个，且起到了明显的示范和带动作用。

生态家庭牧场是以一家一户为经营单位，以围封禁牧、草地改良改造、人工种草种灌为手段，以恢复草牧场植被、提高产草量为前提，以草畜平衡为基点，以舍饲、半舍饲养畜的形式，把畜牧业的各项技术组装配套，实施科学养畜和建设养畜，以提高畜牧业经济效益和生态效益为目的的家庭生产经营模式和生态建设模式。

近年来，苏尼特右旗为加快推进现代农牧业，全面加强生态环境保护与建设，不断转变畜牧业发展方式，积极引导农牧民调整畜牧业产业结构，走规模化、集约化、产业化经营之路，大力发展"高投入、高产出、高效益"的生态家庭牧场，不仅使其成为全旗发展生态农牧业的重要力量和农牧业新型经营主体的主力军，而且让广大农牧民通过发展家庭牧场拓宽生态致富路，更好地增收致富。

为充分调动农牧民发展家庭生态牧场的积极性，该旗坚持统筹规划、合理布局、突出特色、有序推进、政府扶持、多元投入的原则，加大了政策扶持力度，结合"美丽乡村"建设、"乡村振兴"战略和脱贫攻坚工程及部分基础设施新建项目，对生态家庭牧场给予协调贷款、项目支持、政策倾斜、技术帮助、以奖代补和配齐各项基础设施等，这些政策已使越来越多的牧户家庭受益。通过建设生态家庭牧场，在保护草原的同时，牧户提高了抗灾能力，扩大了养殖的规模化程度，实现了畜牧业经营方式的转变和增产增效。

赛汉塔拉镇巴润宝力格嘎查的布和巴特尔家是苏尼特右旗的生态

"家庭牧场"示范户,在9000亩(自家5000亩,租赁4000亩)的草场上饲养着700多只苏尼特羊,他家基础设施全部达到标准,各种现代化农机设备也一应俱全。同时,他还是呼格吉勒牧民合作社的理事长,带领14户牧民共同致富。现在他们都采取"公司+合作社+牧户"或者"公司+家庭牧场"的养殖模式,牧民的羊羔刚出生,就与肉业公司签订了销售合同,等到出栏时,就能直接送到肉业公司的冷库,保证了稳定的销售价格。而且从前年开始,他家利用紧邻208国道的便利,在自家牧场上做起了"牧家游"生意。夏季出栏的羔羊也不用再往外卖,夫妻俩直接把它加工成手扒肉、特色蒙餐招待客人。一只羊就能多卖出1000多元。

点评:

苏尼特右旗把"家庭牧场"建设作为农牧民增收致富的有力抓手,从技术上帮助、资金上扶持、品种上改良,加快了农牧民群众奔小康的步伐。

为大力发展现代农牧业,苏尼特右旗利用近年来实施的畜牧业基础设施建设项目、沙源项目、补奖机制后续产业项目、肉羊标准化养殖场户建设项目、种羊繁育户建设项目、畜禽养殖菜篮子工程等项目,进一步加强家庭牧场畜牧业基础设施建设,积极打造高标准草原畜牧业家庭牧场,以高标准草原畜牧业家庭牧场作为牧区全面建成小康社会的主要抓手和重要突破口,大力发展现代草原农牧业,为积极打造国家荒漠半荒漠草原苏尼特羊标准化养殖示范基地奠定了基础。

九、青海省玉树藏族自治州称多县嘉塘草原

时值初春的嘉塘草原,无际的牧野依旧铺垫着金黄的底色。黑色的牛群和白色的羊群如珍珠般镶嵌在扎曲腹地的山川河谷。

嘉塘草原位于巴颜喀拉山南麓,平均海拔4200米,腹地坐拥大片湿地,高山草甸,是长江上游河流金沙江的最大支流雅砻江的源头地带。

整合草山,整合牛羊,解放劳动力,发展生态畜牧业,新时代的草原

牧业长歌涤荡……"三整合四解放",即整合草场、整合劳动力、整合牲畜;解放生态、解放劳动力、解放生产力、解放思想,这是玉树藏族自治州称多县经过多年摸索推进的"生态+畜牧产业扶贫"的新思路。

游牧在我国草原文明中占据着非常重要的地位。牧人崇尚自然,敬畏自然,把保护生态的理念深深植根于游牧生活的每一个细节。始终坚守"祖祖辈辈把地球原原本本传给我们,我们把地球原原本本传给子子孙孙"的千古诺言,恪守着自然生态的完整性和原真性。

正如玉树州副州长、称多县县委书记尼玛才仁所言:一直信以为真,原以为高原生态退化的主因是牧业,结果发现牧业是修复高原生态的重要力量。

点评:

嘉塘草原上的牧民,通过坚持走草场整合、牲畜整合、人力整合的路子,改善经营机制,提高牧民收入,坚定走生产发展、生活富裕、生态良好的文明发展道路,诠释"两山理论"中发展与保护的关系,唤起生态畜牧业发展内在动力的愿景。

十、青海省黄南藏族自治州泽库县宁秀乡拉格日村

2001 年,从黄南藏族自治州泽库县宁秀乡赛庆村分离出来的"拉格日",建制行政村,才有了自己的名字。下设 4 个社的拉格日村,是当时泽库县生态、生产、生活条件最差的村。2010 年底全村人均纯收入仅为 3449 元,是典型的深度贫困村。

如今的拉格日,已构建起设施养畜、科学养畜、草畜平衡、协调发展为主要内容的草地生态畜牧业发展模式,拓展二、三产业增收空间,连续八年分红,全村牧民收入实现了快速增长,2018 年已实现整村脱贫,人均收入 15330 元。2012 年至 2019 年,合作社累计现金分红 2369.87 万元,实现了"资源变资产、资产变资金、资金变股金、牧民变股东、社员变职员"的五变经营理念,成为乡村振兴战略的样板。

（一）三产融合，产业增效奠定脱贫基石

2011年，只有36户牧民、74头牦牛组建的拉格日生态畜牧业合作社，时至今日，已发展到全村188户98％的牧民入社，3904头牦牛统一经营，2500只羊全部实现半舍饲养殖，拉格日村的畜牧业发展早已更新换代。

合作社成立后，通过转变畜牧业生产方式，彻底改变了过去牲畜"夏壮、秋肥、冬瘦、春死"的恶性循环。

在分群饲养的基础上，合作社积极推广良种繁育、高效养殖技术，实现了畜群结构进一步优化，合作社牦牛良种牛比例达到80％，母畜比例达到75％，牲畜一年四季均衡有序出栏，统一销售。

由于饲养科学、管理到位，合作社母畜产仔比例不断提高，羊羔由过去一年一胎，提高到两年三胎；牦牛也由两年一胎，提高到一年一胎。

从最初全村劳动力389人全部从事养殖，到合作经营后只有155名劳动力从事养殖，完成了从单一的畜牧业生产到多种经营。越来越多的牧民放下牧鞭，开始从事二、三产业，走出了不一样的致富新路。

（二）生态保护，确保良性循环绿色发展

"2001年那时候，村上的黑土滩非常多，连山顶上的草都退化了，人走上去脚都能陷下去。当时二社最严重，90％的夏季草场都是黑土滩，触目惊心。那时人均年收入也就七八百元。"说起当年的草场退化和贫困，牧民们心有余悸。牧民们逐渐意识到，失去草原就失去了所有。

2010年，泽库县农牧局在拉格日村完成2.6万亩（每亩≈0.067公顷）重度退化草原补播种草，明确要求当年冬季草场只能利用3个月，全村牧民严格遵守了放牧3个月的规定。

进入2011年夏季，补种的退化草原牧草长势茂盛，鲜活的现实激发了二社群众保护退化草原的热情。而时任社长的俄多深思后认为，只有联合大家才能实现退化草原修复，于是二社最先联合36户牧户保护草原。他们利用扶贫资金40万元，完成了0.6万亩退化草原围栏建设，草原恢复效果更加明显,当年利用36户草原奖补资金开展的商贸经营实现利润58万元,全部分红。

二社牧户得到的真金白银,以及草场恢复的现状,激发了其余三个社牧户加入联合经营的积极性。2012年初,拉格日整村联合发展的格局得以实现。

2016年合作社利用已入社的8.36万亩天然草场,将合作社3904头牦牛、2500只羊,依据牲畜年龄、公母将畜群分为繁殖母畜、后备母畜、幼畜、种公畜群,共组成牛群41群、羊群11群,按照以草定畜、草畜平衡的原则,明确规定天然草场的放牧顺序、放牧周期和分区放牧时间,有效保护了草原生态。

合作社把饲草种植作为保护草原、提高效益的手段,利用本社耕地和租赁耕地,每年种植饲草3500亩左右,种植的饲草除满足本社牛羊的需求外,一年销往其他合作社的收入有三四十万元,收获的草籽每年也有五六十万元的收入。

一系列的举措,使草原生态环境的改善日新月异。2010年,拉格日村年草场平均亩产鲜草204.2公斤,到2019年已达到亩产鲜草425.6公斤,翻了一番多。今天,拉格日村和泽库县的草场已经恢复到全省平均水平。

(三)股份量化,小康路上聚民心

2013年,泽库县委、县政府立足县情,科学研判,决定将已有联合经营基础的拉格日村,作为股份制合作社试点村。在县农牧部门的引导下,拉格日村建章立制,探索创新,全面实现了股份制改造,一跃成为全省草地生态畜牧业合作社发展的典型,"拉格日模式"基本形成。

合作社成员收益主要是按股分红。"合作社每年盈余分配比例为分红75%、公积金20%、公益金5%。75%分红资金按农牧民持股数量进行分配,20%公积金用于扩大生产经营、弥补经营亏损或转为社员出资股份,5%公益金用于社员培训、福利等,达到了共同致富的目标。"德却告诉记者。

几年过去,草场没有增加一分,牧民的收入却翻了几番。在拉格日村"易地搬迁"的道路两边,修建了两层6000平方米的商铺,入了合作社的牧民每户有一间35平方米的铺子,让他们按照自己的特长经营,提高收入。

点评:

拉格日之所以成为乡村振兴战略的样板,得益于其设施养畜、科学养畜、草畜平衡、协调发展为主要内容的草地生态畜牧业发展模式。将草原奖补资金作为合作社二、三产业发展资金,是拉格日模式中的亮点。合作社将入股牧户的草原奖补资金用于二、三产业发展,并给牧户以较高利率作为回报。草原奖补资金盈利部分,按每户入股资金进行了利润返还,切实扩大了牧民群众的收入来源。

第八节　环境整治型美丽乡村建设案例

一、广西恭城瑶族自治县莲花镇红岩村

红岩村位于广西桂林恭城瑶族自治县莲花镇,距桂林市108千米,共103户407人,是一个集山水风光游览、田园农耕体验、住宿、餐饮、休闲和会议商务观光等为一体的生态特色旅游新村。红岩新村成功地建起80多栋独立别墅,共拥有客房300多间,餐馆近40家,建成了瑶寨风雨桥、滚水坝、梅花桩、环形村道、灯光篮球场、游泳池、旅游登山小道等公共设施。

以前的红岩村环境卫生较差,近几年,随着新农村建设工程的开展,

红岩村脏乱差问题得到极大改善。村内环境卫生得到改善的基础上，红岩村围绕新农村建设"二十字"方针，大力发展休闲生态农业旅游，成效显著。红岩村积极启动生活污水处理系统建设工程，现已成为广西第一个进行生活污水处理的自然村，使村里生态旅游业有了新的发展。从2003年10月至今，已接待了中外游客150多万人次，成为开展乡村旅游致富的典范。先后荣获"全国农业旅游示范点""全国十大魅力乡村""全国生态文化村""中国乡村名片"等荣誉称号。

点评：

莲花镇认真贯彻落实习近平新时代中国特色社会主义思想和党的十九大精神以及中央、省、市农村工作会议精神，按照"产业兴旺、生态宜居、乡风文明、治理有效、生活富裕"的总要求，聚焦聚力实施乡村振兴战略，统筹谋划，科学推进，全力打造"产业优、颜值高、底蕴厚、秩序好、保障强"的美丽新乡村。

二、广东省梅州市蕉岭县

一条条干净整洁的街道、一湾湾水清草绿的池塘、一排排刷着客家古训的民居、一张张洋溢着幸福的笑脸，在梅州市蕉岭县，这不是某个村庄的"先进照"，而是每个村庄的"标准相"。

为了擦亮"世界长寿之乡"这块金字招牌，近年来，蕉岭县全面实施"十村示范、百村整治"工程，以农村垃圾、污水和厕所革命为重点打好农村人居环境这场硬仗，持续提升乡村颜值，有效汇聚了乡村振兴新优势，群众获得感和幸福感不断增强。

推进农村垃圾、污水、厕所"三大革命"，是打赢农村人居环境整治攻坚战的重要基础。蕉岭县通过全面实施"十村示范、百村整治"工程，建立村收集、镇转运、县处理的生活垃圾收运处理体系，在全县范围推广"村协商监管、片招标收集、户缴费清理"垃圾处理新模式，不断落实环境整治硬任务。与此同时，整县推进农村生活污水处理和集中供水设施建设。

在蕉岭县白马村上合片区,300 多亩连片花海里,五颜六色的格桑花竞相开放,搭配以廊道、亭台、风车等元素,村民们笑称如今不出村也能感受欧陆风情。当地探索市场主体参与发展乡村旅游模式,动员 100 户农户以土地入股农工商发展公司进行集约经营,打造花海景点。

新农村建设是一个系统工程,并非只是盖房子、立牌子,而是要激发乡村发展内生动力。蕉岭县把改善人居环境和发展乡村经济、增加农民收入等有机结合起来,既扮靓了乡村,又惠及了群众。

点评:

蕉岭近年来一直把农村人居环境整治作为实施乡村振兴战略的重要内容,先行一步从推进农村垃圾、污水处理、畜禽养殖污染、拆废建绿和农业面源污染整治等入手,建成多个既有颜值又有内涵的"美丽乡村大观园",实现全域乡村环境有质的提升。2019 年发布了全省首个实施乡村振兴战略规划纲要,有效指导全县开展"头雁"工程、大健康产业、生态综合治理、文化传承创意、共建共治共享及精准脱贫攻坚"六大专项行动",为打造乡村振兴蕉岭模式奠定了良好的基础。

三、上海市青浦区金泽镇东西村

翻开金泽镇美丽乡村画卷,白墙黑瓦、小河纵横、小桥轻卧,村落整体格局浑然一体。首先映入画卷的是位于金泽古镇东首的东西村。

金泽镇东西村是市级美丽乡村示范村。以建设生态宜居的美丽乡村为导向,严格贯彻落实上级的总体部署与要求,结合本村的实际,积极探索整治工作的"五步法",全力推进人居环境整治工作。

(一)定调子

以党建为引领,村党支部严格按照标准与要求,制定好整改的时间、整治的标准、推进的方法,坚决做到与上级党委步调一致,确保人居环境整治圆满完成。

（二）想法子

组建工作班组，以"网格化"为工作队伍，做到"主要领导亲自抓，分管领导具体抓，班子成员包片抓"的工作格局，并以党员志愿者为人居环境整治的监督队伍，对违规情况实时留档记录，督促整改。

（三）出方子

充分依靠广大群众的力量参与人居环境整治活动，以"党员议事会"、村民组长会、村民代表会等进行广泛宣传与发动，依托"村民议事客堂间""党员活动室"等载体向广大群众宣传人居环境整治工作的重要性、必要性，做到人居环境整治家喻户晓、人人皆知，并要人人动手、户户参与。

（四）搭园子

美化环境，拆除村民宅前屋后的瓜棚秧棚，为了让整治的初衷不改、群众利益不损，村党支部通过"四议两公开"征求党员与群众的意见与建议，通过广泛征求，目前，村委会利用流转土地集中为每户村民划分蔬菜地，以此引导村民宅基地周边不会再出现乱搭乱建蔬菜架行为。

（五）发票子

为深入开展农村环境卫生综合整治行动，建立健全村环境卫生保洁长效管理机制，切实解决农村环境"脏、乱、差"突出问题，提高村民改善环境卫生的意识，建设美丽、文明、和谐新农村，积极争创全国文明卫生城镇，特签订"门前三包"责任书，让村民自行参与到宅前屋后的卫生工作中去，并给予村民每人每月卫生考核奖励。

点评：

金泽镇东西村于2014年开始美丽乡村建设，按照"以水为根，以绿为主，以文为魂"的发展思路，规划引领，因地制宜，整合好项目，有序推进美丽乡村建设。在"三大整治"专项行动过程中，结合本村的实际，以"五步法"为工作推进方法，推进有力，效果明显，群众满意。

四、上海市青浦区金泽镇蔡浜村

在美丽乡村建设过程中,青浦区金泽镇蔡浜村坚持因地制宜、分类指导,规划先行、突出特色,量力而行、循序渐进,政策集成、农民主体等原则,不流于形式,不搞"走过场",美丽乡村建设开展得生动活泼,富有生机,使老百姓享受到了更多的"获得感"。

(一)建立长效机制,巩固整治成果

环境整治后,村里制定了环境卫生管理长效机制和村民公约等一系列规定、办法,确保环境卫生经常抓、见常态,深入抓、见实效,持久抓、见长效,不断提高村民的环境意识、卫生意识和公共道德意识。村里出台了《蔡浜村美丽乡村建设综合考核奖考核标准及奖励办法》,实行以奖促治、以罚促改,每个月对每家每户的宅前屋后、家禽蓄养等九个方面进行考核,并张榜公布每家每户的考核情况。考核奖励办法出台后,村民们都自觉对照执行,没有发生过违规现象。

(二)思想道德建设,培育文明乡风

蔡浜村的思想道德建设开展得扎实而富有成效。村里建立了"奖学帮困基金",开展了"手牵手"帮扶活动,共计筹措资金12万元,累计奖励考上大学学生及帮助困难家庭学生35名,帮助患病村民42名,缓解了他们的燃眉之急。支部每月20日组织四名党员定期到贫困老人和孤寡老人家中开展各类服务活动,让老人们不断感受到党和政府的关怀。结合"美丽乡村"建设,村里开展了"清洁户、示范户评比"活动,现在95%的家庭都评上了"清洁户"或"示范户",培养了村民良好的卫生习惯。同时还开展了"好婆婆、好媳妇"文明家庭等系列创评活动,促进了村民素质的提高和文明乡风的形成。优美的环境、淳朴的民风,吸引了多家文化创意公司落户和市区退休老人租房定居。

(三)重视文化传承,打出民俗品牌

源远流长的阿婆茶,具有热闹、欢乐、群体性等特点,是商榻地区老百姓的最爱。蔡浜村作为阿婆茶的发源地,村里十分重视这一独特的文化资源,成立了阿婆茶业余文艺演出队,围绕发生在身边的新人新事新貌,编排成文艺节目进行表演,每年5月都要在村文化广场上举办大型的阿婆茶主题文化活动,邀请区、镇有关领导和自己村里的老百姓一起喝喝阿婆茶,享受乡土文化。此外,蔡浜村还通过制作文化墙,宣传中国梦、核心价值观、社会主义荣辱观、七不规范、家庭美德和本土阿婆茶文化等文明礼仪知识。在村口长廊,挂满了写有村民家风家训的灯笼。色彩斑斓的文化墙和家风家训灯笼的设置,宣传了社会主旋律,提升了村民们蓬勃向上的精气神,弘扬了中华民族孝老爱亲、夫妻和睦、邻里互助的美德风尚,传递了践行中国梦和崇德向善的正能量,使村民们在物质富裕的同时,精神生活也随之富裕起来了。

点评:

蔡浜村以创建美丽乡村工作为目标,积极贯彻"三大整治"专项行动工作要求,团结党员群众在党建引领下共同建设美丽蔡浜、魅力蔡浜。在"三大整治"专项行动中,蔡浜村充分发挥党员模范带头作用,形成了"组织推、党员带、群众动"的良好局面。推进党员家庭户挂牌,把身份"亮"出来。党员以实际行动带动身边群众,主动参与环境整治。全村党员按党小组划分实行"定区定岗定责",设立垃圾分类责任区、环境卫生责任区等,设置党员护绿先锋岗、民事调解员、治安联防员等10个岗位。广大党员积极响应、以身作则,将团结群众、凝聚群众贯穿于日常生活中,着力提升蔡浜村生态环境。

五、上海市青浦区金泽镇莲湖村

莲湖村位于金泽镇莲盛社区东,莲湖村区域面积4.25平方千米,拥有沿湖60%堤岸风景线,烟波浩淼的大莲湖内,湖光十色,夏季时节是莲花盛开的地方,故取名为莲湖村,由谢庄和朱舍2个自然村组成,15个村民小组,672户,1824人,耕地面积3200亩。

（一）本底提升，增强乡村振兴的活力

莲湖村不少农宅都建于上世纪八九十年代，整体比较老旧。莲湖村在保持现有建筑肌理的基础上，进行了乡村风貌的提升，对老旧农宅进行了改造升级，包括屋顶、外墙、门窗等的改造，在提高居住舒适度的同时，赋予老旧宅子江南水乡韵味。

为进一步保护河湖生态空间，加强水域岸线管理与保护，莲湖村开展河道沿线专项环境整治，同时，注重河湖生态防护，开展陆域绿化与水生植物共同营造，实现水域环境华美蝶变。

村里把莲谢路边的一部分农田改造成了"千亩莲塘"。盛夏季节，莲花在塘中盛开，青色的莲叶、粉红的莲花和在塘中悠闲涉水觅食的白鹭，构成了一幅让人流连忘返的江南美景，打造了承载城市居民田园水乡情怀的莲湖"地标"。

（二）绿色发展，提升乡村振兴拉力

莲湖村得名的原因是村部隔壁的大莲湖，大莲湖是青西郊野公园的核心景观，青西郊野公园的大部分景点都围绕大莲湖打造。一园一村，因一个大莲湖而连接在了一起，莲湖村也成为了上海唯一一个"长在公园里的村庄"。在乡村振兴示范村推进过程中，莲湖村以郊野公园大莲湖生态湿地建设为契机，以"提高功能建设、改善生态环境、着眼长远发展、增加农民收入"为主题，大力推进生态发展以及人文艺术建设。

村里目前已培育了蛙稻米、茭白、红柚、蓝莓、铁皮石斛、莲藕等市场潜力大、区域特色明显、附加值高的农产品品牌，还与自在青西、优禾谷、弘阳农业、叮咚买菜等大型农业企业、合作社、家庭农场合作，线上线下多渠道销售农产品，帮助农民增收。

（三）党建引领，激发乡村振兴的动力

莲湖村创新设立了7个党建网格，平均每2个村民小组为1个网格，使之成为"前线战斗网格"，每个网格里均有一名村干部、一个党员网格组长、一个村民监理志愿者，还有负责建设的公司联络员、房屋施工联络员和管线施工联络员。每个网格里,党员网格组长会同村"两委"干部、村民志愿者和公司人员完成入户宣传、施工协调、矛盾化解等工作,实现"小事不出网、大事不出村",为解决疑难问题提供了快速通道,确保项目顺利实施。

点评:

莲湖村的改造过程,给美丽乡村建设提供了可借鉴的样板。

一、凝聚合力,优化乡村振兴环境

莲湖村对整村进行了风貌整治提升,在求美的同时,也兼顾了百姓的需求和实用性。此外,莲湖村对村内原有的旧厂房、旧仓库等存量资源也进行了改造升级,将其改造成了一些村民公共设施。人民生活水平与城市居民差距明显缩小,基本公共服务水平不断完善,率先实现农村现代化,形成宜居、宜业、宜文、宜游"新莲湖"。良好的环境成了乡村振兴极为重要的资源优势,极大地促进了乡村旅游等乡村经济发展。

二、务实管用,落实长效管护机制

莲湖村充分发挥基层党组织的战斗堡垒作用,加强村两委班子建设,着力增强基层党员干部服务群众水平和能力,真正把各方力量凝聚起来,形成乡村振兴的强大动力。以"务实管用"为原则,推动村级党群服务中心建设和改造,优化布局、整合功能,使党群服务中心成为真正的村级中心。

三、村园联动,走绿色发展道路

莲花村依托青西郊野公园的资源优势,将旅游业作为莲湖村的产业主攻方向之一,瞄准"游在园中,消费在村中"的目标,发展旅游配套服务产业。

莲湖村深入践行"绿水青山就是金山银山"理念,做好生态文章,以农业主体功能和空间布局为重点,在引进项目、发展产业等方面,严守生态底线,列出负面清单,切实保护乡村环境和特色风貌,留住乡愁。全面提升农业可持续发展能力。

六、山东省临沂罗庄区

条条柏油马路穿越村庄，一座座白墙灰瓦的院落村舍整齐排列，河水清澈，田野碧绿，一派勃勃生机……初秋时节，驱车行驶在罗庄区的乡村，眼前跃动的尽是一幅幅优美的画卷。

每天早晚，册山街道黑虎墩村村民闫京英都会到村头的公园里转一转。谁曾想，这个设施配套、功能齐全、环境优美的公园，前身竟然是个"垃圾场"。"原来这里是垃圾场，周围还有猪圈，大老远就能闻到臭味儿。现在变成了公园，每天到这里休闲锻炼成了我们最高兴的事。"闫京英高兴地说。

"垃圾场"变身公园是黑虎墩村美丽乡村建设的一个缩影。近年来，该村高起点、高标准推进美丽乡村建设，整治汪塘，建成休闲广场、乡村大舞台，硬化路面、栽植苗木、安装路灯……村容村貌显著改善。"路灯亮了，广场建好了，村民也喜欢出门活动了，现在每天晚上都有村民去广场跳舞，热闹极了。下一步，我们将以产业振兴为重点，加快村子实现'三生三美'融合发展。"对于村子发展，该村党支部书记王士宗信心满满。

在积极推进农村环境综合整治、美丽乡村建设中，该区注重文化的保护、传承和发展，将传统和现代有机结合，让美丽乡村成为一张名片，让群众真正得到实惠。

走进黄山镇东蔡村，一幅美丽的新农村画卷映入眼帘。宽敞的柏油路穿村而过，清澈河水潺潺流淌，村头公园绿意盎然，沿河观景大平台、家庭农牧场……宛如一幅淡雅的水墨画。

东蔡村位于黄山镇南部，北靠武河湿地，南邻沂河，区位优势明显。作为省级美丽乡村示范村，近年来，东蔡村积极践行"绿水青山就是金山银山"理念，结合自身环境优势，不断加强基础设施建设。大力实施村庄硬化、亮化、绿化工程和村级文化广场建设，开展清理"五堆"、改厕等工作,推进村庄和片区连接线综合整治,提升了整体村容村貌。

环境好了,村子美了,如何让"钱袋子"鼓起来,才是村民最关心的。在争取农业综合开发资金,建设高标准农田,建设100亩果蔬大棚基础上。2019年4月,东蔡村结合美丽乡村打造和自身环境优势,制定了东蔡村乡村旅游规划。一年多来,通过提升基础设施、修复古院落、深挖古井文化资源,凸显"古"主题元素,发展乡村旅游业,取得了特色农业产业和乡村旅游齐头并进的好势头。如今每逢周末,东蔡村就热闹起来,民宿"泡泡屋"、农家院落吸引许多游客前来游玩,成为"网红打卡地"。

傅庄街道于庄村以"双美村庄"建设为抓手,注入振兴发展内在活力;在创建美丽乡村示范村的同时,该村着眼乡村振兴,积极探索集体经济增收致富之路,通过清产核资、发展特色加工业、拓展电商业务等举措,走出了一条具有于庄特色的"党建+"产业振兴之路,实现了集体增收、百姓致富。傅庄街道西三重村以红色文化、孝善文化为依托,打造乡风文明的孝道村,让村里环境美起来、村民生活富起来。褚墩镇风渡口村以乾隆下江南修建的"仁义桥"和"罗成大战风渡岭"历史传说为背景,利用村庄的老涑河古道遗址、葡萄园、手工业制造等资源,全方位做深旅游文章,打造集文化体验、产业发展、观光展示、农业休闲为一体的民俗文化旅游示范村。

2017年以来,罗庄区累计投入各类资金近亿元,打造了6个省级美丽乡村示范村、10个市级美丽乡村示范村、2个市级美丽乡村示范片区。依托资源优势,逐步形成了产业规模化发展态势,以有机稻米、食用菌、蔬菜产业化生产等为主的特色产业有了较大发展;蔬菜、水果、花卉苗木等产业园区正快速发展中。形成了效峰菌业、江泉农牧、高都有机蔬菜、沙沟草莓等一批较成熟的农业项目以及亿农、"沙沟芋头"等可进一步开发建设的产业园区,促进了农业现代产业的快速发展。

环境美起来、产业旺起来、腰包鼓起来……随着罗庄区美丽乡村建设的全面推进,一个个村庄实现了华丽蝶变。

点评：

罗庄区认真贯彻中央、省、市关于美丽乡村建设的一系列重要部署，按照"产业兴旺、生态宜居、乡风文明、治理有效、生活富裕"的总要求，结合实际情况，高起点谋划、高标准起步、高质量推进美丽乡村建设，全力打造城郊型乡村振兴示范样板，取得明显成效。罗庄区通过人居环境整治，示范区、美丽乡村等建设，乡村环境全面改善，特色产业壮大升级，一批有特色、能致富、可复制的乡村振兴产业，在广大美丽乡村如雨后春笋般应运而生。老百姓的腰包鼓了，村集体收入也增加了。

七、福建省福州市平潭县平潭综合实验区海坛片区

2020 年这一年里，海坛片区管理局始终坚持以人民为中心的发展理念，依托区域优势，重点补齐基础设施、城市管理、人居环境等七个方面的短板，推动老城区功能日益完善，民生福祉不断改善。

（一）以旧"焕"新居民生活更美好

"以前电动车肆意拉线充电的现象不在少数，如今小区安装了电动车充电桩后，充电方便多了，也没有安全隐患。同时，空中'蜘蛛网'问题也得到解决，小区的环境也愈发美观。"市民吴传宝为改造后的电信小区点赞。

这样的变化，得益于海坛片区去年开展的老旧小区改造工作。建于 1996 年的电信小区是海坛片区典型的老旧小区，因设施老化、年久失修而变得破旧不堪。2020 年 6 月，电信小区作为老旧小区改造首批试点小区，通过重新规划，新增各类公共设施。

如今的电信小区，绿化宜人、环境整洁，各类通讯管线全部下地，公共区域规划得当。

"在改造过程中，片区工作人员认真听取采纳我们的意见，改造出来的效果也很好。"电信小区居民李云荣说。大家都能从中感受到政府真心实意为群众办事的态度，幸福感和获得感也越来越强。

海坛片区管理局党委委员、副局长林彦表示，近年来，平潭民生基础设施不断完善，但是片区内老旧小区，因设施、功能不齐全，影响群众最基本的生活居住感受。2020年，片区通过将电信小区、地税小区、渔政小区等老旧小区的改造纳入为民办实事目标，下决心解决小区基础设施落后、各类线缆乱搭乱设、道路坑坑洼洼等问题，不仅提升了居民生活质量，同时也让文明意识、整洁习惯深入小区、深入民心，为创建文明城市凝聚人心。

2020年，海坛片区共完成8个老旧小区改造，改造总建筑面积达12.35万平方米，涉及59栋836户。如今，越来越多老旧小区变"要我改"为"我要改"。据统计，截至目前已有24个小区申请改造。

老旧小区改造只是海坛片区改善民生工作中的一个缩影，过去的2020年，片区还实施创建文明城市补齐短板三年行动计划，先后完成潭城南路、红山西路、西航路及万豪大景城周边路网等7条主要道路改造，建成人口文化公园停车场等5处停车场，增加城区停车泊位915个，进一步补足基础设施短板，让老城区交通更顺畅，让市民出行更便捷。

（二）生态"打底"打造宜居新家园

冬日里，走进海坛片区棺材山采石场，以往风起沙飞的现象已然不见，废弃矿山披上了一件"绿衣"，工作人员不时进行洒水养护。

"以前，这处矿区不少山体外立面都裸露在外，水土流失严重。场地内随处可见孤石，历史的采矿形成凹凸不平的坑塘矿坑，一到大风天，扬起的灰尘让附近居民深受困扰。"海坛片区资源生态处副处长何光凤说。如今，片区及相关部门通过修建防护网、种植适合平潭气候种植的绿植等手段，进一步促进了山体的绿化美化，有效改善了周边生态环境。

2020年，海坛片区通过一系列举措，对辖区内的棺材山采石场、平潭城关小学南侧历史开采点等12个矿区进行全面整治，整治面积共计743.9亩。何光凤表示，在治理过程中，海坛片区切实履行属地治理主体责任，根据矿区治理实际，制定分类治理计划，并协调解决工程推进过程中的问题。对部分矿区存在被运输公司、水泥砖厂和堆放的砂石土方等违法占用的情况,积极安排人员现场进行协调清理,以零容忍的态度呵护好平潭生态环境。

在推进矿区治理过程中,海坛片区还同时做好保护和利用"两篇文章"。"为使矿区用地得到集约利用,我们向实验区公安局报告,建议公安涉案停车场项目落地华龙矿区,不仅缓解项目建设用地压力,还节省了矿区治理资金和项目用地选址时间。"何光凤说。此外,一些矿区还采用生态景观式治理,依托原有的采石坑地貌修建公园,在达成治理目标的同时,还提升了城市品质。

除了矿区的整治,海坛片区还以环境保护、生态修复为重点,打好污染防治攻坚战,开展海上养殖综合整治、小流域综合整治、农村生活污水治理、海漂垃圾治理、"散乱污"企业及洗车场所排污整治等工作,全力建设"绿岛花城""绿盈乡村",持续改善辖区生态环境质量。

点评:

"十四五"开局之年,片区将以建设更加有为的服务型政府为目标,以生态文明建设、文明城市创建、公共事业快速发展为着力点,补齐民生短板,提升社会公共服务水平,打造优质营商环境,加快城乡一体化融合发展,深入推进"健康海坛、宜居海坛、平安海坛"建设。

八、江西省赣州市信丰县大阿镇莲塘村

在大阿镇莲塘村,只见宽阔平坦的柏油公路穿村而过,公路两侧房舍、庭院整齐划一;村里修葺一新的公园别具特色,不少村民在这里休闲健身;整齐连片的蔬菜大棚里,村民们忙着采摘蔬菜,装箱待运……一幅"产业兴旺、生态宜居、乡风文明、治理有效、生活富裕"的乡村振兴画卷正在这里徐徐舒展。

村民表示,原来村里面特别乱,垃圾都是乱堆乱放,环境特别差,经过这一两年的环境整治,整个村的环境都得到了很大的改变。村里面的

环境现在改善了很多,我们的基础设施也提升上来了,我们也有自己休闲娱乐的地方,现在整个村里面跟公园一样,我们在村里面生活比在城里面生活更舒服。

莲塘村制定了《村规民约"三字经"》,带动群众共同遵守推行网格化管理模式来,并且通过村民代表大会还有户主会、IP广播、微信群等模式,不断地让群众提升清洁卫生的意识,并且带动群众的主体作用,推行了"门前三包"制度,不断地改变群众的一些不良习惯,努力实现了村庄治理的共建、共治、共管、共享的目标。

大阿镇莲塘村人居环境的变化是信封县大力推进城乡环境综合整治带来的喜人成果。2018年以来,信封县全面开展以"九清二改一管护"为主要内容的村庄清洁行动,三年来累计投入整治建设资金10亿元,投入人力36万人次,机械、车辆18000多辆次,拆除铁皮棚、临建等乱搭乱建48523平方米,拆除老旧房屋、畜禽棚舍及残垣断壁120万平方米,修缮土坯房83万平方米,改造菜园、果园、花园6532个,整治杂乱线缆426处,乡村面貌全面改观,处处呈现山青水净、河畅景美、如诗如画的田园风光。

点评:

大阿镇莲塘村借助全县开展城乡环境整治的东风,紧扣乡村振兴二十字要求,围绕凸显美丽乡村、特色产业、廉政文化三个主题,整合各种资源,精心打造多彩莲塘,全面实施改水改厕改路,将传统民宅统一风格粉刷,在保留村里原有树木、菜园和水塘基础上,精心设计打造基础设施和文化设施,实现基础设施大完善、环境大变样、群众大满意。

九、四川省乐山市峨眉山市符溪镇友谊村

友谊村位于峨眉山市符溪镇,自从提出开展农村人居环境整治以来,各乡镇、村落迅速开启"执行"模式,打响了农村人居环境整治的"战役"。几年过去,一幅美丽乡村的崭新画卷在峨眉大地上徐徐展开,符溪

镇友谊村便是当中一抹五彩的"亮色"。

原来的泥泞小道上铺上了沥青,村民房屋进行了统一化风貌改造,家家户户门前庭院都摆放着精心培植的花卉苗木,村庄整体风貌焕然一新。乡村振兴,交通先行。相较友谊村以往的羊肠小道,完成硬化后的村组道路结束了村民们肩挑肥料袋、背扛农作物的历史,既打通了一条增收致富的坦途,也唤醒了村民们对宜居乡村的渴望。

从曾经的脏乱差到如今的洁净美,在人居环境整治中,友谊村对所有农户房前屋后拟定了整治规划,并进行了风貌改造。此外,506户农户全面完成厕所改造,污水排放全都纳入了一体化设施,实现了"田间净,地头净,渠沟净,马路净"的美好环境。

点评:

人居环境整治,提升的不仅是村居面貌,更在逐步改变村民的生活习惯。以往村民乱扔垃圾、乱倒脏水是因为环境意识不强,通过环境治理,大家的思想发生了巨大的转变。随着环境整治行动的不断深入,感受到家乡的新变化,村民们也从负手而立的"旁观者"变为自觉自愿的"参与者",推动人居环境改善步步向前,群众的获得感和幸福感也不断增强。

第九节　休闲旅游型美丽乡村建设案例

一、江西省婺源县江湾镇

国家特色旅游景观名镇江湾地处皖、浙、赣三省交界,云集了梦里江湾5A级旅游景区、古埠名祠汪口4A级旅游景区、生态家园晓起和5A

级标准的梯云人家簋岭四个品牌景区。依托丰富的文化生态旅游资源，着力建设梨园古镇景区、莲花谷度假区，使之成为婺源"国家乡村旅游度假试验区"的典范。中国美，看乡村，一个天蓝水净地绿的美丽江湾，正成为"美丽中国"在乡村的鲜活样本，并以旅游转型升级为拓展空间加快成为中国旅游第一镇。

婺源名气在外，是中国最美乡村、中国旅游强县、中国最佳文化生态旅游目的地、全国首批生态农业示范区、中国乡村旅游的典范，一县拥有7个4A级景区，是全国拥有4A级旅游景区最多的县。

2012年，婺源县接待游客首次突破800万人次，达到833.6万人次，农家乐已达到3320家。2013年，婺源共接待境内外游客1007.5万人次，实现门票收入2.5亿元，旅游综合收入51.1亿元，同比增长分别为20.1%、15.1%、19.1%。

有趣的是北京城里一年都难得见上一面的朋友，竟然在婺源县江岭的油菜花丛中意外相遇。不绝于途的"油菜客""枫叶客"成为婺源春秋最热闹的景象。在游客眼中，婺源是中国最美乡村，也是最富乡村之一。2012年至2013年间，旅游综合收入大幅增长，增幅近10亿元。如今的婺源，城乡美、街道美、民居美、令人刮目相看。

（一）保护青山绿水，四方得以"四赢"

生态美、结构美、视觉美、人文美和古典美的"五美"婺源，感染了国内外游客。李坑是该县著名景区，那里小桥流水人家，思溪与延村的古村落，江岭的油菜，石城的枫叶，灵岩的古洞，各具特色，景区品质和内涵全面提升。近年来，婺源大力推动旅游转型升级，改善服务方式与经营模式。

在李坑景区入口处，旅馆、饭店、艺术品商店，一家连着一家。一家"老邱农家山庄"，生意特别好。该山庄是三星级农家旅馆，每当双休日和节假日，山庄46间房基本上都住满了游客。在李坑村，10年前，全村八百多人有一半外出打工，现在，外出打工的人几乎没有了，村民们直接或间接在家门口搞起了旅游服务业。有的村民办起"婺源财富生态养殖场"。该场主人胡财富说,他养了上千羽野山鸡,基本上都被游客买走,有的一买就是五六只。他表示,还要扩大养殖规模。在婺源,吃"旅游饭"的农民,大约有6万人,约占全县人口的六分之一。

2007年,婺源县成立旅游股份有限公司,按照"一个集团、一大品牌、一张门票"的思路,对县域范围零星散落的旅游资源、客源市场以及管理重新洗牌整合,打破了旅游区内各景点边界区域上的壁垒,实现了不同景点之间的联合。整合旅游资源以后,婺源旅游股份有限公司先后投入2亿多元,根据各景点的不同特性和优势实行差异化打造,统一管理,使婺源真正做到了将旅游推向连锁经营、规模经营,实现了由原来的粗放型和数量型向集约规模型和效益型转变,避免了同质化竞争、破坏性开发等旅游发展诟病,激发了企业、群众参与乡村旅游的积极性,并探索出了一批如"公司+当地政府+村民""景区+乡镇政府+村委会"等多种具有借鉴意义的发展模式。

省政府办公厅和省政府发展研究中心联合调研组在对婺源开展深入调研后认为,"婺源模式"在发展目的上强调富民性,在发展方向上强调坚定性,在开发建设上强调特色性,具有时代价值和示范推广意义。

旅游是藏富于民的产业。但是,婺源头顶"五美"光环,也头戴"紧箍",为了保护青山绿水,一直谨小慎微。对此,婺源县委、政府始终保持清醒头脑,婺源是中国的一张名片,擦亮这张名片,办工业与保护生态环境必须同步推进,保住青山绿水;坚定发展旅游业的信心,实现最美乡村的全面富裕。

(二)变资源优势为文化优势

2011年,婺源县新一届县委、县政府主要领导在深入调研后提出,一定要做到"四赢",即投资商要赢、政府要赢、百姓要赢、游客要赢。

投资商要赚大钱,政府要增加收入,老百姓要受益,就要抓大项目,尽早形成旅游产业的集聚,尽早显现旅游产业乘数效应,增加财政收入;

让游客赢,就要提高管理水平,向游客提供优质服务,让游客游有所值,游了还想留,走了还想来。因此,婺源必须转变发展方式,改变目前大众游、粗放型经营的状况,增加文化内涵。上饶市委主要领导在考察婺源旅游时强调:"领略、观看大自然的美丽景观只是旅游的一个方面,没有文化的旅游项目,最后都没有竞争力。"可喜的是,婺源旅游转型升级的步伐在不断加快。目前,该县月亮湾国家休闲旅游度假区旅游建设项目的启动和实施,将使婺源旅游产品价值链得以有效扩张,推动婺源旅游业由门票经济向产业经济转变,由资源竞争向文化竞争转变,由观光旅游向休闲度假旅游转变。这对拉动婺源旅游休闲产业、文化产业的发展起到积极的示范作用。

婺源县发改委领导告诉记者,省里已经同意设立江西省婺源旅游商品产业基地,作为省级产业基地纳入省政府调度项目。婺源旅游业需要大项目、大投入,这个占地千余亩,投资数亿元项目的实施,将丰富旅游产业链,政府、投资商、老百姓和游客都会从中受益。

婺源县政府工作报告中强调,旅游缺少了文化形态,只能在市场竞争中处于被动状态,文化产业必须加快发展。该县江湾至李坑之间20千米的路程,就有20多家砚艺、茶艺、根雕艺术及木刻艺术等展示场所;仅大畈村砚台产业一条街,就有砚台厂及店铺238家。"婺源的旅游市场再也不能回到过去的无序竞争局面了,要推进现代企业做大做强。"这已经是婺源广大干部群众的共识。自2011年起,该县有关部门就开始大力支持婺源旅游股份有限公司上市,通过组建跨地区、跨部门、跨行业、跨所有制的大型旅游企业集团,进一步整合资源,让中国最美乡村早日成为中国最富乡村。

点评:

婺源县妥善处理好政府、企业和景区农民之间的关系,营造了一个和谐发展、科学发展旅游的环境。该县成立了江西婺源旅游股份有限公司,采取"一个集团、一大品牌、一张门票"的旅游经济发展模式。这一创新服务管理模式使婺源孕育了和气、名气、人气与财气,让最美的乡村富了起来,因此引起了业界的关注,前来学习婺源旅游业发展模式。

婺源正在转变发展方式,改变粗放型经营的状况,增设文化设施,提升文化内涵,变资源优势为文化优势,这也是有意义的探索,将为我国旅游业的提升与发展提供借鉴。

二、江西省井冈山茅坪镇神山村

神山村坐落在黄洋界脚下、罗霄山脉中段,四面环山,平均海拔达800 多米,现有 54 户 231 人。长期以来,受交通等基础设施的制约,贫穷一度成为了神山村的标签。"神山是个穷地方,有女莫嫁神山郎,走的是泥巴路,住的是土坯房,穿的是旧衣服,红薯山芋当主粮。"这首顺口溜是过去神山村的真实写照。

在党和国家的关怀勉励下,革命老区人民要传承红色基因,在全国建小康的征程中,老区要同步前进,一个也不能少。在 2017 年年 2 月 26日,井冈山在全国实现了率先脱贫摘帽,神山村甩掉了穷帽、走上了致富路。脱贫两年多来,神山村没有满足于摘掉"贫困帽",还积极探索乡村振兴的新路子,向富裕文明的更高目标迈进,将神山村建成远近闻名的旅游村,实现"从红色资源到红色经济,从美丽生态到美好生活"的转变。

神山村人均耕地不足 1 亩,土地贫瘠,过去村里人的收入全靠砍竹子、种稻子、挑担子,产业基础非常薄弱。为了激励"脱贫摘帽",井冈山市提出了"20 万亩茶叶、30 万亩毛竹、10 万亩果业"的富民产业发展目标,同时也针对合作社、一般农户、贫困户出台了差异化奖补激励政策。神山村成立了农业种植合作社,种植了 460 亩黄桃、200 亩茶叶,低改了3000 余亩毛竹。为全村 20 户贫困户每户筹集产业发展资金 2.2 万元入股到黄桃合作社和茶叶合作社,实现了资金变股金,村民不仅有土地租金收入,还可以在合作社务工。

按照吉安市提出的"全景吉安、全域旅游"的思路,神山村依托丰富的红绿资源,着重发展乡村旅游。2017年初,村民们自发成立了神山村旅游协会;协会出台了《星级农家乐和民宿评定奖补办法》,鼓励村民们从事农家乐、民宿接待;协会采取统一客源分配、统一服务管理、统一接待标准和分户经营的模式,实现了旅游接待"大家一起干、大家一起富"。村民们在协会的指导下开办了农家乐,游客最喜欢在农家乐中打糍粑、品土菜,感受当地风俗、品味当地美食。协会还特别在接待安排上向贫困户倾斜,使他们有机会、有信心更快地致富奔小康。8月前到神山村旅游的游客超过3万人次,全村从事农家乐、民俗体验、采摘、旅游产品制作、土特产品销售等农户已达16家共56人,旅游扶贫效应凸显,群众从旅游发展中获得的实惠越来越多。

神山村依托井冈山红色培训、研学旅行的巨大市场,先后和多家井冈山培训机构合作开发现场教学和拓展培训项目,探索了"培训到农村、体验到农户、红色旅游助推乡村振兴"的新路子。打通黄洋界经神山至坝上象山庵2小时红色旅游经济圈,将八角楼、象山庵、神山、红军被服厂、黄洋界等景点串联起来,形成旅游精品线路。

至2018年底,全村农户人均收入1.98万元,其中贫困户人均可支配收入达到9200元,同比增长11%,实现了脱贫致富。神山村先后荣获第五届全国文明村镇、中国美丽休闲乡村、第七批"全国民主法治示范村",江西省4A级乡村旅游点等荣誉称号。

点评:

"脱贫不脱政策,帮扶不减力度。"脱贫后的神山村并未就此止步,而是按照巩固成果、稳步提升的原则,继续实施产业、基础设施、保障等扶贫提升工程。该村注重党建引领、志智双扶,并大力推进脱贫攻坚提升与乡村振兴紧密结合,不断助推贫困户长远稳定脱贫致富。神山村的巨大变化为村民返乡创业带来了底气,越来越多的村民回乡回村创业,他们带回了老区贫困山村振兴的希望与兴旺。一个富裕、和谐、美丽的神山村,正以崭新的姿态在小康路上阔步前行。

三、广东广州市从化区西和村

从化区城郊街西和村总面积约5平方千米,下辖6个经济社,有农户271户,总人口1110人。该村地处万花园核心区,地理位置、自然生态环境条件优越,近年来完成万花园土地流转2000多亩,草塘农家乐第一期征地工作完成征地200多亩。现有占地1000多亩的国家4A级旅游景区宝趣玫瑰世界、占地700多亩的旺地樱花基地、占地700多亩的兰花基地,还有大大小小的花卉企业20多家落户西和村。有很好的条件发展以花卉为特色的乡村旅游业,以乡村旅游业带动西和村经济发展,使村民致富增收。

(一)环境优势凸显,发展潜力巨大

西和村地理位置优越,自然环境优美,既有2000多亩平坦肥沃的耕地,亦有大量的山林地和湖泊,降雨充沛、气候宜人,适宜人们生产和生活。此外,西和村作为万花园核心区,容易吸纳各方面的资源,争取到更多支持来推进"美丽乡村"建设。目前,宝趣玫瑰世界等10多家企业已进驻该村,花卉种植面积超过4000多亩,已初步形成以生产玫瑰、火龙果、百合、红掌、特色苗木为主体的格局,可利用的旅游资源丰富,为乡村发展提供有力支撑。随着花卉大道的建成通车以及万花园周边基础设施的进一步完善,制约西和村发展的瓶颈将被解除,届时西和村的发展前景更加广阔。

对于花卉企业落户到西和村,该村"两委"和群众都非常欢迎,并将其作为强村富民的一项重要工作来抓,积极配合土地承包经营权的流转,使得原本分散低产值的田块集中到企业手中,便于开展集约化、规模化、高产值的花卉种植。目前,该村流转土地3000多亩,流转率约70%,进驻的企业增至10多家,其中宝趣玫瑰世界和大丘园火龙果基地已成为国家3A级旅游景区。进驻企业也十分支持当地发展,优先聘用该村村民到企业工作。同时,土地租金已提高到每年每亩950元,每年落实土地流转和退果还田政策性补贴经费达 400 多万元,增加了村民的工资收入和第三产业收入。在 2010 年,该村农民人均纯收入 9315.03 元,比全市平均水平高出 885.03 元。该村集体经济也在不断壮大,实现了脱贫的目标。

西和村民风淳朴,大部分村民是客家人,客家文化底蕴深厚。此外,村"两委"政治素质高,带领群众致富和建设美丽乡村的愿望强烈,群众基础好,对村"两委"的工作都非常支持。在这样有利的条件下,村"两委"有信心开展"美丽乡村"建设,让全体村民分享到"美丽乡村"建设的成果。

(二)融合生态与文化美,突出岭南客家特色

根据对西和村现状的调查,西和村内建筑质量总体一般,存在空心村和危破房等问题,新建建筑布局无序,建筑风格缺乏整体性和视觉美感。同时,村内基础设施落后,制约了旅游业发展。西和村的旅游业虽然已经有了初步发展,但旅游配套服务设施却远远跟不上。村内虽然有一些旅游接待餐饮设施,但基本以小规模的农民自发形式为主,缺少规模配套齐全、高标准的农家乐。另一方面,因缺少停车场地,很多旅客都把车停在路边。配套设施不健全已经严重制约和影响西和村旅游业的发展。

西和村"美丽乡村"的建设主体是农民,建设重点是在村庄,发展动力在产业,发展的根本在自然,发展内涵在文化。在"美丽乡村"建设过程中,做好城乡统筹,把新型城市化发展理念融入到村庄建设中尤为重要。通过发展特色产业,将可持续发展的"活力"产业引入到乡村建设,为其提供强劲的发展动力,促进产业结构升级,提高村的收入水平。西和村自然生态环境优美,是建设"美丽乡村"的根本,同时又是一个以客家人为主、文化气息浓厚的特色村落,所以西和村的建设要将生态美和文化美两个元素充分地与村庄建设融合在一起,通过对村庄建筑和环境的整治,将其从内到外建设成为一个具有岭南客家特色的客家风格"美

丽乡村"。

(三)加强村庄整治打造人文景观

在村庄环境整治方面,要将保护农村生态环境与保护人文资源相结合。狠抓环境整治,包括清理环境卫生死角、清理沟渠池塘、清理乱搭乱建;有排污处理系统、有村民活动公园、有垃圾池等环卫措施、有绿化林带;通自来水、通进村的村道、通电信、通电视、通公交车。提升市政设施和公共服务设施。统筹安排村公共服务设施点,配套完善中小学、卫生室及村卫生站、公共活动场地、文化室、宣传报栏等设施;完善电力、电信、给水、雨水、排污等综合管线。

在建筑整治方面,在满足功能、美观的前提下,努力创造人文的生活环境。一是在规划设计、建筑改造中,采用具有客家特色的建筑元素和建筑手法,展现客家文化和生活环境。在景观设计中贯穿乡土地域文化,将民间传统文化与现代市民休闲娱乐相结合,充分展示本土的客家文化。二是充分了解当地植物生态特殊性,对高大乔木、花灌木、草坪等合理规划配置。三是引入新的农业技术、先进的管理方法对传统的种植业和养殖业进行改造,并以劳作、观光采摘等形式向人们展示一种全新的观光旅游生态农业发展模式。

美而不富,难言为美。无论是在官方的表述中,还是在村民的意识里,美丽乡村建设的内涵都不止停留在生存环境的改善上,更在于村集体家底的厚实和村民荷包的充盈上。如果说身处中国最具经济活力地区之一的珠三角,是广州乡村建设的先天优势,那么如何在政府资金的扶持之外,通过包括生态在内的软环境改善获得更多投资者的青睐,则成为一个更具长远意义的课题。

产业推动,富民兴村。作为广州市市长陈建华挂点的美丽乡村建设示范村,包括路灯亮化、道路拓宽、自来水铺设、污水处理、垃圾收运、排水渠整治、有线电视入户等10多个民生项目在内的财政礼包,将西和村推到了新的发展起跑线上。而根据广州市美丽乡村建设的整体规划,将以西和村为核心,通过做大做强花卉生产与旅游产业,最终打造一个覆盖 10 多个村庄的美丽乡村群。

点评:

作为广州市"美丽乡村"试点村之一,西和村紧紧依托万花园的规模效应,以花卉、果蔬为支撑和亮点,以产业的发展为引擎,以旅游为核心,以文化为内涵,在万花园总体定位基础上提出了打造岭南最具活力的花园式"美丽乡村"的发展定位。

四、新疆维吾尔自治区巴音郭楞蒙古自治州巴音布鲁克景区

巴音布鲁克景区位于巴西里格村(自治区扶贫开发重点村)地处巴音布鲁克镇以南,距和静县城 332 千米,距巴音布鲁克镇 47 千米,位于扎格斯台河畔,海拔 2400 米,夏季气候宜人,冬季漫长寒冷,年平均气温—4.7℃,无绝对无霜期,年平均降水量 216.8～361.8 毫米。巴西里格村是一个以畜牧业为主的纯牧业村,可利用草场面积 57.57 万亩,人工种草面积 3771 亩。随着景区旅游事业的发展,巴音布鲁克已逐步由畜牧产业向旅游服务产业转型。

生态是巴音布鲁克景区赖以生存和发展的基础,富民是发展壮大旅游业的最终落脚点,如何做好景区与牧民共同发展、互利共赢是旅游业持续健康发展的关键。随着景区旅游事业的发展壮大,旅游富民惠民已成为实施景区创建工作中的自觉行动,积极推进景区旅游产业结构转型,促进旅游就业。

(一)探索"合作社＋贫困户"双赢同富合作模式取得显著成效

通过合作社实现劳动力转移就业。解决富余劳动力 210 人:其中,60 人通过各项业务培训纳入旅游企业(月工资 3200 元)或牧家乐合作社;80 人在本村畜牧专业合作社放牧;50 人通过保联及相关部门协商转移到其他企业从事二、三产业或外出务工,提高牧民收入。同时,积极争取 2016 年少数民族特色村寨旅游项目发展资金,建立旅游合作社,全面

改造 41 套巴西里格村民俗特色家庭旅馆的上下水、取暖等配套基础设施，并配套建立牧家乐，全部入股旅游合作社，解决 10 户 20 人就业。促进景区生态环境保护与当地牧民增收良性互动。

（二）保景富民，旅游带动致富

2015 年，和静县委、县政府出台《和静县巴音布鲁克镇巴西里格村"保景富民"行动计划》，投入 325 余万元从就业、培训、教育、医疗、社保、入股分红、畜牧等方面实施强有力帮扶措施。一是从巴音布鲁克景区旅游收入中投入 60 万元专项资金扶持贫困牧民的生产生活；二是对 2015 年巴西里格村民新办牧家乐给予每户 1 万元补助，鼓励牧民从事二、三产业，增加财产性收入；三是鼓励牧民在景区内开办旅游纪念品商店并给予免房租优惠；四是落实观光农业种植补贴 50 万元，在巴音布鲁克景区人工饲草料地种植油菜花，一次性给予 1000 元/亩补贴，同时积极争取上级美丽乡村、阵地建设等项目和资金支持，加快巴西里格村"保景富民"工作步伐。目前 103 户 286 名贫困牧民脱贫，人均纯收入增收 2000 元以上，达到 6000 元以上；实现所有贫困户有住房；完成职业技术培训富余劳动力 160 人，完成季节性就业 130 人，固定就业 60 人；扶持贫困学生 105 人。

（三）创新"特色产业"新模式

通过发展特色产业、重视旅游发展、扩宽牧民增收渠道，实现了牧民增收和村集体经济壮大。利用和静县脱贫攻坚"十大专项行动"之特色产业发展 20 万元资金，新建 10 幢民族特色小木屋，用于提高村旅游经济收入，可带动 10 户贫困户创业增收；投资 30 万元在巴音布鲁克镇建立 41 户组成的牧家乐家庭宾馆；根据牧民的特色需求投资 72 万元成立天鹅姑娘刺绣合作社；为解决牲畜的饲料问题投资 30 万元成立饲草料加工合作社，承包给本村牧民一年承包费 4 万元。

（四）创新旅游投入机制，促使牧民入股增收

促成巴音布鲁克镇巴西里格村汉家乐、牧家乐专业合作社投资天鹅

湖景点巴西里格观光车项目,每年可享受项目税后纯利润的40％分红,红利由合作社按规定分配给牧民。2014年兑现协议分红147086.21元,收益率45.17％;2015年兑现协议分红337173.69元,收益率103.5％。2016年兑现协议分红348738.8元,收益率107.1％。经营从事马队、牧家乐等旅游项目,人年均收入增加近5000元。

（五）利用牧民自身资源,促使牧民就地创收

《东归·印象》大型文化与历史实景剧是新疆首部实景演出剧目。和静县积极组织当地农牧民参与剧目拍摄,充当群众演员。经多次沟通协调,当地260名牧民成功入选群众演员,每年人均增收约4000元,开辟了巴音布鲁克景区牧民增收的新途径。

点评:

探索"合作社＋贫困户"双赢同富合作模式取得显著成效;保景富民,通过旅游带动致富;创新"特色产业"新模式,扩宽牧民增收渠道,实现牧民增收和村集体经济壮大;创新旅游投入机制,促使牧民入股增收;利用牧民自身资源,促使牧民就地创收。

五、中国台湾乡村旅游

台湾在上世纪60年代末和70年代初,农业面临与快速发展的工业和商业的竞争,以及国际农产品的冲击,农产品成本高,价格低,农民收益少,台湾农业发展面临衰退、萎缩。针对这一挑战,台湾采取了加快农业转型,调整农业结构,在发展农业生产的同时,进一步开发农业的生活、生态功能,使农业从第一产业向第三产业延伸,于是就开始发展观光农业和休闲农业。

（一）乡村花园

环境优美、景观独特、地域性强的乡村花园。清境小瑞士花园,空气清新自然,景色优美如画,兼具北欧风光,因此又有"台湾小瑞士"及"雾上桃源"之美名。平均气温为摄氏15℃－23℃左右,舒适宜人的气候成

为人们避暑的胜地,园区内种植了世界各地的奇花异草,美丽新奇。区内的设施如挪威森林广场、阿尔卑斯双塔、落羽松步道、主题花园等皆环绕着天鹅湖而建,悠然地徒步其间犹如置身在欧洲。园中设有大型停车场、露营烤肉区、欧式花园、精致餐饮中心、纪念品贩卖部、露天咖啡广场等,提供休闲娱乐。

（二）乡村民宿

台湾乡村民宿发展比较好的地区是南投县清境地区和台北黄金山城金瓜石。目前清境地区民宿通过策略联盟经营的方式,成立了清境观光发展促进会,共同进行营销活动推广,在对外事务的利益争取、地区发展的规范、地区的资源分配与协调等方面取得了很大的进展,进一步推动了当地乡村民宿的健康发展。而台北黄金山城金瓜石则充分利用丰富的人文风情和优美的自然风景,把原先的台湾冶金矿区,从炼金厂、古烟道、废矿坑、战俘遗迹甚至是天皇寓所进行合理规划开发,独特的景观吸引着无数前来到访的游客。

（三）观光农园

台湾的观光农园最初形成于 1980 年,苗粟大湖,彰化田尾菜地开始经营的观光果园、观光花市。到 1998 年,观光农园发展为北部区域有 55 处观光农园,占全台湾地区的 55.56%;中部区域有 21 处,占 21.21%;东部区域有 12 处,占 12.12%;南部区域有 11 处,占 11.11%。目前,观光农园的类型包括观光果园、观光茶园、观光菜园、观光花园、观光瓜园等。各式各样的观光农园因开放时间不同,分布全年不同季节,一年四季都可享受观光、休闲、摘果、赏花的田园之乐。

（四）休闲农场

休闲农场是台湾农业类型中最具代表性者,农场原以生产蔬菜、茶或其他农作物为主,且具有生产杂异化的特性。休闲农场具有多种自然资源,如山溪、远山、水塘、多样化的景物景观、特有动物及昆虫等,因此休闲农业可发展的活动项目较其他类型的休闲农业更具多样性。常见的休闲农场活动项目包括农园体验、童玩活动、自然教室、农庄民宿、乡土民俗活动等。休闲农场是由数个农民或多个农民团体联合兴办的,规模比观光农园要大,面积一般在 50 公顷以上,经营的项目比较多元化。

(五)市民农园

市民农园是指经营者利用都市地区及其近郊的农地划分成若干小块供市民承租耕种,以自给为目的,同时可让市民享受农耕乐趣,体验田园生活。1989 年,台北市农会积极规划推动市民农园,并于 1990 年辅导北投区设立第一家市民农园,从而成为台湾第一家市民农园。到 1998 年底,台湾已设置 58 处市民农园,都属于农耕体验型市民农园。这些市民农园的设置,以都市近郊、水源充足、环境优美、交通便利、车程在半小时最为理想。与观光农园相对,市民农园是由城市市民利用平时业余时间经营的,不以营利为目的。从总体发展情况来看台湾市民农园的规划建设远没有其他园区形态发展好。

点评:

台湾地区乡村旅游起步较早,已经形成了多种成熟的休闲农业和乡村旅游发展模式。台湾地区在乡村旅游的特色定位、创意设计、游憩设计、产业链打造、营销推广等成功经验,利用广泛的农村农业资源,结合农村一、二、三产业融合发展现状,制定合理的顶层设计,推动休闲农业和乡村旅游的发展,助力乡村振兴。

六、江苏省昆山市周庄

周庄,距昆山 33 千米、苏州 38 千米,始建于 1086 年(北宋元祐元年),历史悠久,是典型的江南水乡风貌,有独特的人文景观,是中国水乡文化和地方文化的瑰宝。2003 年被评为中国历史文化名镇。古镇面积 0.47 平方千米,60％以上为明清建筑,有 60 余个砖雕门楼、近 100 座古宅院、14 座古桥,拥有富安桥、沈万三故居、沈厅、双桥、周庄八景、怪楼等旅游景点,有"中国第一水乡"之誉,是江南六大古镇之一,也是国家首批5A级景区之一。

(一)高质量打造全域旅游先行示范区

全域旅游,既是空间上的全域,也是产业上的全域,通过旅游产业的提档升级和旅游产品的迭代,推进旅游品质的提升。近年来,周庄以创建"全域旅游发展示范区"为契机,以"强、富、美、高"为主线,加强传承保护,发展经营业态,在南部周庄古镇景区重点发展古镇文化体验游,中部环太史淀湿地片区重点发展湿地滨水度假游,北部泛天花荡片区拓展乡村田园休闲游,高质量打造全域旅游先行示范区。目前,周庄的全域旅游新布局轮廓已日渐成形,休闲氛围日渐浓郁。

(二)注重旅游节庆和品牌打造,提升影响力

近年来,周庄依托传统与时尚相融合的"四季节庆"活动,进一步提升了周庄旅游品牌的影响力,也给周庄旅游带来了不菲的收入。一是深入挖掘开发传统节庆活动。"周庄过大年"、财神节、水乡端午节等传统节庆活动,不仅让游客能够领略到"小桥流水人家"的江南风情,还能欣赏到各具特色的主题活动和民俗表演。二是积极挖掘打造古典与时尚相融合的节庆活动。如以"水乡遇见水城市"为主题的中国古镇影像意大利展、以"世界水乡·有戏周庄"为主题的第23届中国周庄国际旅游节等活动,更加注重吸收国际元素,更加注重大众参与和互动,进一步提升了周庄的国际影响力。

(三)强化民生改善和共享发展

近年来,周庄在发展壮大产业、推进全域旅游的同时,让改革落脚民生,让居民享受发展成果。一是严格树立红线意识,进一步筑牢污染防治防线。推进"散乱污"企业专项整治;深化河长制,推进"一河一策"治理;完善社会治理网格化工作,夯实网格基础;牢固树立安全生产红线意识和底线思维,推进整治火灾隐患百日专项行动,建立健全隐患排查治理长效机制。二是将富民作为发展旅游的关键和根本。周庄全域旅游

大大解决了本地居民的就业问题,目前公司员工98%以上是本地人。同时,周庄还积极发展乡村旅游,花间堂、莼鲈之思、南湖秋月园等精品民宿快速发展,香村被评为中国优秀国际乡村旅游目的地,祈浜村、东浜村入选"全省乡村振兴旅游富民先进村",80%以上的村民从事服务业,村民人均收入超过3万元,乡村旅游快速发展,百姓幸福指数加快提升。

点评:

江苏省昆山市大力推进乡村振兴战略,打造农村生态宜居环境,加快美丽镇村建设,深化绿色发展,扎实推进农业现代化,实现农业增效、农民增收、农村发展活力增强的良好局面。周庄是江苏省特色田园乡村建设的首批试点,建有游客接待中心、特色农耕体验区等,结合有机稻米种植产业、优美的四季田园风光、江南水乡民俗文化,这里已经成为"中国优秀国际乡村旅游目的地"。

七、浙江省嘉兴市桐乡市乌镇乌村

乌村位于浙江省嘉兴市桐乡市乌镇国家5A级景区,距乌镇西栅500米,紧靠京杭大运河。村庄占地总面积450亩,原有60多户人家,300多名村民。项目借鉴ClubMed的"一价全包"国际度假理念,按照"体验式的精品农庄"定位进行开发,强调在对乡村原有肌理进行系统保护的基础上,营造具有典型江南水乡农耕文化传统生活氛围、适应现代人休闲度假的"乌托邦"。围绕江南农耕村特点,导入酒店、餐饮、娱乐、休闲、亲子、农耕活动等配套服务设施,乌村定位为高端乡村旅游度假区,与西栅历史街区联袂互补。项目荣获浙江省2016"年度乡村旅游示范乡(镇)"称号。

(一)产业规划

围绕江南农耕村落特点,布局精品农副种植加工区、农事活动体验区、知青文化区、船文化区四大板块,完善"食住行游购娱"等旅游接待服务设施,与西栅景区联袂互补,成为乌镇目的地的新型旅游度假目的地景区。

1.美食:乡土味中晚餐,采用健康的"一小时蔬菜",严格按照"当餐到达,当餐使用"的原则,形成"从采摘到上菜一小时"的特色。纯正西餐有红酒和各色鸡尾酒配以牛排、意大利面。江南甜品包括红豆糊、桃胶鸡头米、桂花年糕、鹅头颈、青团、猫耳朵……

2.住宿:乌村将住宿细分为不同组团单元,分别是渔家、磨坊、酒巷、竹屋、米仓、桃园及知青年代,组团的名称与主题定位来源于村庄以前的生产小队,目前共有客房 186 间。如渔家组团就是以公社化时期当地渔业生产小队的生活元素为主题而命名的。

3.游玩:每日提供蔬菜采摘、农耕深度体验、各类农事活动、童玩天地、手工 DIY 等丰富的休闲体验活动;在新建的活动中心、青墩、乌墩、码头等重点区域定期提供演艺、酒吧休闲、帐篷露营等活动。

(二)运作模式

1.一价全包的套餐式体验模式

颠覆传统经营模式,乌村引入国际领先的一价全包套餐式体验模式,打造了中国首个融"食住行游购娱"活动为一体的一站式的乡村休闲度假项目,即打包食住行和 30 多项免费体验项目集中销售。依托景区独特优势资源,将全村封闭起来,通过高门票限制人流,游客只需一张门票,即能享受全部服务。

2.乌村运营另一大特色 CCO,即首席礼宾官

乌村 CCO,即为游客提供面对面的近距离综合服务,提升游客的旅游体验,集景区导游和活动指导参与等服务为一身的首席礼宾官。按照现有活动内容,乌村内 CCO 的特色服务主要以引导游客体验民俗活动为主。毗邻传统大景区的乡村振兴,可以差异化的产品定位,做传统景区的配套支撑甚至是对等互补,从而凸显自己的价值,实现乡村振兴发展。

点评：

乌村颠覆了中国乡村游的传统模式，采用一价全包的套餐式体验模式——集吃住行游购娱活动为一体的一站式的乡村休闲度假项目，一键即可打包吃住行和 30 多项免费体验项目，不带钱包也可以轻松畅游乌村，尽情体验采菱角、捉虾、捕鱼、折纸、画画、树屋、编草鞋、骑车环河等，为打造休闲旅游型美丽乡村提供了样板。

八、河北省承德市滦平县小城子村

位于河北省承德市滦平县小城子村，坐拥京津，背靠辽蒙，属于京北黄金游线辐射带动范围。全村 650 户、2100 余人口，组户集中，90％以上的人口生活在中心村。规划以小城子汉城历史文化、皇家御道文化、满族文化为特色，以"皇家驿栈"和"千年汉城"为主题，打造集田园观光、乡村休闲、乡居度假于一体的乡村旅游示范、宜居宜游新乡村。打造为环首都经济圈"精品皇家文化旅游示范点"，承德市"皇家御道文化开发示范点"，滦平县"宜居宜游美丽乡村示范点"。

（一）总体规划

抢抓"京津冀协同发展"重大战略机遇，将"美丽乡村"建设作为助推"三农"工作协调发展的有力抓手，以"皇家驿站、千年汉城"为总体定位，将小城子打造为精品皇家文化旅游示范点、皇家御道文化开发示范点、宜居宜游美丽乡村示范点为一体的国家级美丽乡村。空间布局以线串点，以点带面。"点"为入口广场、村民活动广场、民俗活态博物馆、乡野公园、村委会等。"线"为 112 国道沿线商业景观带、田园游憩带、民居体验带，"面"为在小城子汉城城址基础上建起来的整个小城子村庄以及小城子田野公园景区。功能分区为"两带四区"Y 字型结构。"两带"为交通商业轴、田园游憩景观带，"四区"为入口服务区、商业休闲区、田园观光区、乡居度假区。

（二）运作模式

民俗活态博物馆以小城子村历史、村民生产生活、满族风情为主题元素进行博物馆展览设计，以图片配文字解说、实物等多种形式展示。

主题民宿利用小城子空置民居，分满族、皇家不同风格，打造高中低端民宿、客栈，发展小城子旅游接待，带动百姓就业或销售农特产品，从而实现旅游扶贫和村民致富。满族民宿以满族文化和满族建筑为背景，以满族民俗历史为底蕴，设计出富含满族风情，现代人喜欢的居住环境。

规划以皇家文化和皇家建筑为背景融合现代建筑文化，通过中国传统文化符号的糅合，如印章文化的呈现和交流，也通过提炼皇家文化中的精髓来突出"皇家驿栈"的舒适感。设计呈现出皇家贵气，给住宿客人以至尊享受。

点评：

坚持"乡村振兴"的发展理念，融入"全域旅游"的规划理念，挖掘整合资源，构建"两带、四区、多组团"发展构架，优环境，建景观，育业态，成为滦平县区域性乡村振兴新典范，乡村旅游新亮点。

九、贵州省六盘水市盘州市普古乡舍烹村

贵州省六盘水市盘州市普古乡舍烹村，距离六盘水 100 千米，车程约 2 小时。全村 487 户、1294 人，总面积 9255 亩。其中林业用地面积 3401 亩，森林覆盖率 28.98%。项目立足"1＋6＝1"的发展战略，即立足旅游资源，实施产业富村、商贸活村、生态立村、旅游兴村、科技强村，建成百姓富、生态美的乡村发展示范区域，促进农业结构调整和转型发展。荣获贵州省同步小康创建最佳示范村、第四届全国文明村。

（一）产业规划

大力发展农业休闲旅游。将农业产业当作旅游产业来做，种植作物除注重其本身的生态价值、经济价值，还充分挖掘科普价值、观赏价值和旅游价值。在果园农田中建设休闲栈道、观景平台、休息设施、农业乐等

设施；建设农耕文化园、百草园和百花园、现代农业科技展示园，提升农业产业观赏性、体验性、科普性，实现了旅游与农业的深度融合。

（二）运作模式

三变模式（资源变资产、资金变股金、农民变股东）发源地。通过合作社和旅游开发公司，舍烹及周边村的荒山、河流、洞穴、森林、水域、河滩、自然风光和土地等，被量化成集体和村民的资产，再整合闲散资金和财政扶贫资金变成了村民和集体的股金，465 户农户 1161 名农民变成了合作社的股东。利用村庄绝美的自然风光、地质地貌、生态环境和区域小气候等优势，大力发展山地特色高效农业、山地旅游业和大健康产业，引入深圳苏式山水有限公司、盘县旅游文化投资有限公司等企业进驻，共同开发村庄资源。

引进企业入驻的同时，银湖合作社和娘娘山旅游公司支持 8 个村成立村级农民专业合作社，因地制宜发展村级经济；采取合作社现金奖励方式，鼓励群众积极从事农家旅馆、农家饭店和特色种植养殖，提升园区服务配套设施。目前已有企业 17 家、农家饭店 30 多家、农家旅馆 12 家，激发了群众的创业激情。

点评：

通过三变模式（资源变资产、资金变股金、农民变股东），舍烹村成立了村集体经济组织，通过引入外部企业、群众全面参与，走出了一条不同于其他地区的新道路，实现了自身的转型升级。

十、山西省晋城市阳城县北留镇皇城村

皇城村，位于太行、王屋两山之间的沁河岸畔，隶属于山西省晋城市阳城县北留镇境内，全村 288 户，809 口人。

枕山临水，依山而筑，城墙雄伟，雉堞林立，官宅民居，鳞次栉比，是一组别具特色的古代建筑群。皇城相府旅游景区就是以这组古建筑群为载体兴建的。皇城相府，是清康熙皇帝恩师、《康熙字典》总阅官陈廷敬的官邸，陈廷

敬辅佐康熙帝半个世纪之久。官邸分为内城和外城，内外城墙总长达 800 米，平均高度 12 米，宽度 3 米左右，总占地面积约 10 万平方米，是一座罕见的明清时期官宦宅居城堡建筑群。为晋城市唯一的国家 5A 级旅游景区。

皇城村是晋城全市农村村级第一个创建集团化公司的村。村两委通过带领全村农民三次创业，硬是打造出一个集煤炭开采、旅游开发、生物制药、生态农业于一体的集团化公司。2016 年总资产达到 70 亿元。皇城村民是晋城市农民生活质量最高的村，也是晋城市农民人均纯收入最高的村，在全省也名列前茅。皇城村民是晋城市农民生活质量最高的村。

2016 年，皇城村借鉴外省举办嘉年华的经验，高起点规划，高品位设计，以"创新农业、创意生活"为主题，投资 5000 多万元筹办了"阳城县首届农业嘉年华"，踏上了农旅融合的新征程。农旅融合发展，延伸了旅游产业服务链，皇城村打造的"旅游景点＋宾馆酒店＋文化演艺＋农家乐"大旅游格局，每年接待中外游客 200 多万人次，旅游综合收入近 3 亿元，旅游产业成为全村的富民产业、绿色产业。村民们不出家门就实现了增收致富，过上了好日子。

点评：

皇城村生态文化繁荣。历史悠久，文化厚重，邻里和睦，民风纯朴，已经形成人文景观、自然景观、生态农业相互配套，吃、住、行、游、购、娱功能齐全的旅游景区。靠美化环境、发展旅游产业致富。致富之后，一方面继续投入，改善和保护生态环境；一方面帮扶本县其它贫困村，尽快走上致富之路。

第十节　高效农业型美丽乡村建设案例

一、福建省漳州市平和县三坪村

三坪村是国家 AAAA 级风景区——三平风景区所在地,该村共有 8 个村民小组共 2086 人,2012 年,该村农民人均纯收入 11125 元。三坪村全村共有山地 60360 亩,毛竹 18000 亩,种植蜜柚 12500 亩,耕地 2190 亩。该村在创建美丽乡村过程中充分发挥森林、竹林等林地资源优势,采用"林药模式"打造金线莲、铁皮石斛、蕨菜种植基地,以玫瑰园建设带动花卉产业发展,壮大兰花种植基地,做大做强现代高效农业。同时整合资源,建立千亩柚园、万亩竹海、玫瑰花海等特色观光旅游,构建观光旅游示范点,提高吸纳、转移、承载三平景区游客的能力。

（一）发展乡村美,构建观光旅游点

为了改善当地村民居住环境,提升景区周边环境品位,三坪村实施美丽乡村建设工程,现如今建设中的美丽乡村已初具雏形,身姿靓丽,吸人眼球。几年来,三坪村特有的朝圣旅游文化和"富美乡村"的创建成果,吸引着众多的游客,也影响着当地村民的精神生活,带动当地旅游产业的茁壮发展,走出了一条美丽创造生产力的和谐之路。该村先后获得"国家级生态村""福建省生态村""福建省特色旅游景观村""漳州市最美乡村"等荣誉称号,是漳州市新农村建设的示范点和福建省新农村建设的联系点,连续五届蝉联省级文明村。

（二）打造生态美,重视百姓富

三坪村有许多村民在村口摆上了他们自产的土特产,吸引前来参观美丽乡村的游客驻足品尝、销售,这些土特产五花八门,有咸菜、南瓜、萝卜干、地瓜、蜜柚、柑橘等,甚至有的村民连自家种的青菜也摆上了摊位,这些"土土"的东西备受游客青睐。三坪村于 2013 年投资 7554 万元开展美丽乡村建设，如今的三坪村，民居"金瓦、粉墙、红窗、木匾"，村庄绿树红花相映，成了一个宜居宜业宜游的美丽乡村。

点评：

三坪村坚持乡村特色与旅游相结合，发展农家乐、乡村游；与壮大主导产业相结合，着力提升蜜柚、毛竹、花卉、食用菌等特色农业；与培育乡风文明相结合，倡导健康向上生活方式。

二、浙江省温州市瑞安市曹村镇

浙江省曹村镇，所在的天井垟成功实现了"涝区"向"粮区"的华丽蜕变，一跃跻身浙江省粮食生产功能区十大示范区之一，总面积近 3 万亩，粮食年产量达 3 万吨，成为名副其实的万吨粮仓。此外，曹村镇还依托良好的生态基底，成功引入全国知名智慧稻田共享平台"艾米会"，打造 1 万亩智能农业大数据科技园，推出生态胚芽大米，带动 14 个村、5000 个农户增收，目前该项目已列入浙江省重大产业项目。春节期间自带网红流量的"诗画田园"瑞安曹村镇接待游客突破 47 万人次。曹村镇通过为学生量身定制的"校外课堂"，又接待一大波研学客流。

在推进"五水共治"的同时，曹村镇还结合美丽乡村建设，因地制宜、引水为池、栽种莲花、绿植护岸，将一方"煤泥地"变身一片"荷塘景"，不仅妆点了乡村，而且还成了农业面源污染的"净化器"。

河水变清了、田地变肥了、环境变美了，由"青山绿水"带来的"美丽"红利也开始不断涌现。曹村文化底蕴深厚，历史上曾出过 82 名进士，有"中华进士第一村"的美称。为此，曹村镇深挖文化基因，以美丽河道为轴，串连起曹村的进士文化、许岙村的武术文化，以及整个流域的农耕文化。同时，曹村镇依托省级"美丽河湖"建设水上活动基地，围绕美丽绿道开发骑行旅游线、以美丽田园生态景色打造滑翔伞基地等项目。一条以"青山绿水"为纽带的"美丽经济带"全速形成，每年可提供 4 万人次研学实践,形成了1.5亿元的产业链。2019年全年旅游人次超过百万,今年仅"五一"当天游客流量就达5万人。

曹村研学基地项目一、二期总投资3亿元,建成后将解决当地200人就业,带动村集体增收1000万元,推动曹村从"美丽田园"向"美丽经济"转化。

点评:

(1)村企抱团成立文旅公司

"乡村振兴需要依靠产业发展,曹村全域景观化建设,正为研学基地建设打下了良好基础。"研学旅行是新颖的旅游产业,是旅游+教育+文化的完美结合。"研学旅游产生的经济效益反哺当地景观建设,不仅有利于壮大村集体经济,还能解决就业,促进农民增收。"

(2)打造国家级研学旅行营地

将曹村研学基地打造成为瑞安旅游一张金名片,一直以来都是"乡悦文旅"的目标。据悉,未来三年,该公司将继续做好基础设施提升和规范化运营工作,计划将当地研学旅行基地打造成为国家级的研学旅行基地,并以此带动高楼、陶山、湖岭等周边乡镇发展,形成完整的产业链,促进瑞安整个研学旅游市场发展。

(3)坚持"绿水青山就是金山银山"的理念

把"美丽田园+文化+体验"作为研学游的特色项目,大力开发中小学生研学旅行基地,为千年儒乡、诗画曹村注入新的活力。利用温州文博会这一契机,将曹村研学基地以及全域旅游建设平台和资源优势更好地进行展示,吸引人才返乡就业创业,促进产业振兴。

三、浙江省湖州市安吉县鲁家村

位于浙江省湖州市安吉县递铺街道的鲁家村,距离杭州市30千米,约1小时车程。村庄占地16.7平方千米,共有13个自然村,16个村民小组,农户610户,总人口2200人。

鲁家村引入安吉浙北灵峰旅游有限公司共同组建安吉鲁家乡土旅

游公司,灵峰旅游占股 51％,鲁家村集体占股 49％,实现村集体资产的首轮价值转换,实现村民成为公司股民,鲁家乡土成为"鲁家村"的开发运营主体,荣获浙江省美丽宜居乡村示范点;2017 年 8 月入围全国首批 15 个国家田园综合体试点项目。

(一)产业规划

在美丽乡村建设的基础上,梳理出一整套经营乡村的"鲁家模式":引入社会企业,共同组建经营公司,村集体占股 49％,社会企业占 51％,构建"公司＋村集体＋家庭农场"的模式,带动一、二、三产业融合发展。

1. 农业:分布于鲁家村的 18 个农场,包括位于村中心的核心农场和散落在核心农场周边的 17 家农场,每家农场都是以产业为支撑运营的,且不重复,有竹园农场、蔬菜农场、高山牧场、葡萄农场、红山楂农场、野山茶农场、中药农场、鲜花农场、水果农场、养羊农场、养鸡农场、养鱼农场、香菇农场、珍稀树种农场、野冬笋农场、铁皮石斛农场、精宜木作农场、香草园农场。

2. 旅游业:鲁家村的整体布局是一中心两环四区。一中心是游客服务中心,约 200 亩,由火车站广场、停车场、生态湖和两栋建筑组成;两环是两条观光环线,观光火车环线和观光电瓶车环线,其中观光火车环线是一条科普专列,春夏秋冬为绿化主线,设置二十四节气牌,游客观光的同时还能了解一些科普文化;四区是 18 个产业支撑的农场。

(二)运作模式

"田园综合体"——新模式下的快速发展。

2011 年的鲁家村还是一个传统的农业村,有多年经商经验的朱仁斌当选为村委书记,他开始用新的思路发展鲁家村,于是村里开始邀请高端专业团队来做整体规划,并引入旅游公司,共同组建开发公司,形成"公司＋村＋农场"的经营模式,三方共同建设并实现利益共享。2017 年中央一号文件首提"田园综合体",财政部下发文件《关于开展田园综合体建设试点工作的通知》。同年,鲁家村作为 15 个首批入选"国家级田园综合体试点项目"之一进入大众视野,成为"明星村"。

如今,鲁家村村民收入主要有四大块:旅游区提供的就业薪酬、村集体分红、土地流转的租金以及村民自主经营收入。

点评:

鲁家村建立了一套完整的利益分配机制,使得村集体、旅游公司、家庭农场主和村民都能从中获得相应的收益,调动了各方的积极性。鲁家村建立了合作分红机制,由村集体、运营公司、家庭农场主按照约定比例共享利益,村民再从村集体中享受分红。

四、山东省临沂市沂水县泉庄镇尹家峪

素有"林果之乡""蜜桃之乡"的泉庄镇是尹家峪田园综合体的所在地,位于沂水县城西北方向,也是临沂市西北大门。尹家峪田园综合体规划面积38平方千米,约57000亩。项目以4A级景区天上王城和东汉崮为依托,以项目地农田、山体、水系等资源为基础,以生态休闲度假为主题,通过连接天上王城和东汉崮的特色交通方式打造、七彩药花谷生态主题的环境营造等方式,将项目地打造成一个集农旅生产、农业生态观光、农业休闲度假、特色购物、休闲游乐等功能于一体的特色鲜明、宜居宜业宜游、惠及各方的农旅景区依托型田园综合体。2020年尹家峪田园综合体通过扶贫基金交付了2568万元,实现了19万户32万人脱贫。

空间规划"一心一廊三带九区",一心即入口服务中心;三带为入口服务带、花田风光产业带、崮上连廊旅游带;九区为桃花潭水入口服务区、桃花溪谷核心区、科技农业种植区、林果农业种植区、崮上桃园种植区、创意农业种植区、七彩崮园观光区、东汉崮景区、天上王城景区。核心场馆五朵桃花造型综合体已落地,分别为快乐芒果、航空航天主题、鱼菜共生、台湾风情、橘子布美学等高品质体验馆。并打造云水间精品民宿和云悦服务中心。尹家峪田园综合体依托沂蒙山水践行未来田园的样板,是齐鲁大地最具影响力的农旅融合、景田一体、产村联动的田园综合体。

点评：

"崮乡田园美，沂蒙花盛开。"齐鲁大地乡村振兴的未来样板。更舒适的人居生活空间，向往的生活预演。"未来田园"尹家峪，在国人田园生活的理想与现代科技大发展背景下，是更超前的田园综合体模式：有高新科技下更优质、健康、高效的农产；未来感的游憩理念和设施，让游客得到更好的休憩；当地居民生活品质、收入、幸福感全面提升；三产融合更顺畅、城乡一体更紧密。规划主要依托山水林田的优势，积极践行乡村振兴战略，将尹家峪田园综合体打造成长三角地区的农产品供应基地、休闲旅游"后花园"和产业转移"大后方"。

五、四川省都江堰国家农业公园

占地 11512 亩的都江堰国家农业公园，依托崇义镇成都近郊的优越区位，都江堰精华灌区的优质水源地、农业及川西林盘的乡村资源，通过水系廊道贯通、农田产业连片、林盘提升再造、农旅景田融合的开发战略，构建"互联网＋农业"产业平台。

都江堰国家农业公园以国家级乡村振兴示范区为发展方向，邀请读道创意旅游文化发展股份有限公司高标准规划设计园区的空间结构、功能布局和产业分区，旨在打造一个涵盖园林乡村景观、生态郊野田园、特色农耕民俗等集休闲体验、康养度假、户外运动和教育培训为一体的国家公园样板。

依托锐丰优势产业资源，整合品牌农业 IP，实现金融赋能。并且重点培育都市休闲农业、绿色健康订单农业，农旅文融合发展的林盘康养度假、农业科普教育、农业新零售等融合的居游共享型的国家农业公园、国家级田园综合体、国家级农业互联网小镇、国际乡村旅居度假区，成为引领四川、示范全国乡村振兴改革样板。

点评：

毋庸置疑，农业公园城市是广义概念，是城镇与乡村的有机融合。

其中,最应关注的三大方面:一是美丽城镇和美丽乡村的关系;二是创建城市文化会客厅,提升城市公园建设品质;三是创新乡村振兴的产业模式,"增量"的同时,应进一步加强"提质"的力度。

六、新加坡都市农业

放眼新加坡,一片繁华奋起之景,城中绿地多,根本看不到一片农田。新加坡人根据土地面积少的特点,造就了这个城市农业发展的特殊结构。在种植业结构上,大力发展果树、蔬菜、花卉等经济作物;在产业类型上,以高产值出口性农产品如种植热带兰花、饲养观赏用的热带鱼等为主;在粮食结构上,主要限于鱼类、蔬菜和蛋类的生产,蔬菜仅有5%自产,绝大部分从马来西亚、中国、印尼和澳大利亚进口。

（一）高集约型农业科技

现代集约的农业科技园是新加坡重点的都市农业发展模式。其发展以追求高科技和高产值为目标,以建设现代化的农业科技园为载体,最大限度地提高农业生产力。农业科技园的基本建设由国家投资,然后通过招标方式租给商人或公司经营。

每个科技园内都有不同性质的作业,如养鸡场、胡姬花园（出口多品种胡姬花）、鱼场（出口观赏鱼）、牛羊场、磨菇园、豆芽农场和菜园等。这些农场应用最新、最适用的技术,以取得比常规农业系统更高的产量。

（二）创意垂直农场

提起新加坡现代化都市农业,不得不提其创意"垂直农场"。这一节能环保型农场的动力能源取自太阳能、风力及不可食用的植物废料,并用污水来灌溉。人们还可以在封闭的灌溉系统中循环用水以减少用水量、避免径流造成土肥流失。占地3.65公顷的天鲜农场率先推出垂直种植蔬菜技术,优化农场土地利用,日平均目标生产10吨叶菜,比传统地面农场的生产力高出5倍。

（三）农业发展服务业化

城内小区和郊区建立小型的农、林、牧生产基地，既为城市提供了时鲜农产品，又取得了非常可观的观光收入。

点评：

新加坡作为一个城市国家，素有"花园城市"之美誉。在几乎没有农业的背景下发展都市农业，注重以下几点：一是发展现代化集约的农业科技园，提高食品自给率；二是兴建科学技术公园，促进生产力发展；三是建设都市型科技观光农业，推动经济社会发展。

七、成都市郫县红光镇白云村多利桃花源

在中国西南地区，近两年有一个经典的农业项目，一直以来是业界争相学习的对象，那就是多利桃花源。多利桃花源这个项目最大的红利在于选址和地段。只有基于对大城市郊区度假和养老市场的洞察，才有了投资兴建新型农村度假康养项目的市场基础。

多利桃花源位于成都徐堰河畔，距离市中心30千米，项目初期规划面积2700亩，总占地面积逾万亩。根据规划，项目按照庭、院、园、田的四级空间体系，空间感上以农田为基础，以农业、旅游、社区和颐养为主要功能布局，小镇整体被农田包围，融于树木与园林之间，充分突显了川西林盘结构的原生态和点状散落式的村落形态布局。

多利桃花源"一核五园八片区"的小镇格局，将田园、林木、院落和水系有效融合，营造出了一种有机生态的居住环境，是一座基于农业旅游的以"有机生活＋田园＋小镇＋文化"相互交融为特色的小镇作品。一核为小镇中心，五园包括运动公园、四季公园、示范农园、农博公园和休闲公园。小镇中心的功能主要包括业主餐厅、幼儿园、颐乐学院、运动中心、健康中心以及民宿和商业街等。

提供了四种服务系统，包括健康医疗服务系统、文化教育服务系统、农业生产服务系统、居家生活服务系统。

健康医疗服务系统：为每一个入住者建立完备的家庭健康档案，并定期提供健康检查和健康促进计划，以满足各年龄段业主的健康护理需求。尤其值得一提的是，绿城在乌镇雅园等项目实践过的老年颐养生活体系将以升华之势首入成都。

文化教育服务系统：通过自然课堂、4 点半学校、动物牧场、颐乐学院等平台为全年龄段小镇居民提供各类文化、亲子娱乐、养生休闲服务。针对小镇里 0 岁～16 岁的孩子，提供从幼儿到初中的教育，针对 60 岁以上的老人，可以在小镇里老有所学，颐养天年。

农业生产服务系统：在多利桃花源，庭院和田园将成为每个家庭的标准配置，极大满足目标客群诗意栖居的田园情结。

居家生活服务系统：这里将依托多利农庄的有机农业技术与标准，提供居家农艺服务，搭建农夫市集、农业硅谷、有机农业科普等，为小镇居民提供专业的农业顾问服务。同时，以小镇、业主餐厅、慢生活街区等配套为每一位小镇居民提供周到的居家生活服务。

点评：

精致适用的中式建筑、可以自种的农田、完善的生活体系、完整的物业服务体系、优质健康教育机构、颐养医养的健康理念，这些蓝城标签，加上多利农庄的有机农业科技、规范的蔬菜生产流程、高标准质量管理体系，使该项目达到了强强联合 1＋1 大于 2 的效果，并迅速成为全国农业与康养结合的优秀典范，被业界所推崇。

八、广东茂名市高州市石鼓镇深埇村

高州市石鼓镇深埇村全村 125 户 700 多人，村中田地山岭约 1200 亩。2017 年该村借鉴"村社合一"模式，推行农村"三变"改革，发展适度规模种植。全体村民以土地、现金入股入社，与合作社风险共担、利益共享。该村已完成村庄人居环境整治、村道硬化、绿化美化，建起了门楼；对旧瓦房加固修缮，留住乡愁，并融入党建和传统文化内容，对墙体进行彩绘。

打造村内特色品牌。合作社将村中土地集约后,注册了深埇毓秀商标,综合考虑旅游旺季、农作生态规律等因素,分季度、分片区种植了百香果、桑葚、圣女果、玉米、沙姜等近 20 种时令蔬果,农业区运用现代化耕作模式,推行"鸭稻共生",打造深埇毓秀生态农业品牌,进一步提升土地产出效益。

发展乡村文化旅游。全村划分为四大功能区,以农游一体为特色,建设深埇文化生态园,集 600 米的景观长廊、田园风光、观赏采摘、农事体验、国学文化、儿童游乐园、人文景观、百年老树、休闲娱乐等于一体的综合性旅游观光。

点评:

石鼓镇深埇村通过建立村集体股份制,成立合作社将村中土地集约,打造深埇毓秀生态农业品牌,进一步提升土地产出效益,形成村集体土地的高效利用,利用现代经营理念发展高效农业,规模经营提升了农业生产效益。

第十一节 国外乡村建设经验

一、美国乡村发展计划

(一)美国乡村发展计划的内容

1. 立法为"乡村提供发展机会"

一是通过实施《平权法》等,促进城乡居民接受教育,特别是高等教育。二是各州在消费税(州政府的主要收入来源)上向城郊和农村地区倾斜。三是通过适时立法监管,在制度设置方面为缩小城乡差别打下基础。目前,郊区和乡村的信息、医疗、保险、养老等服务标准同城市完全一样。

2.政府注重帮扶小企业

美国地方政府对小企业实施帮助和扶持的政策,完善小企业的信息渠道,增强研发能力,畅通销售网络,提高小企业对劳动力的吸纳能力,推动小企业在城郊和乡村落地发展。

(二)美国乡村发展计划对我国美丽乡村建设的启示

1.农村城市化是一项系统工程,受多种因素制约,要处理好各方面的关系

美国在工业化、城市化过程中,产业选择比较适宜,农工关系比较协调,农业发展比较顺利,内生城市化与外生城市化关系处理比较好,为推进农村城市化提供了良好条件。我国目前农村城市化发展滞后,受多种因素制约,只有从各方面形成一整套配套改革措施,才能推动农村城市化的快速发展。

2.在选择城镇化道路时要重视市场的作用

美国是典型的市场经济国家,城镇发展走集中或分散的道路主要靠市场的力量,地方高度自治,只要财政可以自理就可建镇,小城镇的发展更多地靠市场的力量来配置。我国城镇受计划经济及城乡长期分割管理的影响,城镇数量较多,但规模小,辐射能力弱,对区域经济带动作用小,今后我国应走集中城市化道路,积极发展中心城市,有重点地发展一些中心镇。

3.在农村城市化过程中应促进农业经营的现代化

美国在工业化、城市化过程中,农业劳动力转移速度较快,促进了农业规模经营的发展,为农场主的增收及农业持续发展创造了条件,同时,农业工业化发展,特别是农产品产后的加工、运输、贮存、销售等,也促进了农业现代化发展。我国目前农业还存在生产规模过小、加工流通环节滞后、龙头企业规模效益不高等问题,今后在推动农村城镇化过程中,要

促进乡镇企业向城镇集中,促进农业人口动态转移,促进农业规模的扩大和农业产业化的发展。

4. 在农村城市化扩张过程中注意控制耕地的非农化

美国耕地资源较富裕,但仍通过总体规划、分区规划、发展许可等措施以控制城市规模的扩大,保护农用地,以控制农地无限制地非农化。我国人口众多,土地资源十分稀缺,近年来随着城市化加快以及比较效益驱动,土地非农化流转速度惊人,将给粮食安全、农业可持续发展和环境保护带来严重影响,因此,在农村城市化的过程中一定要加强对土地资源的保护。

二、加拿大"新乡村建设运动"

面对乡村社区的衰落,加拿大乡村复兴基金(CRRF)于 1997 年发起加拿大"新乡村建设运动",试图通过政策决策者、研究人员及乡村居民三方力量的共同努力来寻求乡村社会资本的合理搭配方式,减少城乡居民在经济收入、个人福利、社会交往等方面的差异,从而振兴乡村,实现城乡社区在功能上的衔接。"新乡村建设运动"结合乡村社区所面临的外部环境与社区本身所拥有的各种资源,视乡村为代表自然与人文遗产、需要保存与保护的有价值地区,将乡村社区能力建设作为改变乡村衰落的理想路径。

(一)加拿大"新乡村建设运动"的实施路径

新乡村建设运动选择乡村社区能力建设的路径来振兴乡村,实现城乡社区功能上的衔接,乡村社区能力建设通过四个方面提高居民对社区的认同及社会凝聚力。

1. 发挥传统经济活动的文化纽带作用

传统自给自足经济在加拿大仍然很常见,它对乡村经济及文化都有贡献,它更倾向于是一个文化嵌入活动,是许多家庭乡村生活要素的一个重要成分。由于它被归结为文化内容,所以乡村居民的活动保持了它的文化活力。随着农业及其他传统的、以自然资源为基础的商品生产所提供就业机会的减少,参与像狩猎和野生植物采集这样的经济活动提供了一个与乡村历史联系的纽带,它使居民在郊区化与远郊化的地区所保存及创造的"乡村性"合法化,居民也通过交换和互惠的复杂网络,增进了城乡居民之间的社会交往。

2.重视服务供给的双重功能

在乡村和小城镇,公共服务不但为居民间的联系与信任创造了条件,而且为政府提供了信息基础,它已经成为提高乡村居民生活福利水平的重要支持,以及地方经济转型的可能途径。公共服务不但与乡村及小城镇居民生活品质有关,而且提供吸引经济活动、挽留居民及维持社区的强大基础。公共服务集中化还会引起居民认同的流失,甚至可能导致社区消亡。因此,公共服务应该转向以社会及道德为基础的供给模式。

3.促进治理模式转型

社区能力的增长及公共服务的改善依赖乡村社区治理的转型。第一种类型,地方政府将乡村社区视为服务对象,这种商业组织管理形式只考虑了服务供应的经济行为;第二种类型,地方政府在乡村社区发展方面与社会团体及居民拥有同等发言权。治理的转型一方面通过共同规划社区未来,以政治参与带动社区能力的提升;另一方面也可以使基层决策更恰当、有效,从而提高基层决策的水平。乡村社区是否会持续存在依赖于社区能否长期保持社会建构能力,通过提高社区能力保持乡村面对市场化与城市化入侵的抵御能力,使乡村社区能够提供聚居共同体生活的另一选择。

4.政府实施《加拿大农村协作伙伴计划》

从1998年开始实施此计划,确定了促进农村发展的具体措施,帮助农民获得政府项目和服务、金融资源和医疗保健,加强基础设施建设以及增加农村青年就业和教育机会。该计划主要措施有:建立跨部门农业工作组,定期召开会议,交流信息,协调各部门在农村发展问题上的工作,解决重大的农村问题。设立农村事务协调部长,由农业部部长兼任,负责协调和推动农村协作伙伴关系的建立和相互联系,促进农村居民与联邦政府的对话和沟通。建立"农村对话"机制,通过定期举行的全国农村会议、农村青年对话、在线讨论、民意调查和农村工作组汇报等不同形式的活动,吸引来自农村特别是偏远的北部地区居民同联邦政府官员进行"开放式双向交流",使联邦政府能够及时了解农村的民意和发展状况,讨论农村发展面临的问题、挑战和机遇,并确定需要政府优先解决的问题。建立"农村透镜"机制,各政府部门在做任何决策或批准任何项目时,都要站在农村居民的立场上,对照联邦政府确定的促进农村发展的重点领域,考虑该决策可能对他们产生的影响。直接资助农村发展项目。面向农村居民建立完善信息服务体系。

5.通过建立合作社来保护自身利益

加拿大的合作社主要有四个层次:基层合作社;中心、省级或地区级合作社;全国性的合作社机构;国际合作联盟。加拿大合作社有五大种类,即农业供销合作社、金融类合作社、消费合作社、服务类合作社、农业生产合作社。合作社的广泛发展,有效改变了农业的弱势地位,推动农民成为较高收入的群体,成为挽救乡村衰弱的重要途径。

(二)加拿大乡村建设对我国美丽乡村建设的启示

1.界定政府、市场、社会组织间的行为边界

加拿大的情况表明,市场化在推进乡村现代化发展的同时也成为导致乡村社会衰落的因素,因此完全市场取向的公共政策容易导致市场力量对乡村社会的过度侵蚀。乡村复兴的希望还需依靠政府对乡村提供积极性保护,也取决于农民自身能否通过有效的组织形式,在市场中保护自身的利益。我国政府应该界定与市场、农村社会组织间的行为边界,尊重市场资源配置的决定性作用,支持农村社会的自主管理,体现政府职能的"兜底"特征,完善政府对农业、农村发展的调控手段,改革农村基本经营制度及农业支持保护体系,创新农村社会管理体制,重构政府

行政管理体制。

2.建立和规范农村专业合作组织

专业合作组织要坚持"民办、民管、民受益"的原则,政府只扮演引导、扶持和规范的角色。学习借鉴加拿大"新一代合作社"以龙头企业为中心,联合广大农户组建合作社,对收购农产品进行加工增值,社员与合作社利益共享、风险共担的模式。同时,农民也可组建消费类专业合作组织以减少农资流通环节,降低农资价格。

3.改善公共服务的供给

我国目前公共服务供给面临两大困境:城乡居民公共服务均等化的压力以及不同人口特征地区分类服务供给的趋势。因此,一方面需要加大城市对乡村社区公共服务的支撑,避免类似加拿大乡村社会转型过程中出现的过度市场与效率导向的服务和供给模式,更多从社会公平及政府责任角度来提高乡村居民的供给服务和供给质量;另一方面需要重视加拿大在乡村人口外流后造成的公共服务供给困难,及早规划,根据人口构成的不同特征,建立分类集中供给机制,科学评估供应成本与居民实际需求等问题。

三、英国"农村中心村"建设

从20世纪50年代开始,英国政府意识到城市和乡村都不能分离开来搞建设,必须把城市和乡村结合起来,因此,英国政府开始针对乡村作出一系列发展规划,建设"中心村",把"中心村"作为城市的花园,带动城乡一体化发展。英国的"中心村"就是城市的花园,其建设目的是缓解城市和乡村之间的矛盾,改善乡村人口不足、基础设施薄弱的问题,加强乡村人口的集中和乡村基础服务设施的建设。英国政府为了极大地发挥乡村经济作用,使乡村成为大规模的经济增长中心,出台了一整套综合性的政策规划,以促进乡村人口、就业、居住、基础设施和服务设施向"中心村"转移。英国政府的大规模投入,使"中心村"广泛发展起来。自20

世纪70年代中期以来,英国政府调整了"中心村"的发展策略,将过去单一化的大规模发展模式改为中心村结构的发展模式,让"中心村"按照自己的需求去发展,各个地区可以根据自己的特色来发展,推动英国乡村发展欣欣向荣。

（一）英国重视乡村特色文化的保护

英国政府十分注重乡村特色文化的保护,于1949年颁布《国家公园和享用乡村法》,通过法律来保障英国乡村的传统特色文化,使得英国乡村的老房子、老教堂、栅栏等都保持着乡村的原汁原味,同时政府也鼓励和扶持具有地方特色的农产品的生产和经营,因此,英国每个乡村都可以拿出属于自己的特色来。英国乡村还有稀奇古怪的乡村节日,以此吸引城里人来休闲娱乐,政府还借此建立了乡村协会和俱乐部,以期大家共同努力保护乡村特色。除政府外,英国还有许多民间组织致力于保护乡村文化特色,英国乡村保护协会就是其中一个,这个组织致力于保护能与现代化并驾齐驱的乡村文化,使城乡融为一体。

（二）英国"农村中心村"对我国美丽乡村建设的启示

1.统筹城乡发展的宏观战略思维与制度选择是推进城市化的关键

英国城镇化进程的不平衡性和盲目性,导致城市规模发展过大过快,出现严重的"城市病",到20世纪初,英国才出现将城市问题与乡村问题合并解决的城市规划和建设理论——田园城市构想。第二次世界大战前,英国开创了世界上第一个完整的城乡规划体系,促进了城市问题与乡村问题的解决。因此,我国在城市化过程中一定要根据各地区的实际情况,统筹制定相应的城市化发展战略。

2.农业生产力水平与结构的发展与优化是推进城市化的前提

城市化进程必然导致乡村的衰落,但农业不会消失,农村作为农业生产的场所也不会消失。农业不仅能解决人口的吃饭问题,而且还有保持和改善生态平衡,创造良好生活环境等功能,因此在推进城市化过程中,必须保持和发展农业生产力水平。

3.形成"推—拉"机制,促进人口合理、良性流动是当前中国特色城市化发展的政策着力点

大力发展工业化,拉动农村劳动力向城市转移,建立完整的人口流动的"推—拉"机制,对于中国完成劳动力向城市转移具有决定意义。大多城市化较为成功的西方国家也都是工业化先行的国家,农民非农化主要是受到城市(镇)强大的吸引力所致,而我国农民非农化比较典型的是农村对劳动力的挤压式转移。农民仅仅是被农业"推出"土地,但他们"离土不离乡",不会成为城市人口,至少大部分不会成为稳定的城市人口,农村劳动力转移的过程仅完成一半。所以必须有较完善的工业化、城市化体系吸引他们,形成完整的"推—拉"机制,走出农村的农民才有可能从地理空间的变化,转向生存方式和社会身份的变化,成为真正的市民。

4.大力发展乡村工业是缓解城市化与工业化压力的根本出路

城市化与工业化进程的不同步性,决定了在城市现代化大工业没有建立时,应当大力发展乡村工业,以缓解劳动力向城市转移超快造成的就业压力。如果工业化落后于城市化,转移到城市的劳动力寻求不到足够的就业岗位而实现充分就业,也会带来严重的社会问题。在目前我国工业化落后于城市化的情况下,大力发展乡镇企业,促进农村劳动力就地就近转移,是缓解城市就业压力、促进农村城镇化发展的重要途径。

5.建立健全社会保障体系,是降低城市化社会成本的重要途径

建立健全适合我国城市化特点的社会保障制度是实现工业化、城市化及妥善解决农村劳动力流动问题的重要制度保障。在农村劳动力大量涌入城镇,城市经济难以吸纳众多就业人员的情况下,政府应当建立失业救济、养老保险、劳动技能培训和医疗服务等一套系统的社会保障体系,降低农村移民过多对城市经济造成的冲击,从而减少劳动力转移带来的负面效应,将城市化的社会成本降到最低限度。

四、德国休闲农庄

20 世纪 90 年代以来,德国政府在倡导环保的同时,大力发展休闲农业,主要形式是休闲农庄和市民农庄。市民农庄是利用城市或近邻区的农地,将其规划成小块出租给市民,承租者可以在农地上种花草、瓜果、树木、蔬菜或经营家庭农艺。种植过程中绝对禁用矿物肥料和化学保护剂。通过亲身耕种,市民可以享受到回归自然以及田园生活的乐趣,让城市市民分享"农耕文化"。休闲农庄主要建在林区或草原地带,这里的森林不仅发挥着蓄水、防风、净化空气及防止水土流失的环保功能,而且还发挥着科普和环保教育的功能。学校和幼儿园的孩子们经常来到这里,在护林员的带领下接触森林、认识森林、了解森林,成人也来参加森林休闲旅游。一些企业还把团队精神培训、创造性培训等项目从公司封闭的会议室搬到开放的森林里,获得了意想不到的培训效果。

(一)德国休闲农庄的功能

德国休闲农庄的主要功能从宏观上看,促进了农业在都市的保存与发展,使农业不因都市建设范围的扩大而萎缩,同时休闲农庄的存在,增加了城市的绿地面积,改善了生态环境。而且,它还发挥着社区活性化作用,为市民的交流与沟通提供了园地,有助于改善居民邻里关系。对于市民个人来说,休闲农庄具有以下功能:

一是休闲农庄犹如都市里的绿洲,提供自然、绿化、美化的绿色环境,是市民独自休闲与亲近土地、绿地的最佳园地,使身心疲劳的市民可获得多方面的修养与满足,如消除精神紧张,体验农耕与享受丰收的喜悦等。

二是广大市民在每天的上下班前后或假日,到休闲农庄体验农耕的乐趣已成为不可或缺的活动,既增加了对农产品的认识与了解,获取关于动植物的多种知识,又锻炼了身体,使生活更加充实,还可以让小孩子接触农耕文化,体会农民的辛苦,培养热爱劳动的习性。

三是在休闲农庄里,因共同耕种而增加与亲友交流的话题,是家庭间男女老少对话与进行健康活动的最佳场地。动员家庭全员行动,可以促进社区内部代际的互动交流。特别是夫妻一起到农园工作,增加相处时间和沟通机会,增进夫妻感情,维系更加稳固的家庭关系。

四是在市民农庄里,人们是对大自然的一种回归,觉得蔬菜、花、水果、竹笋、鸟、昆虫和自己一起进行同样呼吸。人们既可以享用新鲜、卫生、安全、清洁的自产农产品,也可以在休闲农庄里认识许多志同道合的朋友,或因农产品的赠送而拓展人际关系,扩大交际面等。

(二)德国休闲农庄对我国美丽乡村建设的启示

1.发展休闲农庄可以优化旅游产品结构

伴随着旅游业的深入发展及游客需求的不断变化,我国旅游产品开发存在着优化结构的客观需要。通过休闲农业为主题的合理规划与设计,把农业生产、农艺展示、环境保育及耕作休闲等融为一体,不但赋予农业丰富的文化内涵与创意,更使生产者、消费者从古朴、葱茏、苍翠、空气清新、乡野清幽等良好的生态环境中体验到美妙与快乐。德国休闲农庄强调的环境保育、耕作休闲高于物质生产、拓展绿野阳光的空间为城里市民所享受,形成生产、生活及生态为一体的经营方式,以均衡人们身心发展。因此,发展休闲农庄可以优化中国的旅游产品结构,使旅游产品的开发形式更趋丰富与新颖。

2.发展休闲农庄可以推动城乡统筹

我国目前正处于城市化快速发展时期,面临一系列社会问题。休闲农庄不失为一种解决城市弱势群体和"三农"问题的良好途径,它一方面能改善城市居民住房条件,为城市群体,特别是儿童和老人提供充足的自然认知空间和社会生活空间;另一方面,让市民成为农园和城市绿化建设的生产力,而失地农民则从生产主体退出,转向为市民提供服务,同时也是实现"以工哺农、以城带乡"战略的有效措施,对缓和社会矛盾、促进城乡统筹发展具有深远的意义。

3.发展休闲农庄可以促进食品安全

随着生活水平不断提高,人们更加注重社区的生态环境和追求较高的生活品质,但是目前存在的食品安全问题严重威胁着人们的生活质量和身体健康。借鉴休闲农庄发展模式,发挥城市园林管理部门和农业推广部门职能,协助市民拓宽土地的获取途径,发展城市有机果蔬种植,成立形式多样的街道农庄、小区农庄、公园农庄等,吸引社区居民、志愿者参与,可以充分发挥城市绿地的多功能性,营建富有人文关怀精神的城市农业与和谐社区,促进食品安全。

五、韩国"新村运动"

韩国政府从20世纪70年代初开始在全国开展"新村运动",目的是动员农民共同建设"安乐窝",政府向全国3.3万个行政村和居民区无偿提供水泥,用以修房、修路等基础设施建设。同时筛选出1.6万个村庄作为"新村运动"的样板,带动全国农民主动创造美好家园。"新村运动"的最大特征,就是始终以农民为主体、以农民脱贫致富为内在动力,是以农民的亲身实践、政府扶持为主要形式的社会实践。通过启发农民从改善身边的生活环境、脱贫致富和增加农家收入开始,激励先进,鞭策后进,政府扶持,官民一体,最后成为建设家乡和新农村的自觉行动,在短短几年时间里改变了农村破旧落后的面貌,让农民尝到了甜头,获得了巨大的经济、社会效益。

(一)韩国政府是如何支持"新村运动"的?

一是政府进行引导,提供公共服务。新村运动是由政府制定并引导开展的,在运动初期,一方面,政府制定一系列具体目标,如培养农民的自立精神、提高农民收入、改善农民居住环境、缩小城乡差距、发展各类农业合作组织等;另一方面,发挥引导作用,提供公共服务,如为每个村庄提供水泥用于村庄项目改造,包括植树造林、拓宽道路、修建水塘、建立公共洗衣设施等。在运动逐步推进过程中,政府也充分扮演了引导角色,主要体现在电气、通信、公共基础设施、基础医疗服务、粮食生产等方面。

二是政府提供财政和政策支持。政府为新村运动提供了直接的物质支持和财政支持;政府制定各种政策,从政治上保证新村运动的顺利开展。

(二)韩国新村精神培育成功的要诀

1.突出国民精神的教育培养

韩国政府十分重视国民精神的教育,坚信农民一旦焕发精神,农村建设将取得事半功倍的效果。在新村运动中,政府一直倡导以农民为新村运动的主体,强力推行新村建设理念,确立全国团结一致的思想,并以"我们能做,且我们能够成功"为指导来激励农民。

2.注重现代意义上人的培养

虽然新村运动非常注重培育现代意义上的农民,但政府没有期望农民自己主动去接受这种转变,而是努力通过示范效应和政策导向去营造一种教育氛围,让农民在先进文化知识的接受中不自觉地前行,从而提高各种知识能力;同时,也刻意制造各种紧张、危机的气氛,以培养农民积极向上、奋发进取的责任意识、竞争意识和合作精神,使农民的思想观念得到改变,最终完成自我改造。

3.注重"协助"而不"包办"

韩国政府虽然大力支持新村建设,但并未包办。新村运动中政府更多地体现为"协助、支持"的角色,倡导农民间的"自助"理念和"合作"精神。着眼于发挥村民的主体作用,让农民自己去做、去管,同时,对不努力、不合作的村庄实施不给予补助的政策,从根本上唤醒大家的自助自立精神,积极主动改造家乡。

(三)新村精神培育对我国美丽乡村建设的启示

1.美丽乡村建设要注重农民精神的培养

转变农民长期以来形成的封闭保守、自私落后的观念,用先进的文化来塑造积极进取的精神,改善农民群体的消极性格,从意识形态上激发农民脱贫致富、建设家园的精神动力,建立改变农村落后面貌的信心。

2.美丽乡村建设要以农民为主体

我国农民是美丽乡村建设的行为主体和力量之源,美丽乡村建设一定要以农民为主体,尊重农民意愿和主体地位,坚持以人为本。中国地域辽阔,单靠政府力量解决农村问题不切实际,必须依靠广大民众的力量参与建设,形成一种政府引导、群众参与、社会支持的共建格局。

3.美丽乡村建设要注重因势利导

政府要遵循农业、农村、农民的发展特点和规律,坚持把政府的有效指导与农民的自主建设相结合,因势利导,立足乡村特色,进行科学统筹规划,通过政府引导、农民自愿、示范带动等创造性地开展美丽乡村建设。

六、日本"造村运动"

为解决地域"过疏"问题,日本从20世纪70年代末开始推行"造村运动",强调对乡村资源的综合化、多目标和高效益开发,以创造乡村的独特魅力和地方优势。"造村运动"的着力点是培植乡村的产业特色、人文魅力和内生动力。"造村运动"中最具代表性的是"一村一品"运动。

(一)"一村一品"运动的主要内容

"一村一品"运动是日本大分县前知事平松守彦先生于1979年倡导的。平松守彦提出将一个村子或一个地区值得骄傲的东西,如已有的土特产品、旅游资源,哪怕是一首民谣,开发成在全国以至全世界都能叫得响的产品。简言之,就是一个村子一个特产品牌。其实质就是根据各地的条件发展特色块状经济,千方百计培养人才,培育地方知名品牌,从而振兴地方经济、增加农民收入。大分县开展一村一品运动二十多年后,培育出有特色的产品336种,其中产值达到100万美元以上的有126项,人均收入在1994年就达到27000美元。

"一村一品"是指在一定区域范围内,以村为基本单位,按照国内外市场需求,充分发挥本地资源优势、传统优势和区位优势,通过大力推进规模化、标准化、品牌化和市场化建设,使一个村(或几个村)拥有一个(或几个)市场潜力大、区域特色明显、附加值高的主导产品和产业,从而大幅度提升农村经济整体实力和综合竞争力的农村经济发展模式。

(二)日本"造村运动"的主要做法

日本"造村运动"的实质是在政府的引导下,结合地方特色,根据自身特点和条件发展特色产业。

1.开发特色产品,培育优势产业基地

政府对培育产业基地进行了大力支持,一是通过财政转移支付补贴农业,保证农产品的销售量;二是建立农产品价格风险基金,确保农民收入;三是加大农村基础设施建设,提高农业资源的收益率。

2.开展多元化农民教育,培养农业人才

充分利用各级农业科技教育培训中心、各级农民协会、各类培训服务机构、各种农业院校等培养人才。

3.促进农产品的流通,扩大农产品市场

日本农协通过兴办各种服务事业,把分散经营的个体农户和全国统一的市场联系起来,推动了农产品的市场化进程。

4.为农业发展提供低息贷款,创立合理的融资制度

日本农协通过较优惠的利率把农民手中闲散资金吸收到一起,以比较低的利息贷款给农户。这样农民能够以较低的利率进行融资,并且农民向农协的贷款并不仅限于农业投资,只要有需要就可以申请贷款。另外,政府发放的政策性贷款和向农业部门投入的贷款资金和利息补贴资金也通过各级农协的窗口发放给农户。

5.复兴农村文化传统,促进农村文化建设

引导支持村民开展一系列文化活动,复兴农村的文化传统。经过二十几年的造村运动,日本不仅消除了城乡之间的差距,改善了农村的生

活质量,而且增加了农民的收入。

(三)日本"造村运动"对我国美丽乡村建设的启示

1.因地制宜,发展特色农产品

我国地域辽阔,各地气候、风俗、特色各有不同,应根据自身地理环境和农业特色,发展优势农产品,形成地方产业基地,提升农产品品牌价值。政府应积极支持引导,加强农业基础设施建设,加大农业产前、产中、产后支持服务力度,提高农产品市场化和农业现代化水平。

2.提高农业产业化水平,增加农产品附加值

政府应支持农民对农产品进行简单加工或深加工,鼓励农民自己将农产品送向市场(批发点、超市等),让农产品从生产到销售形成一条完整产业链,既提高了加工价值,又增加了市场通路价值,从而增加农产品的附加值,提高农民收入。

3.成立农村合作组织,减少风险

通过农村合作组织把分散的小农户与统一的大市场联系起来,有效解决小生产与大市场的矛盾。农村合作组织通过降低农业生产成本、提高农业生产效率、平衡农业收益来保障农业生产和农民收入。在生产前期,农村合作组织帮助农民统一订购农资,降低农民生产投入;在生产领域,派出专业人士对农业生产进行指导和帮助;在销售环节,农村合作组织统一购买,平衡农产品供求,减少因价格波动带来的风险。

4.重视农民教育,培育新型农民

我国美丽乡村建设中,政府不可能总揽一切,其主体应该是农民。要发挥农民群众的积极性和首创精神,让农民群众积极参与到新农村建设中来。一是加强义务教育和高中教育,提高农民的知识水平。二是加强职业教育,培养有一技之长的人才,既满足工业发展需要,又提高农民农业生产技能。三是大力发展"田间学校"等培训服务组织,根据农民具体需要设置课程,提高农民教育培训的针对性和实效性。

七、美国纳帕谷乡村休闲文旅小镇

纳帕谷位于美国加州旧金山以北 80 千米,是美国第一个跻身于世界级的葡萄酒产地。它由 8 个小镇组成,是一块 35 英里长、5 英里宽的狭长区域,风景优美,气候宜人。

纳帕谷从 19 世纪中期开始传统的葡萄种植和酿酒,如今已成为一个以葡萄酒文化、庄园文化闻名,包含品酒、餐饮、养生、运动、婚礼、会议、购物及各类娱乐设施的综合性乡村休闲文旅小镇集群,每年接待世界各地的游客达 500 万人次,旅游经济收益超过 6 亿美元,为当地直接创造 2 万多个工作机会。

(一)以优越自然为基础,开启葡萄酒酿造之路

从 1838 年开垦出第一个葡萄种植园起,纳帕谷的葡萄酒产业至今已有接近 180 年的历史。纳帕谷位于丘陵地带,拥有温润的地中海气候和多样化的土壤,从 19 世纪中期到 20 世纪初,当地商人和居民充分依托这些自然优势,开垦葡萄种植园,开办酿酒厂,农业种植和酿酒加工成为这一时期纳帕谷的主导产业,形成了一定的规模,但是产业类型较为单一,发展相对粗放无序,各小镇各自为阵,发展同质化。

(二)树立品牌意识,拓展纳帕谷葡萄酒产业

二战胜利后的经济恢复期,纳帕谷的葡萄酒产业迎来了新一轮的发展机会,在这一阶段,龙头企业纷纷对酿酒工艺进行现代化改造,政府和企业对葡萄酒品质进行着严格的维护。虽然纳帕谷各镇这一阶段的发展依旧以种植和酿酒产业本身为主导,但其开始致力于发展精致农业,注重科技的应用、品牌的保护和产品附加值的提升,后期逐渐形成了包括葡萄种植、加工、品尝、销售、游览、展会等功能的葡萄酒全产业链,成为世界顶级葡萄酒原产地的葡萄酒小镇集合,为之后旅游业的兴起和一、二、三产业融合打下了坚实基础。

（三）发展全产业链，进行差异化发展

为避免同质化竞争，政府根据纳帕谷八个小镇的发展情况和资源禀赋，因地制宜地进行了统一的规划和差异化定位，整体形成了"葡萄酒＋"的产业体系，共同构成以体验为主的乡村休闲文旅小镇集群。

葡萄酒＋休闲养生：红酒成为 SPA 的原材料，酒庄成为露天温泉的景观，提供高端休闲享受；

葡萄酒＋体育运动：以漫山遍野的葡萄园为天然背景，结合自行车谷地游与特色品酒活动；

葡萄酒＋商业艺术：以红酒产品和手工艺品为吸引，荟萃艺术画廊、精品店、酒庄等业态。

纳帕谷专门开设从 Napa 到 St. Helena"品酒列车"，穿越葡萄园和酒庄，观光、品酒、餐饮服务于一体；为了增加淡季过夜游客数量，纳帕谷增设了葡萄园高尔夫、热气球观光、酒庄婚礼、缆车观光等特色产品服务，这些产品的共同特点是：葡萄园景观成为重要的组成部分，却不用受葡萄种植季节限制；为了最大可能地延伸和开发葡萄酒产业，纳帕谷为世界各地的会展和商务活动搭建了平台。每年举行多场展会，除了每年 6 月初的葡萄酒拍卖会，还有绘画展、摄影展、音乐会等，所有活动都将葡萄酒体验加入旅程之中。

（四）政企合作，成立旅游业提升区（TID），助推地方旅游业发展

由于加州葡萄酒种植区众多，彼此竞争激烈，为提升纳帕谷小镇集群的整体竞争力，同时减轻政府财政压力，由纳帕郡会议与游客管理局牵头，纳帕郡政府、八个镇政府、纳帕郡商会及纳帕谷内的酒庄、旅馆、餐饮等企业共同设立了"纳帕旅游业提升区"，成立非盈利组织"纳帕郡旅游公司"进行统一管理，通过 PPP 模式进行项目融资、招商引资及旅游宣传推广。旅游业提升区的成立充分调动了当地丰富的社会资本，减轻了政府的财政压力，并通过政府监督和统一管理使资金针对各镇产业发展特点有的放矢，有效避免了内部恶性竞争。

纳帕谷品牌打造四部曲：

1. 注重科学应用和产学研合作

这一阶段的发展关键在于对品牌的保护和产品质量的保证：纳帕的葡萄酒生产本身注重科技应用和产学研合作。农业技术全美排名第一的加州大学戴维斯分校刚好位于纳帕谷附近，众多龙头企业充分利用了这一资源，与该校展开了长期合作，在葡萄种植和酿酒方面得到了前沿科学技术的助力，纳帕也成为该校毕业生重要的实践地点和就职场所。

2. 控制葡萄产量保证产品质量

纳帕酒商有意控制葡萄产量以保证产品质量。规定产区内每英亩的葡萄产量不能超过 4 吨，纳帕 60％ 的酒庄年产量低于 5000 箱（1 箱 12 瓶），远低于周边葡萄酒产区。如今，纳帕谷的葡萄酒产量仅占整个加州葡萄酒产量的 4％，产值却占到了三分之一。

3. 立法保护品牌防止品牌滥用

纳帕的品牌在当地企业的倡议下得到了国家立法的保护。为了防止纳帕谷的名字被那些不用纳帕葡萄酿造的酒商所滥用，2000 年，纳帕企业成功倡议美国国家立法规定，正式实施 AVA（美国葡萄酒产地制度），规定凡使用纳帕谷品牌的酒，具备的基本条件是所用葡萄必须产自纳帕谷。由于品牌的保护和彰显，纳帕红酒身价倍增。

4. 积极参加葡萄酒评鉴大会

酒香也怕巷子深，为了打响品牌知名度，纳帕谷积极参加葡萄酒评鉴大会，终于在 1976 年，纳帕谷的赤霞珠和霞多丽击败著名的法国波尔多名庄，在巴黎葡萄酒评鉴大会"盲品"中，双双获得首奖，从此纳帕谷红酒被一致公认为全球特级葡萄酒品牌。

八、法国普罗旺斯乡村旅游

法国南部地中海沿岸的普罗旺斯不仅是法国国内最美丽的乡村度假圣地，更吸引来自世界各地的度假人群，到此感受普罗旺斯的恬静氛围。普罗旺斯旅游形象定位是薰衣草之乡,功能定位是农业观光旅游目的地。旅游核心项目及旅游产品是田园风光观光游、葡萄酒酒坊体验游、香水作坊体验游。在业态方面设置家庭旅馆、艺术中心、特色手工艺品商铺、香水香皂手工艺作坊、葡萄酒酿造作坊。

（一）凸显特色化:立足本土,魅力独具

薰衣草是普罗旺斯的代名词,在普罗旺斯不仅可以看到遍地紫色薰衣草花海翻腾迷人的画面,而且在住家也常见挂着各式各样薰衣草香包、香袋,商店也摆满由薰衣草制成的各种制品,像薰衣草香精油、香水、香皂、蜡烛等,在药房与市集中贩卖着分袋包装好的薰衣草花草茶。而薰衣草花海同时也赋予了普罗旺斯浪漫的色彩,使其成为世界最令人向往的度假地之一。

（二）农业产业化:游客体验,乐在其中

法国农村的葡萄园和酿酒作坊,游客不仅可以参观和参与酿造葡萄酒的全过程,而且还可以在作坊里品尝,并可以将自己酿好的酒带走,其乐趣当然与在商场购物不一样。同样,游客在田间观赏薰衣草等农业景观的同时,还可以到作坊中参观和参与香水、香皂制作的全过程。

（三）生产景观化:有机结合,增加业态

运用生态学、系统科学、环境美学和景观设计学原理,将农业生产与生态农业建设以及旅游休闲观光有机结合起来,建立科研、生产、加工、商贸、观光、娱乐、文化、度假、健身等多功能于一体的旅游区。

（四）活动多元化:大众参与,感悟乡村

旅游活动多样化,真实体现乡村生活,增加乡村旅游的大众参与度。可通过庄园游、酒庄游等乡村旅游都可以让游客体会到真正的乡村生活。普罗旺斯地区每个月都有两至三个大型节庆举办,从年初2月的蒙顿柠檬节到7—8月的亚维农艺术节,从欧洪吉的歌剧节到8月普罗旺斯山区的薰衣草节,吸引着来自世界各地的度假游客。

参考文献

[1]张新民,张照新等.居有其所美丽乡村建设[M].中国民主法制出版社,2016.

[2]范恒山,陶良虎.美丽乡村:生态乡村建设的理论实践与案例[M].人民出版社,2014.

[3]娄格.新时代美丽乡村建设研究[M].长春理工大学出版社,2020.

[4]刘亚波.乡村文化保护与美丽乡村建设探索——新型城镇化背景下[J].中国集体经济,2021(11):1-2.

[5]吴次芳,叶艳妹.土地整治与美丽乡村建设[M].浙江大学出版社,2018.

[6]杨海娟,刘林.城郊型美丽乡村发展研究[M].科学出版社,2020.

[7]傅大放,闵鹤群.生态养生型美丽乡村建设技术[M].东南大学出版社,2018.

[8]骆中钊.新农村风貌营造[M].中国电力出版社,2018.

[9]吴欣,崔鹏.城郊型美丽乡村人居环境整治规划研究[M].科学出版社,2020.

[10]胡秋红.乡村美景[M].广东科技出版社,2016.

[11]吴会朝.新农村新科技:"互联网+"与美丽乡村建设[M].中南大学出版社,2017.

[12]覃海深.在希望的田野上:广州市花都区美丽乡村建设理论思考文集.中共广州市花都区委宣传部,2013.

[13]刘旭,唐华俊.农业发展方式转变与美丽乡村建设战略研究[M].科学出版社,2018.

[14]王浩.美丽乡村建设背景下苏南传统村落文化资源保护与开发研究

[M].河海大学出版社,2019.

[15]张林成.走遍中国:唱响美丽乡村主旋律[M].北京科学技术出版社,2019 年.

[16]汤喜辉.美丽乡村景观规划设计与生态营建研究[M].中国书籍出版社,2019.

[17]何苑,邓生菊.美丽乡村的规划建设与模式选择:基于甘肃的经验[M].经济管理出版社,2019.

[18]唐明勇,孙晓辉.美丽乡村造就魅力广州[M].中山大学出版社,2017.

[19]杨贵庆.黄岩实践:美丽乡村规划建设探索[M].同济大学出版社,2015.

[20]徐斌.乡村景观实践之精品线路[M].中国建筑工业出版社,2019.

[21]周武忠.新乡村主义:乡村振兴理论与实践[M].中国建筑工业出版社,2018.

[22]韩一兵.乡村振兴战略:陕西省村镇建设研究与实践[M].中国建筑工业出版社,2019.

[23]赵强社.新型城镇化论纲[M].中国经济出版社,2018.

[24]杨巧利,马艳红.美丽乡村建设[M].中国农业科学技术出版社,2018.

[25]杜娜.美丽乡村建设研究与海南实践[M].科学技术文献出版社,2016.

[26]甘肃省党员教育中心.美丽乡村建设[M].甘肃教育出版社,2016.

[27]吴佩芬.十九大以来我国乡村振兴战略研究综述[J].农业经济,2021(1):39-40.

[28]林舒敏.习近平关于美丽乡村建设重要论述研究[M].大连海事大学出版社,2020.

附录

美丽乡村建设指南

1 范围

本标准规定了美丽乡村的村庄规划和建设、生态环境、经济发展、公共服务、乡风文明、基层组织、长效管理等建设要求。

本标准适用于指导以村为单位的美丽乡村的建设。

2 规范性引用文件(略)

3 术语和定义(略)

4 总则

4.1 坚持政府引导、村民主体、以人为本、因地制宜的原则,持续改善农村人居环境。

4.2 规划先行,统筹兼顾,生产、生活、生态和谐发展。

4.3 村务管理民主规范,村民参与积极性高。

4.4 集体经济发展,公共服务改善,村民生活品质提升。

5 村庄规划

5.1 规划原则

5.1.1 因地制宜

5.1.1.1 根据乡村资源禀赋,因地制宜编制村庄规划,注重传统文化的保护和传承,维护乡村风貌,突出地域特色。

5.1.1.2 村庄规模较大、情况较复杂时,宜编制经济可行的村庄整治等专项规划。历史文化名村和传统村落应编制历史文化名村保护规划和传统村落保护发展规划。

5.1.2 村民参与

5.1.2.1 村庄规划编制应深入农户实地调查,充分征求意见,并宣讲规划意图和规划内容。

5.1.2.2 村庄规划应经村民会议或村民代表会议讨论通过,规划总平面图及相关内容应在村庄显著位置公示,经批准后公布、实施。

5.1.3 合理布局

5.1.3.1 村庄规划应符合土地利用总体规划,做好与镇域规划、经济社会发展规划和各项专业规划的协调衔接,科学区分生产生活区域,功能布局合理、安全、宜居、美观、和谐,配套完善。

5.1.3.2 结合地形地貌、山体、水系等自然环境条件,科学布局,处理好山形、水体、道路、建筑的关系。

5.1.4 节约用地

5.1.4.1 村庄规划应科学、合理、统筹配置土地,依法使用土地,不得占用基本农田,慎用山坡地。

5.1.4.2 公共活动场所的规划与布局应充分利用闲置土地、现有建筑及设施等。

5.2 规划编制要素

5.2.1 编制规划应以需求和问题为导向,综合评价村庄的发展条件,提出村庄建设与治理、产业发展和村庄管理的总体要求。

5.2.2 统筹村民建房、村庄整治改造,并进行规划设计,包含建筑的平面改造和立面整饰。

5.2.3 确定村民活动、文体教育、医疗卫生、社会福利等公共服务和管理设施的用地布局和建设要求。

5.2.4 确定村域道路、供水、排水、供电、通信等各项基础设施配置和建设要求,包括布局、管线走向、敷设方式等。

5.2.5 确定农业及其他生产经营设施用地。

5.2.6 确定生态环境保护目标、要求和措施,确定垃圾、污水收集处理设施和公厕等环境卫生设施的配置和建设要求。

5.2.7 确定村庄防灾减灾的要求,做好村级避灾场所建设规划;对处于山体滑坡、崩塌、地陷、地裂、泥石流、山洪冲沟等地质隐患地段的农村居民点,应经相关程序确定搬迁方案。

5.2.8 确定村庄传统民居、历史建筑物与构筑物、古树名木等人文景观的保护与利用措施。

5.2.9 规划图文表达应简明扼要、平实直观。

6 村庄建设

6.1 基本要求

6.1.1 村庄建设应按规划执行。

6.1.2 新建、改建、扩建住房与建筑整治应符合建筑卫生、安全要求,注重与环境协调;宜选择具有乡村特色和地域风格的建筑图样;倡导建设绿色农房。

6.1.3 保持和延续传统格局和历史风貌,维护历史文化遗产的完整性、真实性、延续性和原始性。

6.1.4 整治影响景观的棚舍、残破或倒塌的墙体,清除临时搭盖,美化影响村庄空间外观视觉的外墙、屋顶、窗户、栏杆等,规范太阳能热水器、屋顶空调等设施的安装。

6.1.5 逐步实施危旧房的改造、整治。

6.2 生活设施

6.2.1 道路

6.2.1.1 村主干道建设应进出畅通,路面硬化率达100%。

6.2.1.2 村内道路应以现有道路为基础,顺应现有村庄格局,保留原始形态走向,就地取材。

6.2.1.3 村主干道应按照 GB5768.1 和 GB5768.2 的要求设置道路交通标志,村口应设村名标识;历史文化名村、传统村落、特色景观旅游景点应设置指示牌。

6.2.1.4 利用道路周边、空余场地,适当规划公共停车场(泊位)。

6.2.2 桥梁

6.2.2.1 安全美观,与周围环境相协调,体现地域风格,提倡使用本地天然材料,保护古桥。

6.2.2.2 维护、改造可采用加固基础、新铺桥面、增加护栏等措施,并设置安全设施和警示标志。

6.2.3 饮水

6.2.3.1 应根据村庄分布特点、生活水平和区域水资源等条件,合理确定用水量指标、供水水源和水压要求。

6.2.3.2 应加强水源地保护,保障农村饮水安全,生活饮用水的水质应符合 GB5749 的要求。

6.2.4 供电

6.2.4.1 农村电力网建设与改造的规划设计应符合 DL/T5118 的要求,电压等级应符合 GB/T156 的要求,供电应能满足村民基本生产生活需要。

6.2.4.2 电线杆应排列整齐,安全美观,无私拉乱接电线、电缆现象。

6.2.4.3 合理配置照明路灯,宜使用节能灯具。

6.2.5 通信

广播、电视、电话、网络、邮政等公共通信设施齐全、信号通畅、线路架设规范、安全有序;有条件的村庄可采用管道下地敷设。

6.3 农业生产设施

6.3.1 结合实际开展土地整治和保护;适合高标准农田建设的重点区域,按 GB/T30600 的要求进行规范建设。

6.3.2 开展农田水利设施治理;防洪、排涝和灌溉保证率等达到 GB50201 和 GB50288 的要求;注重抗旱、防风等防灾基础设施的建设和配备。

6.3.3 结合产业发展,配备先进、适用的现代化农业生产设施。

7 生态环境

7.1 环境质量

7.1.1 大气、声、土壤环境质量应分别达到 GB3095、GB3096、GB15618 中与当地环境功能区相对应的要求。

7.1.2 村域内主要河流、湖泊、水库等地表水体水质,沿海村庄的近岸海域海水水质应分别达到 GB3838、GB3097 中与当地环境功能区相对应的要求。

7.2 污染防治

7.2.1 农业污染防治

7.2.1.1 推广植物病虫害统防统治,采用农业、物理、生物、化学等综合防治措施,不得使用明令禁止的高毒高残留农药,按照 GB4285、GB/T8321 的要求合理用药。

7.2.1.2 推广测土配方施肥技术,施用有机肥、缓释肥;肥料使用符合 NY/T496 的要求。

7.2.1.3 农业固体废物污染控制和资源综合利用可按 HJ588 的要求进行;农药瓶、废弃塑料薄膜、育秧盘等农业生产废弃物及时处理;农膜回收率≥80%;农作物秸秆综合利用率≥70%。

7.2.1.4 畜禽养殖场(小区)污染物排放应符合 GB18596 的要求,畜禽粪便综合利用率≥80%;病死畜禽无害化处理率达 100%;水产养殖废水应达标排放。

7.2.2 工业污染防治

村域内工业企业生产过程中产生的废水、废气、噪声、固体废物等污染物达标排放,工业污染源达标排放率达 100%。

7.2.3 生活污染防治

7.2.3.1 生活垃圾处理

7.2.3.1.1 应建立生活垃圾收运处置体系,生活垃圾无害化处理率≥80%。

7.2.3.1.2 应合理配置垃圾收集点、建筑垃圾堆放点、垃圾箱、垃圾清运工具等,并保持干净整洁、不破损、不外溢。

7.2.3.1.3 推行生活垃圾分类处理和资源化利用;垃圾应及时清运,防止二次污染。

7.2.3.2 生活污水处理

7.2.3.2.1 应以粪污分流、雨污分流为原则,综合人口分布、污水水量、经济发展水平、环境特点、气候条件、地理状况,以及现有的排水体制、排水管网等确定生活污水收集模式。

7.2.3.2.2 应根据村落和农户的分布,可采用集中处理或分散处理或集中与分散处理相结合的方式,建设污水处理系统并定期维护,生活污水处理农户覆盖率≥70%。

7.2.3.3 清洁能源使用

应科学使用并逐步减少木、草、秸秆、竹等传统燃料的直接使用,推广使用电能、太阳能、风能、沼气、天然气等清洁能源,使用清洁能源的农户数比例≥70%。

7.3 生态保护与治理

7.3.1 对村庄山体、森林、湿地、水体、植被等自然资源进行生态保育,保持原生态自然环境。

7.3.2 开展水土流失综合治理,综合治理技术按 GB/T16453 的要求执行;防止人为破坏造成新的水土流失。

7.3.3 开展荒漠化治理,实旅退耕还林还草。规范采砂、取水、取土、取石行为。

7.3.4 按 GB50445 的要求对村庄内坑塘河道进行整治,保持水质清洁和水流通杨,保护原生植被。岸边宜种植适生植物;绿化配置合理、养护到位。

7.3.5 改善土壤环境,提高农田质量,对污染土壤按 HJ25.4 的要求进行修复。

7.3.6 实施增殖放流和水产养殖生态环境修复。

7.3.7 外来物种引种应符合相关规定,防止外来生物入侵。

7.4　村容整治

7.4.1　村容维护

7.4.1.1　村域内不应有露天焚烧垃圾和秸秆的现象,水体清洁、无异味。

7.4.1.2　道路路面平整,不应有坑洼、积水等现象;道路及路边、河道岸坡、绿化带、花坛、公共活动场地等可视范围内无明显垃圾。

7.4.1.3　房前屋后整洁,无污水溢流,无散落垃圾;建材、柴火等生产生活用品集中有序存放。

7.4.1.4　按规划在公共通道两侧划定一定范围的公用空间红线,不得违章占道和占用红线。

7.4.1.5　宣传栏、广告牌等设置规范,整洁有序;村庄内无乱贴乱画乱刻现象。

7.4.1.6　划定畜禽养殖区域,人畜分离;农家庭院畜禽圈养,保持圈舍卫生,不影响周边生活环境。

7.4.1.7　规范殡葬管理,尊重少数民族的丧葬习俗,倡导生态安葬。

7.4.2　环境绿化

7.4.2.1　村庄绿化宜采用本地果树林木花草品种,兼顾生态、经济和景观效果,与当地的地形地貌相协调;林草覆盖率山区≥80％,丘陵≥50％,平原≥20％。

7.4.2.2　庭院、屋顶和围墙提倡立体绿化和美化,适度发展庭院经济。

7.4.2.3　古树名木采取设置围护栏或砌石等方法进行保护,并设标志牌。

7.4.3　厕所改造

7.4.3.1　实施农村户用厕所改造,户用卫生厕所普及率≥80％,卫生应符合 GB19379 的要求。

7.4.3.2　合理配置村庄内卫生公厕,不应低于 1 座/600 户,按 GB7959 的要求进行粪便无害化处理;卫生公厕有专人管理,定期进行卫生消毒,保持干净整洁。

7.4.3.3　村内无露天粪坑和简易茅厕。

7.4.4　病媒生物综合防治

　　按照 GB/T27774 的要求组织进行鼠、蝇、蚊、蟑螂等病媒生物综合防治。

8　经济发展

8.1　基本要求

8.1.1　制定产业发展规划,三产结构合理、融合发展,注重培育惠及面广、效益高、有特色的主导产业。

8.1.2　创新产业发展模式,培育特色村、专业村,带动经济发展,促进农民增收致富。

8.1.3　村级集体经济有稳定的收入来源,能够满足开展村务活动和自身发展的需要。

8.2　产业发展

8.2.1　农业

8.2.1.1　发展种养大户、家庭农场、农民专业合作社等新型经营主体。

8.2.1.2　发展现代农业,积极推广适合当地农业生产的新品种、新技术、新机具及新种养模式,促进农业科技成果转化;鼓励精细化、集约化、标准化生产,培育农业特色品牌。

8.2.1.3　发展现代林业,提倡种植高效生态的特色经济林果和花卉苗木;推广先进适用的林下经济模式,促进集约化、生态化生产。

8.2.1.4　发展现代畜牧业,推广畜禽生态化、规模化养殖。

8.2.1.5　沿海或水资源丰富的村庄,发展现代渔业,推广生态养殖、水产良种和渔业科技,落实休渔制度,促进捕捞业可持续发展。

8.2.2　工业

8.2.2.1　结合产业发展规划,发展农副产品加工、林产品加工、手工制作等产业,提高农产品附加值。

8.2.2.2　引导工业企业进入工业园区,防止化工、印染、电镀等高污染、高能耗、高排放企业向农村转移。

8.2.3　服务业

8.2.3.1　依托乡村自然资源、人文禀赋、乡土风情及产业特色,发展形式多样、特色鲜明的乡村传统文化、餐饮、旅游休闲产业,配备适当的基础设施。

8.2.3.2　发展家政、商贸、美容美发、养老托幼等生活性服务业。

8.2.3.3　鼓励发展农技推广、动植物疫病防控、农资供应、农业信息化、农业机械化、农产品流通、农业金融、保险服务等农业社会化服务业。

9　公共服务

9.1　医疗卫生

9.1.1　建立健全基本公共卫生服务体系。建有符合国家相关规定、建筑面积≥60平方米的村卫生室;人口较少的村可合并设立,社区卫生服务中心或乡镇卫生院所在地的村可不设。

9.1.2　建立统一、规范的村民健康档案,提供计划免疫、传染病防治及儿童、孕产妇、老年人保健等基本公共卫生服务。

9.2　公共教育

9.2.1　村庄幼儿园和中小学建设应符合教育部门布点规划要求。村庄幼儿园、中小学学校建设应分别符合 GB/T29315、建标 109 的要求,并符合国家卫生标准与安全标准。

9.2.2　普及学前教育和九年义务教育。学前一年毛入园率≥85%;九年义务教育目标人群覆盖率达 100%,巩固率≥93%。

9.2.3　通过宣传栏、广播等渠道加强村民普法、科普宣传教育。

9.3　文化体育

9.3.1　基础设施

9.3.1.1　建设具有娱乐、广播、阅读、科普等功能的文化活动场所。

9.3.1.2　建设篮球场、乒乓球台等体育活动设施。

9.3.1.3　少数民族村能为村民提供本民族语言文字出版的书刊、电子音像制品。

9.3.2　文体活动

定期组织开展民俗文化活动、文艺演出、讲座展览、电影放映、体育比赛等群众性文体活动。

9.3.3　文化保护与传承

9.3.3.1　发掘古村落、古建筑、古文物等乡村物质文化,进行整修和保护。

9.3.3.2　搜集民间民族表演艺术、传统戏剧和曲艺、传统手工技艺、传统医药、民族服饰、民俗活动、农业文化、口头语言等乡村非物质文化,进行传承和保护。

9.3.3.3　历史文化遗存村庄应挖掘并宣传古民俗风情、历史沿革、典故传说、名人文化、祖训家规等乡村特色文化。

9.3.3.4　建立乡村传统文化管护制度,编制历史文化遗存资源清单,落实管护责任单位和责任人,形成传统文化保护与传承体系。

9.4　社会保障

9.4.1　村民普遍享有城乡居民基本养老保险,基本实现全覆盖。鼓励建设农村养老机构、老人日托中心、居家养老照料中心等,实现农村基本养老服务。

9.4.2　家庭经济困难且生活难以自理的失能半失能 65 岁及以上村民基本养老服务补贴覆盖率≥50%。农村五保供养目标人群覆盖率达 100%,集中供养能力≥50%。

9.4.3　村民享有城乡居民基本医疗保险参保率≥90%。

9.4.4　被征地村民按相关规定享有相应的社会保障。

9.5　劳动就业

9.5.1　加强村民的素质教育和技能培训,培养新型职业农民。

9.5.2　协助开展劳动关系协调、劳动人事争议调解、维权等权益保护活动。

9.5.3　收集并发布就业信息,提供就业政策咨询、职业指导和职业介绍等服务;为就业困难人员、零就业家庭和残疾人提供就业援助。

9.6　公共安全

9.6.1　根据不同自然灾害类型建立相应防灾设施和避灾场所,并按有关要求管理。

9.6.2　应制定和完善自然灾害救助应急预案,组织应急演练。

9.6.3　农村消防安全应符合 GB50039 的要求。

9.6.4　农村用电安全应符合 DL493 的要求。

9.6.5　健全治安管理制度,配齐村级综治管理人员,应急响应迅速有效,有条件的可在人口集中居住区和重要地段安装社会治安动态视频监控系统。

9.7　便民服务

9.7.1　建有具备综合服务功能的村便民服务机构,提供代办、计划生育、信访接待等服务,每一事项应编制服务指南,推行标准化服务。

9.7.2　村庄有客运站点,村民出行方便。

9.7.3　按照生产生活需求,建设商贸服务网点,鼓励有条件的地区推行电子商务。

10 乡风文明

10.1 组织开展爱国主义、精神文明、社会主义核心价值观、道德、法治、形势政策等宣传教育。

10.2 制定并实施村规民约,倡导崇善向上、勤劳致富、邻里和睦、尊老爱幼、诚信友善等文明乡风。

10.3 开展移风易俗活动,引导村民摒弃陋习,培养健康、文明、生态的生活方式和行为习惯。

11 基层组织

11.1 组织建设

应依法设立村级基层组织,包括村党组织、村民委员会、村务监督机构、村集体经济组织、村民兵连及其他民间组织。

11.2 工作要求

11.2.1 遵循民主决策、民主管理、民主选举、民主监督。

11.2.2 制定村民自治章程、村民议事规则、村务公开、重大事项决策、财务管理等制度,并有效实施。

11.2.3 具备协调解决纠纷和应急的能力。

11.2.4 建立并规范各项工作的档案记录。

12 长效管理

12.1 公众参与

12.1.1 通过健全村民自治机制等方式,保障村民参与建设和日常监督管理,充分发挥村民主体作用。

12.1.2 村民可通过村务公开栏、网络、广播、电视、手机信息等形式,了解美丽乡村建设动态、农事、村务、旅游、商务、防控、民生等信息,参与并监督美丽乡村建设。

12.1.3 鼓励开展第三方村民满意度调查,及时公开调查结果。

12.2 保障与监督

12.2.1 建立健全村庄建设、运行管理、服务等制度,落实资金保障措施,明确责任主体、实施主体,鼓励有条件的村庄采用市场化运作模式。

12.2.2 建立并实施公共卫生保洁、园林绿化养护、基础设施维护等管护机制,配备与村级人口相适应的管护人员,比例不低于常住人口的 2‰。

12.2.3 综合运用检查、考核、奖惩等方式,对美丽乡村的建设与运行实施动态监督和管理。